General Finance Series

通用财经类系列

金融监管学

⊙ 刘 亮 主编

复旦大学出版社

内 容 提 要

近年来，我国金融行业的监管出现了明显的新变化：一是对于交叉同业杠杆高度警惕，金融机构资管产品、同业杠杆交叉性金融风险全部被纳入监管视野；二是对以厘清大型互联网金融公司监管为代表的金融创新边界的明确，探索落实了金融科技的监管方法，并以金融控股公司的模式进行综合性监管；三是在应对金融风险方面，监管部门实施了新一轮的机构调整和职责分工协调，以国务院金融稳定发展委员会为代表，回归金融支持实体经济的本源，降低系统性金融风险。

本教材综合考虑了以上变化，以我国金融业整体发展框架为切入点，将金融创新和金融监管的改革实践结合，密切关注国际监管改革动向，对金融监管的目标、运行模式、监管内容和监管改革方向等方面进行了深入浅出的分析与总结，尤其是增加了我国金融监管体制改革以来金融交叉监管的新业务和新内容。本教材的难能可贵之处在于，结合中国的实际情况，描述特点、分析问题，对比国际经验，探索有中国特色的金融监管之路。

本书适合作为大专院校财经类相关专业的教学用书，也可为金融从业者提供一些借鉴和参考。

前　言

2008年金融危机爆发后,世界各国都对金融运行机制及其监管机制进行了深刻的反思。近十几年来,金融监管和金融创新的博弈进一步加剧,不断交织并呈螺旋式上升,促进了金融创新和金融监管机制改革的不断深化。

近年来,我国金融行业的监管出现了明显的新变化:

一是对交叉同业杠杆高度警惕,金融机构资管产品、同业杠杆交叉性金融风险全部纳入监管视野;

二是对以厘清大型互联网金融公司监管为代表的金融创新边界的明确,探索落实了金融科技的监管方法,并以金融控股公司的模式进行综合性监管;

三是在应对金融风险方面,监管部门实施了新一轮的机构调整和职责分工协调机制,以国务院金融稳定发展委员会为代表,持续坚持和深化宏观审慎监管和微观审慎监管相互结合,回归金融支持实体经济的本源,降低系统性金融风险。但是目前,我国的金融监管还存在诸多问题,如监管滞后、法规不完善、央地监管协调性不足等。

目前,金融监管的必要性已经成为世界各国的共识,金融监管学作为金融学的一个分支,对于人们系统地了解金融运行至关重要。了解金融监管的发展历程,各国金融监管的特点、金融监管方式等,有助于更全面地认识金融的发展和危机的产生,也为解决目前面临的监管难题提供新的思路。

本教材具有以下特点:一是以金融业整体发展框架为切入点,将金融创新和金融监管的改革实践相结合,密切关注国际监管改革动向,对金融监管的目标、运行模式、监管内容和监管改革方向等方面进行了深入浅出的分析与总结。二是增加了金融监管体制改革以来金融交叉监管的新业务和新内容。三是结合中国的实际情况,阐述中国金融监管发展的特点和遇到的问题,并对比其他金融发达国家的历史进程及解决方案,探索中国特色的金融监管。

全书共十一章。第四章由王丰编写;第五章由赵锦城、邹佳佳编写;第六章由陆舒春、姜雨编写;第七章由顾海啸、陈智莹编写;第八章由陈智莹、李仕琦编写;其余章节由刘亮编写,最后由刘亮统稿。

书中难免存在疏漏和不足,恳请读者不吝赐教。

2021 年 12 月

目 录

- 001 前言

- 001 **第 1 章　金融监管概论**
  - 002 开篇案例　南海泡沫
  - 003 1.1　金融监管概述
  - 010 1.2　金融监管体系和途径
  - 012 1.3　金融监管和金融创新
  - 015 1.4　金融监管发展脉络
  - 017 课后习题

- 018 **第 2 章　金融监管的相关理论与监管思想**
  - 019 开篇案例　1929 大萧条
  - 020 2.1　经济学关于政府与市场的讨论
  - 022 2.2　金融监管的相关理论
  - 031 2.3　宏观审慎的监管思想
  - 034 课后习题

- 035 **第 3 章　美国、英国和欧盟的金融监管体制**
  - 036 开篇案例　次贷危机
  - 037 3.1　美国的金融监管体制
  - 043 3.2　英国的金融监管体制
  - 047 3.3　欧盟的金融监管体制
  - 050 课后习题

- 051 **第 4 章　我国的金融监管体制**
  - 052 开篇案例　永煤违约事件

- 053　4.1　我国金融监管的演进及现状
- 060　4.2　地方金融监管
- 067　课后习题

068　第 5 章　银行业监管

- 069　开篇案例　英国北岩银行倒闭事件
- 070　5.1　银行业监管概述
- 072　5.2　我国银行业的监管
- 078　5.3　金融安全网
- 084　5.4　压力测试和市场退出机制
- 089　课后习题

090　第 6 章　保险业监管

- 091　开篇案例　"宝万"之争
- 092　6.1　保险业监管概述
- 098　6.2　保险监管体系
- 101　6.3　保险监管的内容
- 113　6.4　保险业系统重要性监管
- 115　课后习题

116　第 7 章　证券业监管

- 117　开篇案例　股市名嘴：汪建中
- 117　7.1　证券业监管概述
- 120　7.2　证券业监管的原则和模式
- 123　7.3　对证券市场的监管
- 131　7.4　对相关主体的监管
- 139　课后习题

140　第 8 章　信托业监管

- 141　开篇案例　梅艳芳信托
- 141　8.1　信托业监管概述

143	8.2	信托业监管的必要性
145	8.3	信托业监管的模式
147	8.4	我国的信托业监管
154	课后习题	

155　第 9 章　其他机构监管

156	开篇案例	中国华融未来路在何方
156	9.1	金融租赁业监管
162	9.2	担保业监管
165	9.3	财务公司监管
170	9.4	非银支付机构监管
173	9.5	金融控股公司监管
177	课后习题	

179　第 10 章　金融科技与监管科技

180	开篇案例	蚂蚁金服被暂缓上市
181	10.1	金融科技
201	10.2	监管科技
205	课后习题	

206　第 11 章　反洗钱和打击恐怖主义融资

207	开篇案例	比特币跨境洗钱案
208	11.1	洗钱概述
211	11.2	反洗钱概述
214	11.3	反洗钱国际组织
218	11.4	中国的反洗钱监管
221	课后习题	

222　第 12 章　全球金融治理与监管合作

223	开篇案例	金融危机中的国际合作
224	12.1	国际金融监管与全球金融治理

229　12.2　金融监管国际合作的主要内容
232　12.3　国际金融监管组织
237　课后习题

238　**参考文献**

第1章

金融监管概论

2008年发生的次贷危机及后续的国际金融危机中断了世界经济持续30多年的黄金增长期。金融体系的去杠杆和实体经济的下行形成具有放大效应的负反馈循环,导致世界经济陷入长时期的深度衰退。这使我们从一个不同于以往的角度再次感悟到"金融是现代经济的核心",也迫使我们更深入地反思金融风险与金融监管。

本章讲述了金融监管的基本内容及其历史变迁,帮助读者形成对金融监管的基本认识。

开篇案例　南海泡沫

> 由于西班牙继承战争(1701—1714),英国政府深陷债务危机。为了偿还这笔债务,英国借鉴法国解决债务危机的做法,考虑采用合股公司的转嫁方法——用国债换取大型垄断合股公司的股票。作为交换条件,政府授予公司可以盈利的特权以及融资渠道。与此同时,长期的经济繁荣使得英国私人资本不断集聚,社会储蓄不断膨胀,投资机会却相应不足,大量暂时闲置的资金迫切寻找出路,而当时股票的发行量极少。在这种情形下,一家名为"南海"的股份有限公司于1711年宣告成立。
>
> 1711年,英国议会批准罗伯特·哈利(Robert Harley)创办南海公司,政府承诺由公司垄断对南美洲的西班牙殖民地的所有贸易。作为交换条件,由南海公司接管西班牙继承战争期间所筹集的国债。可以看出,公司表面上是一间专营英国与南美洲等地贸易的特许公司,但实际上是一所协助政府融资的私人机构,分担政府因战争而欠下的债务。当时,人人都知道秘鲁和墨西哥的地下埋藏着巨大的金银矿藏,只要能把英格兰的加工商送上海岸,数以万计的"金砖银块"就会源源不断地运回英国。南海公司在夸大业务前景及进行舞弊的情况下被外界看好,到1720年,南海公司更通过贿赂政府,向国会推出以南海股票换取国债的计划,促使南海公司股票大受追捧,股价由1720年年初约120英镑急升至同年7月的1000英镑以上,全民疯狂炒股。然而,市场上随即出现不少"泡沫公司"浑水摸鱼,试图趁南海股价上升的同时分一杯羹。为规范管理这些不法公司,国会在6月通过《泡沫法案》,炒股热潮随之减退,并连带触发南海公司股价急挫,至9月暴跌回190镑以下的水平,不少人血本无归,连著名物理学家牛顿爵士也蚀本离场。
>
> 注:编者根据相关资料改写而成。

现代金融已经渗透到国民生活的方方面面,在促进国家和世界经济巨大发展的同时,也不断暴露出更多的问题,例如,资金在金融体系内的空转导致资本脱实向虚,非法资金通过洗钱合法化,等等。金融监管不力导致投资者蒙受损失,甚至金融机构的行为可能成为金融危机的"罪魁祸首"。本章介绍了金融监管的基本方面,包括定义、目标、原则、监管方式、监管体系等,并且梳理了金融监管的历史发展脉络。

1.1 金融监管概述

1.1.1 金融监管的定义

顾名思义，金融监管（Financial Supervision and Regulation）包括金融监督和管理，是一国政府为弥补金融市场失灵造成的缺陷所作的制度性安排。狭义的金融监管是指一国法定的金融监管当局，依法对特许经营的金融机构及其经营行为实施监督和管理，以维护正常的金融秩序，保障金融体系安全、持续、健康地运行，保护社会公众利益。在广义的金融监管定义中，监管主体除金融监管当局外，范围进一步扩大至社会中介组织、行业自律组织以及金融机构自身的内控、稽核部门；监管对象的范围扩大至所有参与金融活动的个人和组织，包括投资人、上市公司、金融中介机构等。

金融监管的构成包括金融监管主体、金融监管客体、监管的内容以及监管法律体系。

金融监管的主体即金融监管当局（Financial Supervisory Authorities），是指对金融业实施监管的政府机构。目前，由于各国采取了不同的金融监管模式，因此，各国的金融监管当局的构成不尽相同，同时也不是一成不变的。我国金融监管的主体主要是"一委一行两会一局"，即在中央层面体现为国务院金融稳定发展委员会（一委）、中国人民银行（一行）、中国银行保险监督管理委员会和中国证券监督管理委员会（两会），在地方政府层面体现为地方金融监督管理局（一局）。

金融监管的客体即金融监管的对象和范围。监管对象是指依照法律规定应当接受金融监管当局监管的金融机构和金融市场。金融机构包括银行类金融机构（包括商业银行和政策性银行等）和非银行类金融机构（包括证券公司、保险公司、信托公司等）。金融市场是多层次的、多元化的，包括货币市场、资本市场等。金融是特许行业。一般企业名称和经营范围中不得包含"金融""交易所""交易中心""理财""财富管理""股权众筹"等字样或者内容。未经金融监管部门依法许可或违反金融管理规定，以许诺还本付息或给予其他投资回报等方式，向不特定对象吸收资金的行为是非法集资[①]。

金融监管的内容主要有以下几个方面：一是对金融机构的监管，如金融机构设

---

① 可参考 2021 年 5 月 1 日起施行的《防范和处置非法集资条例》，http://www.gov.cn/zhengce/content/2021-02/10/content_5586632.htm。

立、业务范围、风险控制以及危机管理等方面；二是对金融市场的监管，如市场准入、市场利率、市场规则等；三是对类金融机构和市场的监管，如对投资黄金、典当、融资租赁等活动的监管。

金融监管法律体系是监管机构实施监管的依据，保证了在监管和处罚过程中有法可依。法律体系包括法律、行政法规、部门规章、规范性文件等[①]。我国金融监管的相关法律[②]包括：《中华人民共和国中国人民银行法（修正）》《中华人民共和国商业银行法（修正）》《中华人民共和国银行业监督管理法（修正）》《全国人民代表大会常务委员会关于中国银行业监督管理委员会履行原由中国人民银行履行的监督管理职责的决定》《中华人民共和国保险法》《中华人民共和国证券法》《中华人民共和国证券投资基金法》《中华人民共和国信托法》和《中华人民共和国反洗钱法》等。行政法规[③]如《防范和处置非法集资条例（国务院令第737号）》《存款保险条例（国务院令第660号）》《中华人民共和国外汇管理条例》《金融违法行为处罚办法（国务院令第260号）》《个人存款账户实名制规定（国务院令第285号）》等。部门规章[④]如《金融机构反洗钱和反恐怖融资监督管理办法》《非银行支付机构客户备付金存管办法》《中国人民银行金融消费者权益保护实施办法》等。规范性文件[⑤]如《银行业金融机构绿色金融评价方案》《非银行支付机构重大事项报告管理办法》《证券公司短期融资券管理办法》等。

实施有效的金融监管意义重大。金融监管是维持正常金融秩序、保持良好金融环境、维护国家金融安全的重要保证；有利于保证宏观调控的效果，促进经济和金融协调发展；有助于推动金融国际化；有助于保护金融消费者的合法权益。

1.1.2　金融监管的目标

(1) 金融监管目标的演进

20世纪30年代以前，中央银行的主要目标是提供稳定和弹性的货币供给，防止银行发生挤兑。1913年，美国联邦储备体系（Federal Reserve System）的建立就是追求这一目标的直接反映。当时的《联邦储备法》（Federal Reserve Act）明确指出："建立联邦储备银行，是为了提供一种具有弹性的货币供给，为商业银行票据提供再贴现以及对银行监管"。总的来说，20世纪30年代以前的金融监管目标是进行货币管理

---

① 可参考：http://www.pbc.gov.cn/tiaofasi/144941/index.html。
② 可参考：http://www.pbc.gov.cn/tiaofasi/144941/144951/index.html。
③ 可参考：http://www.pbc.gov.cn/tiaofasi/144941/144953/index.html。
④ 可参考：http://www.pbc.gov.cn/tiaofasi/144941/144957/index.html。
⑤ 可参考：http://www.pbc.gov.cn/tiaofasi/144941/3581332/index.html。

和防止银行挤兑,很少涉及对金融机构自身经营行为的监管。因此,这一时期并不存在现代意义上的金融监管。

20世纪30年代爆发了全球经济危机,大批银行等金融机构倒闭,这表明"看不见的手"并非万能。这也促使各国逐步明确了金融监管的目标,即致力于维持金融体系的安全稳定,防止金融体系崩溃对宏观经济造成冲击。20世纪30—70年代,严格的金融监管抑制了金融创新,导致金融效率下降,使各国开始重新审视金融监管的目标。

20世纪70年代以后,金融自由化的理论逐渐发展起来。大部分国家都在管制金融市场、金融产品价格等方面实施了宽松的政策。一个开放式的全球统一的金融市场初具雏形。金融监管目标开始注重金融体系安全和金融效率的平衡。

总的来说,20世纪金融监管目标的变迁并非是新的目标取代原有目标,而是对原有目标的不断完善和补充新的目标,这使得当今各国的金融监管目标均包含多重内容:维护货币与金融体系的稳定;促进金融机构谨慎经营;保护存款人、消费者和投资者的利益;建立高效率、富于竞争性的金融体制。

2008年的次贷危机暴露了各国监管的短板,仅仅进行微观审慎监管(Microprudential Supervision)不能有效防范风险,各国开始重视宏观审慎监管(Macroprudential Supervision),加大了对系统重要性金融机构的监管力度,目标是防范金融系统的顺周期行为和不发生系统性金融风险。此外,金融科技(Fintech)的高速发展也对监管提出了新的要求,金融科技在促进金融效率提高的同时,也加大了金融市场面临的风险。不阻碍金融创新,但同时又要维护金融市场的稳定成为监管的又一个目标。

(2) 金融监管的一般目标

金融监管目标是实现金融有效监管的前提和监管当局采取监管行动的依据。金融监管目标应该是促成建立和维护一个稳定、健全和高效的金融体系,保证金融机构和金融市场健康地发展,从而保护金融活动各方特别是存款人的利益,推动经济和金融发展。无论采用哪一种监管模式,监管的目标基本上是一致的,具体来说分为以下三点。

第一,安全性。安全性是指金融监管需要确保金融系统的安全与稳定,避免金融风险的集聚、扩散与蔓延,从而为经济发展创造良好的金融环境。这是金融监管的首要目标。金融业面临的风险包括宏观杠杆率过高、商业银行不良资产率过高等。因此,监管者的任务便是:通过准入审查、日常监管、现场检查等措施促使金融机构在法定范围内稳健经营,降低和防范风险,以提高金融系统的安全性。

第二,效率性。效率性是指金融监管要确保金融系统的效率和有序竞争。在保证金融业安全和稳定的基础上,监管者要保护和促进金融机构的公平竞争,对金融创新和金融违规进行及时的鉴别,以此促进金融业不断提高服务质量和服务效率。

第三,公平性。公平性是指金融监管过程中要强调对于金融消费者的保护,确保公平地对待金融消费者,保护投资者和存款人的利益。投资者和存款人对金融机构的信任和信心是金融市场生存和发展的前提。因此,保护存款人的利益实质上是在维护国家信用制度,也是在保护金融机构的长期利益。

金融监管通过各种措施维护金融安全与稳定,并促进金融业公平竞争,以此巩固金融消费者的信心。金融监管的三个目标是互相联系的,但是公平性目标优先于安全性目标和效率性目标。如果一国金融业没有实现公平性,从长期来看,该国金融业的安全性和效率性都将受到损害。

由于政治、经济、文化、法律以及社会制度的差异,各个国家和地区的监管体制并不完全相同,所以,金融监管目标也不完全相同;即使同一国家和地区,在经济和金融发展的不同阶段,金融监管目标也会适时调整。我国金融监管的目标总体来看体现在四个方面:① 促进金融业健康发展,防范和化解金融风险,维护金融体系整体的安全稳定;② 保证国家金融政策和宏观经济调控措施得以有效实施;③ 营造公平竞争的金融发展环境,促使金融业高效发展和提升服务效率;④ 保护投资人、存款人和社会公众的利益。

1.1.3 金融监管的原则

金融监管的原则是金融监管当局在监管过程中应遵循的行为准则。目前,世界各国一致认可的监管原则大体包括以下五个方面。

(1) 依法监管原则

依法监管原则又称合法性原则,是指金融机构必须接受金融监管当局的监督和管理;金融监管当局必须依法行政,以此来保持监管的权威性、严肃性、强制性和一贯性,从而达到监管的有效性。

(2) 公平公正原则

监管活动应最大限度地提高透明度。同时,监管当局应公正执法,平等地对待所有金融市场的参与者,做到实体公正和程序公正。

(3) 适度竞争原则

金融监管当局应当防止不计任何代价的过度竞争,避免出现金融市场上的垄断行为;防止恶性竞争,避免出现危及金融体系安全和稳定的行为。因此,金融监管既要避免金融垄断,造成金融体系失去效率和活力;又要防止过度竞争,波及金融业的安全和稳定。

(4) 综合监管原则

该原则强调一国内各监管机构之间的相互协调。

(5) 有机统一原则

各类金融监管机构之间建立监督管理信息共享机制,共同监管金融机构及金融市场,合理分配职责,避免监管真空,提高监管的有效性和统一性。

1.1.4 金融监管的工具

金融监管工具的设置遵循综合性和系统性原则,主要的工具有法律工具、经济工具与行政工具等。法律工具是金融监管的基础和前提,是实施有效监管的强有力保障;经济工具是最核心、使用最多的监管手段;行政工具是面对特定事件,最具针对性的监管手段。在金融监管中需要多种工具并用,针对不同时期、不同情况合理搭配监管工具,以取得较理想的监管绩效。

(1) 法律工具

法律工具主要是通过制定金融法规,在共同准则的前提下体现公平竞争。金融法律工具的约束力体现在,对金融监管部门自身具有约束力以及对各金融监管对象具有约束力。世界各国的金融监管当局都通过立法形式,运用具有强制力和约束性的法律手段,对金融机构进行依法监管和检查,对违反规定的金融机构依法进行处罚,促使金融机构合法、审慎经营,维护金融市场、金融体系的稳定与发展。

法律工具具有一定的局限性。首先,法律不可能包罗万象,法律条款在制定时总会存在未考虑周全的方面。当今金融科技带动金融创新迅速发展,法律条文难以完全适用于金融体系的各种活动。其次,法律条文颁布后,在相当长的一段时间内不会轻易修改,法律条文的修改需要经过较长时间,时效性差且效率较低,完全依据法律条文在实际工作中显得生硬。因此,要使金融监管有效,还需要有灵活且具体的监管工具共同作用。

(2) 经济工具

经济工具是指通过经济利益影响金融机构的经营行为。当某种经营活动对经营有利,能够产生较高的利润时,经营者的积极性会被调动,从而投入较多的物力、财力和人力。金融机构在开展金融业务活动时,也表现为同样的规律。

各国在金融监管中经常采用的是经济工具。在各种经济工具中,运用较多的是融资便利、监管评级等。融资便利是中央银行作为金融机构的最后贷款人(Lender of Last Resort),通过向经营困难的金融机构提供贷款、担保等方式,对金融机构进行援助,从而保护投资者的利益,维护金融系统的稳定。监管机构定期对金融机构开展监管评级,将评级结果与开展业务挂钩,促使金融机构审慎经营。但经济工具在对经济和金融领域的突发性事件以及当经济金融出现较大的波动时,作用缓慢。

(3) 行政工具

行政工具是由金融监管部门通过发布文件、临时通知等形式,要求所有被监管对象必须在文件有效期内无条件执行的管理方式。行政工具具有强制性特征,一旦发布,被监管对象必须照章行事。因此,行政工具具有见效快、针对性强的优点。尤其是当金融机构或金融市场出现不稳定的时候,行政工具是无可替代的。

行政工具也具有一些局限。首先,行政工具监管局部性情况较多,考虑全局性情况不够;其次,行政工具冲击大,持续性差;再次,过多采用行政工具会削弱甚至扭曲经济工具的作用;最后,行政工具和市场规律在一定程度上存在背离甚至抵触,因此,行政工具只能作为金融监管的一种辅助性手段。

1.1.5 金融监管的方式

金融监管的方式可以分为规则监管和原则监管。

(1) 规则监管

规则监管是以金融监管法(由若干规则、原则、行业规范有机组成的法律体系)为核心的合规化监管框架。一般来说,在规则监管系统中,政府运用标准化方法对受监管对象提出一些要求,依托量化指标具体规定其权责,利用国家权力来执行。

规则监管可以分为三类:功能监管(Functional Regulation)、行为监管(Conduct Regulation)和机构监管(Institutional Regulation)。

功能监管是指基于金融体系基本功能而设计的更具连续性和一致性,并能实施跨产品、跨机构、跨市场协调的监管。在这一监管框架下,政府公共政策关注的是金融机构的业务活动及其所能发挥的功能,而不是金融机构的名称,其目标是要在功能给定的情况下,寻找能够最有效地实现既定功能的制度结构。行为监管针对金融机构和金融市场参与者,对金融机构的经营行为实施监督管理,包括禁止误导销售及欺诈等行为、披露相关信息、保护个人金融信息等。机构监管只适合应用在金融机构分业经营的情形下,是指对一家金融机构从生到死的全程监管。当前,我国金融混业经营不断发展,机构监管已经不能防控金融风险的交叉传染。

规则监管有其固有的优势。一是规则具有内容明确、执行力强的优点,监管标准由法律通过明令允许或禁止形成,具有"可为模式""勿为模式"的逻辑结构指向,其权责边界是明晰易辨的,监管机构和被监管对象对此易达成一致;二是规则具有稳定性,能够确保在反复使用过程中的公平和连贯;三是规则提高了透明度和可预见性,降低了市场进入壁垒,从而有助于提高市场竞争;四是规则监管在一定情况下能有效避免金融风险。在分业监管的背景下,若金融产品结构单一、风险传导明确,规则的演绎推理逻辑是十分适用的,可有效防控风险。

规则监管也因其庞杂、僵化的法规体系而饱受争议。第一,规则是僵化、割裂的,具有滞后性,而市场是灵活、联动的,具有易变性。规则监管在以创新为本的金融关系中无法敏锐地捕捉交易信息,不能及时地与市场进行有效沟通,阻碍了行业竞争。第二,"基于管理"的监管理念强调金融机构具体业务过程的合规化,而以定量为核心的列举式条款易让监管工作陷入"逐项打勾"的程式化误区,从而流于表面,更诱发了监管对象利用规则漏洞和规则间矛盾的道德风险,造成监管盲区、重复监管以及监管套利[①]。第三,"法条主义至上"的监管策略导致金融法律体系日渐臃肿庞杂。频繁的立、改、废工作不仅占用了大量的监管资源,日益复杂的规则也使得监管越来越成为一件艰巨的任务,监管成本畸高、监管效率难以提升。第四,规则过度复杂难解,反过来阻碍了公司合规化运营。第五,对于普通金融消费者而言,复杂的监管规则是拒人千里的"专业术语",但金融专业人士却可能游刃有余地驰骋其中,"形式合法"地损害消费者利益,间接加剧了金融市场的不公平。

(2) 原则监管

原则监管是指政府为监管对象设立预期目标,然后依托更高位阶的原则和轻触监管(Light Touch Supervision)的方法,就如何实现目标提供指导,而较少依赖由静态、固化的量化指标构成的规则体系。这些原则可依托于明文立法、指导性案例或解释,也可以监管机构的正式指引或行业协会的非正式指引为载体,甚至通过执行层面获得贯彻,并通过内容持续修改与规则保持平衡。

原则监管具备如下特点:一是更依赖于由原则牵引的一般行为准则,原则可以理解为概要性或高层次规则,规定金融机构和监管当局在内的所有人应遵守的基本

---

① 监管套利是指,金融机构通过调整资产组合、改变交易方式、选择性使用(cherry-picking)监管方法以及粉饰报表等策略性行为降低审慎监管要求,但实际风险却没有相应下降的情形。

义务，级别优先于详细规则，是规则的基础。二是重心在于实施基于目标和结果的监管。目标是从监管机构的期望角度设定的宏观目标；结果是目标的细化，是金融机构和消费者的风险管理和行为的结果。三是以风险为本，对监管目标进行风险评估，对合格投资主体采取轻触监管标准。四是注重引导激励，允许被监管对象自主经营，引导其自发启动严格的业务复查程序，辅助实现监管目标，突出被监管对象高管层的责任。五是注重监管机构与监管对象间的互动协调，实现动态化监管。

一般来说，对于金融创新应当采用原则监管，重点是建立灵活的监管机制框架，而不是进行一刀切式的监管。

1.2 金融监管体系和途径

金融监管体系是指金融监管的各类规则、惯例、组织安排与政策等。建立金融监管体系，可以界定金融主体在金融交易过程中对空间的选择，约束和激励金融主体的金融行为，降低金融交易费用和竞争中不确定性所引致的金融风险，进而保护债权债务关系，促进金融交易的顺利进行和提高金融资源的配置效率。

金融监管体系包含金融监管当局、金融机构自律组织、中介机构、外部评估和社会舆论的监督。金融监管途径以监管当局的监管为基本点，其他机构互相补充。

1.2.1 监管当局

金融监管当局的监管途径具体可以分为两类：非现场监管（Off-site Supervision）和现场监管（On-site Supervision）。

（1）非现场监管

非现场监管又称非现场监测、非现场监控、非现场检查，是监管机构通过收集金融机构的经营管理和财务数据，运用技术方法（如各种模型与比例分析等）研究分析金融机构经营的总体状况、风险管理状况、合规情况等，对其稳健经营情况进行评价。

非现场监管包括合规性检查监管和风险性检查监管。合规性检查监管是通过分析银行的财务报表和相关资料，检查各项指标是否符合监管当局制定的审慎政策规定。风险性检查监管是通过对资料数据进行对比分析、趋势分析或者计量模型分析，评估金融机构的风险状况，预测金融机构的发展趋势。

非现场监管的资料来源主要是金融机构的各种报表和报告以及金融监管机构开

发的数据库填报系统。

通过非现场监管、能够及时和连续监测金融机构的经营风险状况，为现场监管提供依据和指导，使现场监管更有针对性。

(2) 现场监管

现场监管是由金融监管当局派员进入金融机构，通过查阅各类财务报表、文件档案、原始凭证和规章制度等资料，核实、检查和评价金融机构报表的真实性和准确性，以及金融机构的经营状况、风险管理和内部控制的完善性。通过现场检查，有助于全面深入地了解金融机构的经营和风险状况，对合法经营和风险状况作出客观和全面的判断。

现场监管可以分为全面现场检查监管和专项现场检查监管。全面现场检查监管涵盖各项主要业务及风险状况，对总体经营和风险状况作出判断；专项现场检查监管是对一项或几项业务进行重点检查，具有较强的针对性。

以银行监管为例，现场监管的内容有内部控制检查、资产状况检查和存款业务检查。内部控制检查包括行政控制、会计控制、内部检查等。资产状况检查包括对贷款业务的检查，主要针对贷款政策、贷款程度、操作合规性、承受风险状况、对有问题贷款的处理是否及时与合理等。存款业务检查主要针对存款结构、变化趋势以及运转状况、存款业务程序是否适当、对现有法规的执行情况等。

1.2.2 自律组织

金融自律管理的监管途径，主要是通过金融同业成员相互之间的信息交流与磋商，利用共享的财务资料与管理经验等揭示经营中可能存在的风险，加以防范。金融行业协会成员尽管会对各自涉及的商业机密资料予以保密，但是，鉴于行业共同利益的需要，能够实现较好的真实信息交流。

1.2.3 中介机构

中介机构（如会计师事务所、律师事务所和外部评级机构等）监督在金融监管中发挥三个方面的职能：信息鉴证、法定审计和监管审计。

金融监管当局可借助中介机构审计、核实金融机构的财务会计报表及相关数据，对金融机构实施现场检查，对金融机构进行外部评级，提高金融机构信息披露的客观性和权威性，强化市场约束。

1.2.4 社会舆论

社会舆论监督体系是金融监管的重要组成部分，通过建立举报制度和查处程序形成社会监督的威慑力，建立市场约束机制，督促各金融机构依法经营；通过媒介向金融监管当局传递金融机构经营中出现问题的信息，对于及时发现问题和惩罚金融违规现象具有不可替代的积极作用。

1.3 金融监管和金融创新

广义的金融创新是指变更现有的金融体制和增加新的金融工具，以获取现有的金融体制和金融工具所无法取得的潜在利润，其包括宏观层面的金融体制创新、中观层面的金融机构或组织创新和微观层面的金融工具创新。狭义的金融创新仅指微观层面的金融工具创新。金融工具创新具有风险管理和转移、增强流动性、信用管理等功能。

金融创新是在金融自由化的思潮下，金融机构顺应市场经济发展的客观要求，克服经济环境中的各种风险、降低交易成本而产生的，科技进步又为其发展提供了技术支持。金融创新的本质就是使同等资本在使用过程中收益最大风险最小，这个过程涉及金融杠杆、结构产品的使用，以及不同金融市场之间的联系和风险的相互转移。所以，金融创新使金融机构间的界限模糊起来，原来边界清晰的各个机构通过创新金融工具而介入其他机构的传统业务中。

金融创新增加了金融监管的难度。一是金融创新可能处于不同金融机构业务的边缘，成为交叉性业务，这些金融创新既可能导致金融监管缺位，又可能导致金融监管重叠。二是金融创新涉及金融杠杆率、结构产品的使用，涉及不同金融市场之间的联系和风险的相互转移。当其中的杠杆率被过快放大，风险在不同市场之间的转移得不到有效管理和监管的时候，就有可能导致金融危机。

金融监管与金融创新在螺旋式上升中一次又一次达到平衡状态。一旦金融创新超过金融监管的能力范围，导致金融风险爆发概率上升，金融监管面临挑战。金融监管机构必然通过体制改革、理念创新、技术应用等手段强化监管，将金融创新重新纳入金融监管可接受的范围。

如果金融监管采用的行政工具过多，就会降低金融体系的市场化程度，使得金融市场缺乏自我修复的能力，反而加剧金融体系的脆弱性。诚如纳西姆·尼古拉斯·塔勒布(Nassim Nicholas Taleb)在《反脆弱》一书中提及："一切自上而下的东西都会使得我们变得脆弱,并且阻碍反脆弱性和成长。一切自下而上的事物在适量的压力和混乱下反而能够蓬勃发展。"因此,需要在金融创新与金融监管之间寻找一个恰当的平衡点。

1.3.1 金融创新的条件及其原因

金融创新通过对现有金融组织架构和金融工具的边际创新,达到降低风险、获得额外收益的目的。金融创新的条件是:创新收益大于创新成本,且创新净收益大于投资其他行业的收益。当符合这一条件时,金融机构和金融体系就有动机进行创新。

金融创新的主要原因可以分为两类。

第一类为"内因说",其认为导致金融创新出现的主要原因,是金融机构为了追求更大的利润,降低自身风险,满足市场对金融服务新需求的动机。在市场竞争水平不断提升的情况下,金融企业利润的持续增长有赖于成本的不断降低。利用新技术降低交易成本也是金融创新的手段之一。

第二类为"外因说",其主要从外部环境的变化对金融制度调整和生产技术调整的影响方面来解释金融创新的主要动力。"外因说"大致可以分为三种观点:第一种观点认为金融创新是适应外部环境变化的结果,如 20 世纪 70 年代汇率和利率的频繁变动,激发了金融机构在金融衍生品方面的创新;第二种观点认为金融创新是对科技进步的积极吸收,信息技术在银行业的采用是导致金融创新的主要因素;第三种观点认为外部的金融监管促进了金融创新,因为监管可以视作一种隐形税负,给金融机构带来货币成本和时间成本。金融创新是为了规避监管。

1.3.2 金融创新与市场失灵

市场的内在缺陷是进行金融监管的主要依据。金融创新如果不加以监管,可能会造成市场的失灵,严重的可能导致金融危机。金融领域的市场失灵主要源自三个方面:一是委托-代理问题。客户、股东与金融机构的关系是委托-代理关系,在信息不对称的条件下,金融机构为了追求自身利益最大化,往往采取激进的投资策略,将客户、股东的财产置于高风险之中。二是高杠杆率问题。由于高杠杆率可能带来高倍的回报,金融机构往往有放大杠杆率的动机。金融创新使得金融机构更容易加杠杆,使得金融杠杆率过高,带来资产泡沫、贫富差距扩大、债务违约等问题。三是集体行动的困境。从微观层面看,在有安全标准作支撑的条件下,单个银行提高杠杆率没有问题,但是从宏观层面看,很可能产生不可持续的信贷繁荣,甚至积累泡沫,而且由于金融系统的内在关联性,使得风险的传播非常迅速并难以控制。

1.3.3 金融监管模式与金融创新

金融监管模式大致可以分为三种类型。

一是以英国为典型代表的集中统一型金融监管模式，这种监管模式为世界大多数国家所采用。英国的监管模式已由分业监管过渡到统一监管。1988年，英国整合了所有的金融监管机构，建立了金融服务监管局，由其统一实施对金融机构的监管。2000年，英国政府又颁布了《金融服务和市场法》(Financial Services and Markets Act)，从而实现了由分业监管向统一监管的转变。2001年12月1日，英国金融服务管理局(Financial Service Authority，FSA)依照该法案，直接负责对银行业、保险业和证券业的监管。

二是以美国为代表的分业型金融监管模式。美国在混业经营的前提下，仍然采取分业监管模式，既没有合并各监管机构成立一个统一的监管当局，也没有设立专门针对混业经营的监管部门。在金融控股公司的框架下，美国仍然采取机构监管的方式，集团下属的银行子公司仍然由原有的(联邦或州)主要银行监管机构进行监督和检查。为了从总体上对金融控股公司进行监督，《金融服务现代化法案》(Financial Services Modernization Act)规定，美联储是金融控股公司的"伞型监管者"，从整体上评估和监管金融控股公司，必要时对银行、证券、保险等子公司拥有仲裁权。该法案规定，当各具体业务的监管机构认为美联储的监管措施不当时，可优先执行各监管机构自身的制度，以起到相互制约的作用。在协调性和兼容性方面，要求美联储、证券监管机构与保险监管机构加强协调和合作，相互提供关于金融控股公司和各附属子公司的财务、风险管理和经营信息。美联储在履行监管职责时，一般不得直接监管金融控股公司的附属机构，而应尽可能地采用其功能监管部门的检查结果，以免形成重复监管。

三是不完全集中统一型金融监管模式，以澳大利亚和巴西为典型代表。不完全集中统一的监管模式可以分为"牵头式"和"双峰式"两类。"牵头式"监管模式是在分业监管机构之上设置一个牵头监管机构，负责不同监管机构之间的协调工作。巴西是典型的"牵头式"监管模式。"双峰式"监管模式是依据金融监管目标设置两类监管机构：一类机构专门对金融机构和金融市场进行审慎监管，以控制金融业的系统风险；另一类机构专门对金融机构进行合规性管理和保护消费者。

在不同的金融监管模式中，存在不同的约束规则，所以，不同的监管模式包含不同活跃度的金融创新机会，这在事实上确定了金融创新的可能性边界。当然，从历次金融创新活动来看，一个国家的综合实力也是影响金融创新的主要因素，如郁金香狂热、南海泡沫、大萧条、互联网公司泡沫和次贷危机等，都发生在当时经济实力最雄厚的国家。因此，频发的金融危机既表明了金融市场的过度发展问题，也体现了一个国家高度发达的金融创新活动。

1.3.4 金融监管的可能性边界

由于金融体系自身存在市场失灵的缺陷,金融监管由此具有了政府权力干预的正当性。但正当性并不意味着没有边界。金融监管制度的边界是一国进行金融改革和长期金融发展中必须直面的核心问题,因为安全和效率是对金融体系进行监管时需要同时达到的目标,边界的确定则直接影响到安全和效率的平衡。

理论上,金融监管的可能性边界满足如下条件:市场主导型监管模式的金融创新活跃度等于政府主导型监管模式的金融创新活跃度。这种创新既包括原创性的,也包括输入性的,总之,在达到最优的监管模式之后,金融创新的流动方向将是双向的,而不是单向的。也就是说,既存在从发达国家向发展中国家的金融创新活动输出,也存在从发展中国家向发达国家的金融创新输出。根据历史经验,金融危机的深度受害者是金融创新的引进者,引发金融危机的国家所遭受的损失相对较小。

1.4 金融监管发展脉络

纵观金融监管的发展历史,可以分为四个阶段:初始形成期、严格监管期、放松监管期和重新监管期。

1.4.1 初始形成期

世界上最早的银行是1407年在热那亚成立的圣乔治银行。该银行除了吸收存款、提供汇兑服务外,主要是为热那亚政府融资服务。随着近代工业革命的出现,大量商业银行出现。当时的银行具有一定的高利贷性质,且一般都拥有一些特权(charter),所以政府制定了相应的法律来对其进行限制。1720年,英国发生了南海泡沫事件,南海公司会计造假和过分夸大经营前景及财务业绩的丑相被揭露,其股价一落千丈。1720年6月英国出台的《泡沫法》(*English Bubble Act*)是金融监管正式萌芽的标志。这部法律旨在防止证券行业的过度投机。

第一个中央银行是1668年设立的瑞典中央银行(Riksbank)。1694年成立的英格兰银行是世界上最重要的中央银行之一。1791年,经华盛顿总统特许通过,以英格兰银行为模板,具有中央银行职能的美国第一银行(the First Bank of the United States)成立。1800年成立的法兰西银行在1848年垄断货币发行权。各国中央银行的建立代表了金融从自由走向管制。

1.4.2 严格监管期

1929—1933年,世界经济进入了前所未有的"大萧条",工业生产和国际贸易大幅下降,失业率大幅上升。仅美国在1929—1932年就有10 737家银行相继倒闭。对此,政府对金融行业实施了更为严格的监管。美国在罗斯福总统的领导下,颁布了《1933年银行法》(又称"格拉斯-斯蒂格尔法")(Glass-Steagall Act)、《1933年证券法》(Securities Act of 1933)等一系列监管立法,建立了相对较完整的现代金融监管体系,并奠定了美国现代金融监管基础。为了有力地监管证券市场并保护投资者的利益,美国于1934年建立了证券交易委员会(United States Securities and Exchange Commission,SEC)。

1.4.3 放松监管期

20世纪70年代,欧美国家经济普遍陷入了滞涨困境,新自由主义思想兴起。新自由主义思想继承并发扬古典自由主义的经济理论,以反对和抵制凯恩斯主义的市场失灵、政府干预为主要特征。以弗里德曼为代表的货币主义学派是新自由主义思想的典型代表,他们主张减少政府对市场的干预,建立以市场为主导的资源配置机制。在金融监管领域,金融自由化理论也随之发展并不断扩大其影响。

20世纪80年代末至90年代初,金融自由化达到了高潮。在欧美主要发达国家范围内逐渐形成了统一的金融市场。金融监管领域改革的普遍做法就是放松管制和机构改革。1986年,英国拉开了以"金融大爆炸"为旗帜的金融自由化序幕。英国的商业银行可以直接进行证券交易。美国里根政府时期也强力呼吁恢复自由竞争的市场监管理念。在立法层面,1980年,颁布了《存款机构放松管制和货币控制法》,取消存款利率限制和存款准备金制度;1982年,颁布了《高恩·圣杰曼存款机构法》,消除存款机构在业务管制方面的差别;1999年,废止了《格拉斯-斯蒂格尔法》,代之以《金融服务现代化法》,推动全球金融业由分业经营向混业经营的转变。1997年6月,日本大藏省(现为财务省)公布《金融体制改革规划方案》。该方案在很多方面借鉴了英国"金融大爆炸"的经验和做法,也被称为日本版的"金融大爆炸"。

1.4.4 重新监管期

进入20世纪90年代,主要发达国家实行金融业混业经营,各国金融市场的联系日益紧密,发生于一个地区的金融风险或危机的扩散速度和广度也随着金融业新趋势的形成而增大。如 20 世纪 90 年代初北欧三国（瑞典、挪威、芬兰）发生银行危机、1991 年国际商业信贷银行倒闭、1994 年墨西哥金融危机、1995 年英国巴林银行倒闭、1997 年东南亚金融危机、2007 年美国次贷危机、2008 年法国兴业银行由于交易员违规操作亏损 71 亿美元等。这些危机的发生使各国的金融监管从微观审慎转向宏观审慎。

2008 年全球金融危机之前，欧美监管当局遵从"有效市场理论"，对信贷过度供给、流动性过度创造导致的杠杆率攀升和期限错配，以及"大而不倒"潜在的道德风险视而不见。危机爆发后，按照二十国集团（G20）确定的改革方向，金融稳定理事会（FSB）、巴塞尔委员会等国际监管标准制定机构发布了一系列国际金融监管新规则，以期修复金融体系的断层线（Fault Lines），促进宏观审慎监管与微观审慎监管协调配合，抑制金融脆弱性的累积，降低金融危机发生的可能性，并缓解金融危机的负面影响。

课后习题

1. 什么是金融监管？金融监管的构成有哪些？
2. 简述金融监管的一般目标、原则及工具。
3. 简述金融监管目标的演进。
4. 常见的金融监管的方式有哪些？
5. 什么是金融监管体系？简述金融监管体系的构成。
6. 简述我国的金融监管体系。
7. 简述金融创新的诱因。
8. 常见的金融监管模式有哪些？我国采取的是什么样的监管模式？
9. 简述金融监管变迁的过程及其主要动因。

第2章

金融监管的相关理论与监管思想

脱胎于经济干预理论的金融监管理论在其发展过程中渐次凸显"独立性"和"超前性";金融监管的"有效性"具有阶段性与多变性特征,其与特定时期经济金融发展需求息息相关。本章通过列举主流的金融监管理论和思想,为读者建立有关监管的理论框架。

开篇案例　1929 大萧条

美国的 20 世纪 20 年代是"希望的年代",是梦想成真的年代,是雄心勃勃的年代。南北战争之后,南方的奴隶制度被废除,北方的工业兴起,继铁路、运河之后,底特律的汽车工业蓬勃兴起。第一次世界大战期间,美国不仅没有卷入战争,反而吸纳了大批人才和财富,欧洲的战争也为美国创造了商机。到 20 世纪 20 年代,美国成了一片乐土,成千上万个富翁涌现出来。

人们信心十足,热情高涨。到了 1929 年,美国汽车保有量就达到了 2 300 万辆,这意味着每五个美国人之中就有一人有小汽车。

与此同时,股价也一直在蹿升。

1929 年 10 月的最后 10 天,集中了证券史上一连串著名的日子。10 月 21 日,纽约证券交易所开市即遭大笔抛售,全天抛售量高达 600 多万股,以致股市行情自动记录器到收盘 1 小时 40 分后才记录完最后一笔交易。10 月 23 日,形势继续恶化。10 月 24 日上午刚刚开市,股价就如决堤之水轰然下落。10 月 29 日上午 10 点,纽约证券交易所刚刚开市,人人都在不计价格地抛售,经纪人被团团围住,交易大厅一片混乱。道·琼斯指数一泻千里。11 月,股市跌势不止。

1929 年 10 月 29 日到 11 月 13 日的两个星期内,共有 300 亿美元的财富消失,这相当于美国在第一次世界大战中的总开支。股灾连锁反应引发经济危机,疯狂挤兑、银行倒闭、工厂关门等纷纷来临。从 1929 年到 1933 年的三年中,有 5 000 家银行倒闭,至少 13 万家企业倒闭。1929 年,通用汽车公司的产量从 1929 年的 550 万辆下降到 1931 年的 250 万辆。到 1933 年,工业总产量和国民收入暴跌了将近一半。从 1929 年第四季到 1933 年第一季,连续出现了 14 个季度的经济负增长,累计负增长为 -68.56%。股市崩溃的 1929 年,失业率为 2.5%,之后失业率迅速上升,到 1933 年达到创纪录的 25%,这意味每四个人中就有一人失业。

1929 年的经济危机很快从美国蔓延到其他工业化国家。国际贸易额从 1929 年的 686 亿美元下降到 1930 年的 556 亿美元、1931 年的 397 亿美元、1932 年的 269 亿美元和 1933 年的 242 亿美元。

注:编者根据相关资料改写而成。

政府和市场对于经济发展哪一个更重要的争论,让金融监管逐渐成为学术研究的热点。金融监管理论的演化随着金融危机的爆发,经历了从金融自由化到金融管制,再到安全与效率并重的过程。

2.1 经济学关于政府与市场的讨论

资源配置的方式有两种:政府和市场。亚当·斯密(Adam Smith)认为在完全竞争的市场经济中,市场机制就像一只"看不见的手",时刻左右着人们的经济行为,使整个社会的资源配置达到"帕累托最优"。关于"看不见的手"的争论持续了几乎整个20世纪,并且在很大程度上主导了经济学在此期间的发展演变以及经济学主流学派的兴衰更替。20世纪金融监管理论的演化就是在这一背景之下进行的。

1776年,亚当·斯密出版了《国富论》。"看不见的手"从此成为市场经济的准则,以"看不见的手"作为范式基础、崇尚自由放任政策的古典经济学也得以开创。在亚当·斯密看来,市场在理性经济人的自利行为推动下并通过竞争,将会自动地实现个人利益和社会利益的共同增进。政府仅仅是市场经济的"守夜人",而不应该直接介入和干预经济运行,因为政府对于市场秩序的创建与维护既无必要也无可能。

19世纪70年代的"边际革命"虽然在价值来源方面否定了古典经济学的劳动价值论,但是瓦尔拉斯一般均衡模型的创立,使古典经济学"看不见的手"的范式在形式上得到了严格的数学证明,一个建立在对古典经济学"扬弃"基础上的新体系——新古典经济学发展起来并迅速成为当时经济学的主流学派。同古典经济学一样,新古典经济学也崇尚自由放任的经济政策,认为市场的自发运动将会实现资源配置的"帕累托最优",因此,该理论也极力反对政府对经济运行的干预。

古典经济学和新古典经济学虽然在很多方面有所不同,但是在自由放任的主张上两者是一脉相承的。自亚当·斯密出版《国富论》到"边际革命",自"边际革命"到20世纪30年代,古典经济学和新古典经济学分别成为当时的主流学派,在理论和政策上都占据统治地位。然而,19世纪40年代兴起的德国历史学派(The German Historical School)以及后来的新历史学派(New Historical School)则主张政府应该对经济进行较多的干预。

德国历史学派的创始人弗里德里希·李斯特(Freidrich Liszt)认为,国家必须对经济进行干预,原因是市场经济有许多局限性,如私人利益与国家利益并不总是能够保持一致,私人企业的发展离不开国家的保护和扶持,个人只有借助国家的政治组织和政治环境才能形成生产能力,国家则在保护和积累生产能力方面具有重要作用,等等。国家干预是弥补这些私人市场经济缺陷的主要手段。国家应该做"即使个人有所了解、单靠他自己的力量也无法完成的那些事",包括修建基础设施、制定专利法以及各项有关生产力和消费的法规、实行贸易保护政策等。德国新历史学派继承和发展了李斯特的国家干预理论,其代表人物古斯塔夫·冯·施穆勒(Gustav von Schmoller)认为,赢利心是社会经济发展的重要动因,但是必须通过国家干预避免赢利心给社会带来的危害。德国历史学派的兴起及其国家干预主张,与当时德国在西方主要资本主义国家中相对落后有关。它实际上是肯定了在发达国家与落后国家并存的情况下落后国家应该更多地依靠政府的力量来发展自己的经济。德国历史学派的这种主张为当时的德国政府所采纳,作为一个经济学派,它却长期被排除在主流经济学之外。但是无论如何,德国历史学派所指出的市场机制缺陷已经为后来其他国家干预经济学说奠定了基础。

到了20世纪30年代,凯恩斯主义经济学(Keynesian Economics)在大危机后的一片混乱中兴起,形成对新古典经济学的"革命"。凯恩斯以边际消费倾向递减、资本的边际效率递减和流动性偏好三大心理"规律"为基础,提出了有效需求原理。有效需求原理从理论上强调了政府这只"看得见的手"在经济中的重要作用。凯恩斯主义经济学的出现和发展是政府干预与自由放任的一次正面交锋。

第二次世界大战后,保罗·萨缪尔森(Paul A. Samuelson)把新古典经济学的微观经济理论与凯恩斯的宏观经济理论嫁接起来,形成"新古典综合学派"。20世纪60年代发展出的阿罗-德布鲁一般均衡模型(Arrow-Debreu General Equilibrium Model)则更加突出了新古典综合理论体系中新古典经济学微观理论的基础色彩。

20世纪70年代,西方主要国家的经济发生了严重的"滞胀"危机,经济自由主义者们指责这是凯恩斯主义经济政策特别是国家过度干预的恶果。他们以对凯恩斯主义经济学的批判为契机开始重新树立"看不见的手"的威信,力图复兴新古典经济学的自由放任传统。货币主义、供给学派和理性预期学派先后兴起,它们通过对新古典经济学的重新表述,证明了市场机制"自然秩序"的存在和有效性,极力主张减少国家干预,实行自由主义的经济政策。

20世纪80年代以来,"复兴"的新古典学派被整合为主要建立在经过完善的新古典微观经济理论基础上的新古典宏观经济学,继续通过其形式严整的理论证明和结论影响着世界各国的经济政策。与此同时,针对传统凯恩斯主义宏观经济理论缺乏微观基础的弊病,一批仍然支持政府干预的经济学家通过构筑凯恩斯主义宏观经济理论的微观基础发展出新凯恩斯主义经济学。迄今为止,双方的主要分歧已经大大缩小,尤其是在政府干预方面,双方的分歧已经不再是政府干预应不应该或有无必要,而是集中于政府干预的范围、方式和有效性方面,因为市场的不完善性已经得到了双方的基本认同。

我国学者林毅夫和张维迎两位教授就此也展开了多次辩论。张维迎认为,政府越少干预经济越好。政府做好"巡夜警察",防范暴力、偷盗、欺诈并保护履行合同和提供公共事业;经济交给"看不见的手",自动实现资源的有效配置。美国政府要求银行必须贷款给没钱买房的低收入者,违反市场规律。恰恰是政府对金融和房地产市场的干预,造成了次贷危机。林毅夫认为,任由市场自我调节,会导致贫富差距悬殊,大量失业发生,社会不再安定。所以,市场这只"看不见的手"要靠宏观调控这只"看得见的手"来控制,才能让经济走势不会脱离正轨,减少患"经济危机"这个癌症的风险。此外,企业家会利用各种理由寻租、绑架政府来谋利。2008 年的次贷危机,就是华尔街的金融寡头绑架美国政府的结果。所以,政府要给企业家的创新提供自由的环境,但是,政府也要提防被企业家绑架。

综上所述,20 世纪主流经济学对政府干预还是自由放任问题的争论经历了一个大的轮回,至今仍未有最后的结论。

在这一背景之下,直接涉及政府干预的金融监管理论也势必随着争论双方势力的兴衰发生变化。但是,关于政府干预还是自由放任的经济学论争与金融监管理论还不是一个层次上的问题,前者涉及经济学的基本范式和理论基础,后者则更具体、更富有操作性。而且,金融体系在整个经济运行中的特殊地位和影响也使金融监管问题远不是政府干预还是自由放任的理论论争所能完全解答的。这就要求我们在对金融监管理论进行回顾分析的时候,既要考虑到主流经济学思想和理论的影响,又必须超越经济学的一般性阐述而顾及金融体系和金融活动的独有特征。

2.2　金融监管的相关理论

18 世纪经济危机频繁爆发,这其中,萨顿(Sandon)最早涉足了信用监管。他指出票据不断贴现将导致信用规模成倍扩张,为了避免银行挤兑实施货币信用管制十分必要。"通货学派"(Currency School)继承了上述思想,并在 1825—1865 年的"大争论"中取得胜利,促使中央银行制度的初建。进入 19 世纪,银行危机促进了中央银行角色的变换,从统一货币发行逐渐转向通过最后贷款人职能稳定金融。20 世纪 30 年代爆发的"大危机"催生了金融监管理论的形成,并由此步入长期探索的轨道。

2.2.1　强调约束的金融监管理论

20 世纪 30 年代的"大危机"使经济陷入混乱和萧条。理论界开始认识到,"看不见的手"并非无所不能,存在内在的不稳定性。凯恩斯主义逐步占据主流经济学的地位,政府监管成为经济运行的伴生现象。强调约束的金融监管理论认为,政府实施金融监管是出于社会公众利益考虑,通过纠正金融市场的脆弱性(Fragility)、信息不对称性(Asymmetric Information)、外部性(Externality)和垄断性(Monopoly)等性质所造成的市场失灵,来矫正由市场和法律体系不完善所带来的负面效果。

(1) 公共利益的监管理论

公共利益的监管理论根植于庇古(Pigou)和萨缪尔森(Samulson)的福利经济学。该理论建立在两个前提之上:一是承认金融市场存在市场失灵;二是政府是仁慈的,并且有足够的动机和能力去纠正市场失灵。

该理论指出,监管是政府对公共需要的反应,目的是弥补市场失灵,提高资源配置效率,实现社会福利的最大化。市场失灵主要表现为外部效应、信息不对称、不完全竞争或自然垄断等。另外,监管是一种公共产品,是能够降低或消除市场失灵的手段。

① 金融体系的负外部性。

金融体系的负外部性,是指金融机构的破产倒闭及其连锁反应将通过货币信用紧缩破坏经济增长的基础。金融机构在经营时,由于追求自身利益的最大化,在业务经营过程中不考虑由此引发的高风险给整个金融体系带来负的外部效应。根据福利经济学的观点,可以通过征收庇古税来调整外部性问题。但是金融活动巨大的杠杆效应——个别金融机构的利益与整个社会经济的利益之间严重的不对称——显然使这种办法变得毫无效力可言。科斯定理则从交易成本的角度说明,外部性不可能通过市场机制的自由交换得以消除。因此,需要一种市场以外的力量介入来限制金融体系的负外部性影响。

负外部性监管理论是基于负外部性效应而生的一种金融监管理论,核心内容是金融体系负外部性是导致金融市场失灵的主要原因,而实行金融监管是解决问题的关键。

② 金融的公共产品特征。

公共产品具有消费的非排他性和非竞争性特征,稳定、有效和公平的金融体系,明显具有公共产品的上述特征。同时,作为公共产品,不可避免地会出现"搭便车"问题、银行挤兑传染性以及金融机构违背审慎经营原则过分冒险等个体非理性行为,并可能导致集体非理性的结果。金融体系的这一性质,决定了其运行必须有一个主体对所有个体机构实施限制和监督,以维护金融产品供应的稳定性。公共产品监管理论强调,对市场经济下的金融体系而言,政府应该通过各种手段限制个体金融机构的冒险行为,削弱金融机构的集体非理性,保持金融体系这种公共产品的健康稳定,从而维护消费者的利益,确保经济发展的稳定,即认为金融体系的客体——金融产品自身的属性会导致金融市场的失灵,引发金融风险并导致危机,因此,有必要通过金融监管来实现对金融产品供给的良性引导。

③ 信息的不完全和不对称。

信息的不完全和不对称是市场经济不能像古典经济学和新古典经济学所描述的那样完美运转的重要原因之一。如果在金融市场上信息是完全的,则资金盈余者可以判断潜在的借款人是否值得信任、他们将资金投入运作后是否能产生预期的效益、到期归还本息是否有保障等。实际上,金融领域普遍存在着信息不对称现象,如被保险人与保险人、存款人与银行、银行与贷款人之间的信息不对称,由此产生逆向选择(Adverse Selection)与道德风险(Moral Hazard),从而造成金融市场失灵。

基于信息不完全和信息不对称,形成了信息不对称监管理论。施蒂格勒(George J. Stigler)从信息分配角度揭示了市场失灵,指出在信息不对称的环境下,金融机构往往处于相对劣势,面临金融效率降低和金融风险并存的局面,而政府的外部监管能够逐步提高信息的完备程度,降低金融风险,提高金融效率和减少经济损失,认为金融监管是医治信息不对称导致金融体系失效的良药。

④ 金融的自然垄断特征。

金融的自然垄断特征是指要进入金融市场,必须拥有巨额的注册资本和初期广告宣传费,这就在进入市场时形成了强大的资金壁垒,而一旦进入运行,必然会增加营业网点,而数量众多的网点又是实力的象征,从而形成规模经济。同时,如果一家金融机构占据了相当的市场份额,其他类似金融机构的进入障碍就会加大,竞争就会减少,因而就有可能形成收取高价格的市场势力。

自然垄断理论从规模经济入手,分析得出金融机构的自由竞争最终将发展为集中垄断。高度集中垄断不仅会在效率和消费者福利方面带来损失,而且会对社会产生负面影响,因此,该理论主张通过政府监管消除垄断,保障金融体系的稳定运行,认为政府监管是消除垄断和维护稳定的有力措施。

(2) 金融脆弱的监管理论

20世纪60年代以前,金融危机与经济危机相伴而生,形成了"金融危机是作为经济危机的一种表现形式"的思维定式。20世纪60年代以后,金融危机开始呈现出独立性,有些金融危机甚至完全脱离现实经济。为此,金融体系自身的内在脆弱性开始吸引金融监管研究的视线。

① 金融不稳定假说。

海曼·明斯基(Hyman P. Minsky)从凯恩斯的投资周期理论入手,发展出了金融不稳定假说(Financial Instability Hypothesis,FIH),指出严重的经济周期源自资本主义内在的金融特性。然而,一直到1986年出版《稳定不稳定的经济》和1996年离世,明斯基的假说并未得到重视。2008年全球金融危机爆发后,由于其理论的解释力和预见性,金融不稳定假说很快就获得很多主流经济学家的认可和引用。

金融不稳定假说认为金融天生就具有不稳定的基因。明斯基以债务人的收入与债务的关系来界定和划分,将融资分为对冲性融资、投机性融资和庞氏融资三种。对冲性融资是指债务人的收入现金流可以负担债务合约的全部支付责任,包括各期需要支付的本金和利息,在合约到期日可以完全清偿债务。在投机性融资中,债务人的收入现金流只够偿付利息,要履行债务合约需要借新债还旧债。不过,由于利息已经偿付,投机性融资的债务总额就受到控制,不会持续增加。庞氏融资的债务人基本上没有任何可用于偿债的收入,如果不变卖资产,履行任何支付责任都需要借新还旧,债务总额会越滚越大。第二种和第三种融资类型需要宽松的信贷环境以及不断上涨的资产价格为前提。否则,一旦发生融资链断裂,资产价格出现螺旋式下降,随之而来的便是难以阻挡的金融动荡。

基于上述三种融资分类,明斯基总结了关于"金融不稳定假说"的两个重要定理:一是金融不稳定第一定理,即经济体系中的三种融资模式的不同比例决定了经济金融是否稳定,投机或者庞氏融资的比重越大,金融体系遭遇偏差放大的可能性就越大。二是金融不稳定第二定理。在长期的繁荣条件下,原来能够保持经济稳定的融资体系会逐渐转变为使得经济不稳定的融资体系。当经济较好时,经济体获得的现金流持续增长,具有很好流动性的短期资产收益率较低,因此,人们会选择持有流动性较差、但收益率高的长期资产,获利机会的存在使得投机型融资比例有所上升。当投机型融资主体持续不断地进行再融资时,杠杆率被一步步推升,安全边际被逐渐侵蚀。这种经济的不稳定性是内生的,进而使得经济即使不面临外部冲击,也会陷入衰退周期。这个周期性的变化,在金融体系中就呈现为顺周期性。顺周期在2008年全球金融危机后被认为是系统性风险的核心来源。

明斯基时刻是指资产价值出现崩溃、金融市场爆发危机的时刻,也即市场由繁荣走向衰退的转折点,是具有拐点意义的时点。这一术语并非来自明斯基本人,而是最先由太平洋投资管理公司(Pacific Investment Management Company,PIMCO)的经济学家保罗·麦考利(Paul McCulley)提出。麦考利最初用这个概念来描述1998年的俄罗斯债务违约事件中整个金融体系"信用骤停"的惨状。2001年1月,麦考利又在全球央行观察报告中正式提到了明斯基时刻。具体来说,明斯基过程可分为正向过程和反向过程。正向过程是指随着时间的推移,金融体系有一种内在的趋势,即从稳健的对冲性融资金融结构向脆弱的投机性融资和庞氏融资金融结构转变。对冲性融资主导的经济最为稳定和健康,融资企业和投资项目运营良好,现金流丰沛,债务合约如期顺利履行,各方皆大欢喜。然而,拥有"动物精神"的企业家绝不会满足于当下的融资和投资规模。已经尝到甜头的会扩大融资,追加投资,有企图心的旁观者增加杠杆进入该领域。在金融监管宽松、金融创新不断、乐观情绪不断膨胀的条件下,这一趋势会不断增强和加速。主导经济的融资类型就会从对冲性融资向投机性融资和旁氏融资转变，金融结构也就从稳健逐渐走向脆弱，稳定健康的经济也会被推向繁荣和泡沫。正向明斯基过程显然无法持续。当投机性融资和庞氏融资的债务人无法获得融资来周转债务的时候，明斯基时刻就来临了。在房地产市场，无法按期支付按揭贷款的购房者只能选择断供和止赎。在金融市场，无力补充保证金的证券头寸被强制平仓，对流动性的饥渴导致金融资产的大量抛售。资产价格的快速下跌导致信用紧缩，这又会引发新一轮的资产价格下跌。伴随着"动物精神"从乐观迅速转为悲观甚至恐慌，最终就可能引发金融危机。金融动荡会通过多个渠道传导到实体经济，导致经济衰退。

2008年全球金融危机的"明斯基时刻"就是雷曼兄弟的倒闭。在本·伯南克、亨利·保尔森、蒂莫西·盖特纳等人的自传中可以看到，他们当时不救援雷曼兄弟主要是担心道德风险问题，而低估了雷曼兄弟在金融市场核心做市商的功能。从一定意义上说，这是一次市场内生、政策诱发的明斯基时刻。

② 银行挤兑理论。

戴蒙德和迪布维格（Diamond & Dybvig）着重剖析了银行业的内在不稳定性，建立了银行挤兑理论（D-D模型）。由于银行资产和负债在流动性方面严重不对称，再加上信息不对称而导致的道德风险和逆向选择，银行内部实际上是非常脆弱的。如果大量的银行客户因为对金融危机的恐慌或者相关影响同时到银行提取现金，而银行的存款准备金不足以支付，银行挤兑就出现了，并进一步形成金融危机。在出现挤兑时，市场银根异常紧缩，借贷资本短缺，利率不断上涨，迫使一些银行和金融机构倒闭或停业，从而更进一步加剧了货币信用危机，引起金融界的混乱。此时，银行面对挤兑存款便陷入了两难境地：若设法满足挤兑要求，则资产方面的损失就不可避免；若置之不理，则会加剧恐慌，进一步促进挤兑危机，导致清偿能力危机。

具体来说，银行挤兑模型基于以下前提：第一，银行的基本功能是用存款人的钱去放贷款而谋取收益，同时明确给存款人提供流动性承诺，即存款人随时可以向银行提出提现的要求；第二，存款人何时提取存款取决于对其他存款人是否会"恐慌性挤兑"的预期；第三，顺序服务约束指的是存款人随机地到达银行提款，而银行支付只取决于当事人在提款队伍中占据的位置，排在后面的人有可能会面对无款可提的局面。

银行挤兑理论认为，银行挤兑是大危机中的共同特征，突然的大量提款会迫使银行在亏本的基础上清算大部分资产，并最终导致破产。伴随着大量的银行破产造成的恐慌，货币体系瓦解，社会生产急剧萎缩。

发生银行挤兑时，"先到先服务"原则使银行面对两难选择：投资短期资产就不能实现其期限转换的功能，持有长期资产就会面临流动性不足和破产的威胁。建立存款保险制度或由政府扮演最后贷款人角色可以实现这个问题的"合理均衡"，挤兑就不会发生。该理论给金融监管对金融机构保持流动性的要求提供了理论依据,成为支持建立存款保险制度的理论基础。

2.2.2 强调效率的金融监管理论

20世纪70年代以后,整个世界经济呈现出层次化的发展特征:一方面,发达国家出现了异于"大萧条"时期的滞胀情形,"看得见的手"开始遭到质疑,而随着西方各国经济的日益膨胀,金融的发展也开始向纵深领域延伸,金融创新的需求日益增加;另一方面,发展中国家面临严重的"资金瓶颈",对于资本的极度渴求使得对金融创新、金融自由化的需求也十分旺盛。因此,20世纪70年代后期,传统的金融监管必要性理论开始遭到质疑,金融监管的研究关注点开始由危机防范变换为运作效率方面。

现实中人们也发现,政府对金融的监管在很多情况下并没有取得预期的效果。一方面,政府的金融监管政策往往会被少数既得利益集团左右,因为利益集团为了自己的利益必然积极地采取各种手段影响政府的金融监管政策,这样,金融监管机构最后常常被"捕获";另一方面,政府对金融机构的过多管制增加了市场中寻租的机会,利益集团为了自己的利益而限制金融的竞争和发展,破坏了市场的正常竞争秩序,不利于金融的长期发展。因此,金融监管失灵理论从私人利益视角出发探讨金融监管,主要包括监管俘获说、监管寻租说和监管供求说。

(1) 监管俘获说

斯蒂格勒(George J. Stigler)在1971年发表的《经济监管理论》一文中,指出监管能够为被监管的产业带来四方面的利益:政府直接补贴、对潜在竞争者的市场准入控制、对替代品和互补品的控制及价格控制。为获得监管收益,被监管者将动用种种资源和手段"俘虏"监管者。而监管者一旦被"俘虏",监管的设计和实施都将围绕被监管者的利益展开。

监管俘获说认为,监管措施在实施之初可能是有效的,但随时间的推移,当被管制行业变得对立法和行政的程序极为熟悉时,情况就变了,监管机构会逐步被它所监管的行业控制(执法者被产业所俘获)。2021年2月破产的包商银行[①],其风险原因之一就有监管俘获。原内蒙古银监局系列监管腐败案是不法利益集团有组织、有预谋"围猎"监管的突出典型。原内蒙古银监局党委书记、局长薛纪宁,内蒙古银保监局原党委委员刘金明,原内蒙古银监局党委副书记、副局长宋建基,原内蒙古银监局党委委员、副局长陈志涛,内蒙古银保监局原党委委员贾奇珍等人集体贪腐,存在准入

---

① 以2019年5月24日接管日为基准,包商银行资不抵债的金额为2 200亿元。

监管避实就虚、现场检查从不处罚、蓄意拔高监管评级、信访举报核查敷衍了事等问题。

该理论强调监管不仅仅是经济过程,更重要的是政治决策对经济资源重新分配的过程。

"旋转门"是指公职人员在政府机构与私营组织之间来回任职的现象。第一类是由产业或民间部门进入政府的"旋转门"。公司高级管理人员和商业利益集团游说者进入联邦政府非核心部门并担任要职。在政策制订和实施的过程中,这就可能为他们曾经代表的团体谋取特别的好处。第二类是由政府进入私人部门的"旋转门"。以前的政府官员充当游说者后,也可以利用自己与政府的联系来为现在所代表的团体谋取特别的利益。

"旋转门"利弊兼具,是美国政商关系中的一种默认协调机制。"旋转门"在一定程度上导致了政治腐败问题。2009年,经济合作与发展组织(OECD)报告指出,美国"旋转门"与2008年金融危机有直接的关系,并要求美国加强对因"旋转门"所产生的公共部门和私人部门之间腐败的监管。特朗普也于2017年年初签署了游说禁令,禁止美国前政府官员在离职后对政府决策进行干预和游说的年限从两年延长至五年,并终身禁止美国前政府官员为外国进行游说。"旋转门"也有积极的一面。对国会、政府各部门而言,"旋转门"为公共部门与私人部门之间的沟通提供了较为灵活的机制,也提高了政府与社会之间人才交换的流动性,特别是在立法与政策制定方面,提供了较为实际可行的规范体系。对私营部门而言,各类企业组织雇佣离任官员特别是技术官僚能提高其产品的针对性,并利用这些官员在政府公共部门任职时积累的能力和经验提升生产率和效益。

(2) 监管寻租说

1974年,安妮·克鲁格(Anne Krueger)将"那种利用资源通过政治过程获得特许权,从而损害他人利益,使自己获得大于租金收益的行为"定义为寻租,进而形成了寻租理论。寻租活动本身不会创造任何社会财富,只会消耗社会资源,造成社会福利的损失。金融监管是政府管制的重要组成部分,因此,金融监管中同样存在寻租现象,影响金融监管的公平与效率。

监管寻租说认为,租金的存在造成了市场的不完全竞争,政府的经济管制则进一步增加了市场中的寻租机会,并产生了政府及其代理人的租金创造和抽租,使市场竞争更加不完全和不公平,所以,通过政府监管来纠正市场失灵是理想化的、不现实的。越是金融监管广泛的国家,寻租问题越普遍,腐败也越严重。寻租的结果是造成了不公平,在监管者获得利益的同时,降低了金融效率。因此,提高金融效率的有效途径是放松金融监管,削弱金融监管中的寻租土壤。

(3) 监管供求说

监管供求说从供求两方面讨论了政府监管的相关因素。

在需求方面,影响一个产业对政府管制需求的主要因素是监管可以提供多种收益,包括直接的货币补贴、控制新竞争者进入、干预替代品和互补品的生产、实行固定价格等。在金融领域,对应的例子有市场准入的管制、对业务活动的限制、利率上限规定以及禁止对活期存款支付利息的规定等。

在供给方面,政府部门提供一种监管行为时并非像公共利益说认为的那样毫无成本,而是也存在着成本。在西方,政府实际上是由一些有着自己利益的人组成的特殊集体,当他们按照自身利益最大化的方向行使公共职能时,难免会发生各种各样的低效率现象。一个西方政党在决定是否支持某项监管活动时,首先考虑的往往是这一行动是否有助于自己当选或再当选。因此,需求管制的产业"必须支付两项政党所需要的东西:选票和资源"。

2.2.3 强调如何设计"好的监管"的理论

进入 20 世纪 90 年代,资本市场自由化、金融创新加速化和金融机构集聚化使金融全球化不断推进。金融全球化在推动金融资源有效配置的同时,也加剧了金融风险的传播范围与破坏力度,如何在全球化浪潮中稳健发展成为金融监管的根本目标。金融风险是金融市场失灵和政府失灵共同作用的结果:在市场主体自利属性、有限理性和机会主义等因素的促动下,金融市场的周期性、外部性和信息不对称等现象不断地生成和集聚,如果没有政府的及时干预,金融市场难免会走向无序,形成金融危机。因此,通过政府"有形之手"强化金融监管,同时规范政府的金融监管行为,是预防和克服金融风险的基本路径。这一时期的理论则更加注重金融监管的实践性与可操作性研究,将重点放在如何设计新的、有效的监管方式上。

(1) 行为金融学

行为金融学的发展,为金融监管带来了新的视角。行为金融学和传统的金融学对于金融市场和金融监管的基本理念有较多的相似或重合点,具体包括:市场参与者不是完全理性的;现实世界的复杂性和不确定性导致经济系统的演化是非线性的;非理性和非线性有可能导致市场长期处于非均衡状态。这种非理性、非线性和非均衡的状态动摇了经典经济学一般均衡和有效市场的假设前提。

首先,非理性偏差导致的市场低效性无法通过市场自身来解决,因此,政府的监管是必要的,它是提高市场有效性和公正性的保证。其次,非理性和非均衡的金融市场具有内生的不稳定性,缺乏政府监管会引发系统风险。人类认知偏差引发的市场行为带有明显的规律性和系统性,它经常性地导致金融市场产生泡沫,这是行为金融学的非理性泡沫模型和羊群行为理论的明确观点。最后,金融监管是拯救危机的必要手段。美国"次贷危机"爆发后,最直接的影响就是市场参与者的信心受到威胁。"心理传染"容易引发严重的正反馈效应,使得金融危机迅速蔓延并波及实体经济,从而引发全面的经济危机。金融系统的非线性特征使得危机的演化速度非常快,演化方向难以预测。"在监管当局缺位的情况下,金融市场注定会崩溃"(索罗斯,2008)。因此,政府的金融监管是有必要的。

总的来看,行为金融学提示了金融系统内在的非有效性和不稳定性,把研究视角从传统的理性范式向行为范式演变;从机构的、动力性的研究方法向基于人的行为的、心理的研究方法演变;从线性向非线性演变。这就提供了一个全新的视角来考察金融监管问题。

(2) 功能监管理论

伴随全球化进程的加快,金融业的结构发生了巨大变化,各种金融机构之间严格而清晰的界限不复存在。金融监管已不再是允许与不允许、严格与放松的问题了,而是如何控制随综合经营而来的各种金融风险。为此,一些学者开始重新审视金融监管的理念,在研究过程中形成了功能监管理论。

功能监管理论着重于预测未来实现中介功能的机构的组织结构,政府能够针对机构的变化设计政策和监管方案,监管方案更具灵活性,更能适应不同国家及金融日益国际化的需要。在所有的经济活动中,金融体系的基本功能在本质上是相同的。金融服务可以随着竞争性变化,采取不同形式的包装,但功能却相对稳定。因此,从功能角度从事监管,法规制定与执行更稳定、更有效,减少了机构进行监管套利的可能性,也有利于促进金融机构组织必要的变革,不必同时修改与之相关的监管政策或调整有关的监管机构。1999年,美国国会通过《金融服务现代化法案》以取代《格拉斯-斯蒂格尔法》,就是功能监管理论的成就。

(3) 激励监管理论

激励监管理论在全面概括监管失灵原因基础上提出了监管方法,将监管问题当作一个最优机制设计,在监管者和被监管者的信息结构、约束条件和可行工具的前提下,运用完备的合约方法,分析双方的行为和最优权衡,对监管中的许多问题从本源内生加以分析。

该理论对金融监管的发展历程进行了总结,揭示出金融监管的演进是从严格到放松的过程。在不同阶段,政府和被监管者会面临不同的信息结构、约束条件和可行工具。让·梯若尔（Jean Tirole）等构造出最优相机监管模型。该模型由对分散的存款人的信息不对称且偏好"搭便车"的分析，引入因存款人集体行动失灵问题，并将研究重点集中在金融监管的作用时间与范畴以及外部人监管的激励方案上。按照不完全合约理论，股东对企业业绩是凸的收益结构，在公司经营良好时，他们拥有控制权；而债权人对企业业绩则是凹的收益结构，在企业经营不善时，他们行使控制权。拥有凹收益结构的人较之拥有凸收益结构的人更倾向于外部干预和严厉的监管，因此，债权人比股东更希望加强监管。就银行而言，银行清偿比率越低，股东就越偏好风险，存款人则越规避风险。由此，将监管的激励方案与索取权联系起来，总结出实施最优监管政策的方式是：让监管者拥有与没有保险的存款人一样的激励。

一国是采用相机性监管还是采用事先标准化的基于规则的非相机性监管，很大程度上取决于监管机构的独立性。独立性较强且将广大金融消费者利益内部化的监管机构，可以赋予相机性监管的权力；相反，如果监管机构受政治压力及利益集团的影响较大，就应当选择基于规则的非相机性监管制度。

2.3 宏观审慎的监管思想

1979年6月28日，巴塞尔银行监管委员会的前身库克委员会（Cooke Committee）在一次关于国际银行贷款期限转换的讨论会中首先提到了"宏观审慎"一词，但实践中并未得到应有的重视。在2008年全球金融危机之前，各国监管机构均以微观审慎监管理念为主，几乎将所有的注意力放在单个金融机构的监管上，力求单个金融机构不出现重大违约和流动性风险，最终目标在于保护单个金融机构的客户（存款人、投资者等）。这样的微观审慎监管假设个体行为理性是集体行为理性的充分条件，并没有将经济运行的周期纳入框架之内，忽略了金融机构间的相互关联性、风险的传染性和金融系统的脆弱性，已经不能适应日益复杂的金融系统和各类创新业务，所以，引入宏观审慎的监管思想具有充分的必要性。

2.3.1 概念界定

1986年，国际清算银行在一份公开研究报告中，正式提出了"宏观审慎"。宏观审慎主要从时间维度（Time Dimension）和跨行业维度（Cross-sectional Dimension）着手实施监管。时间维度考察的是金融体系的系统性风险随时间如何发展。跨行业维度（也称横截面维度）是指在特定的时间内，风险如何在金融体系中的各金融机构之间的分布和相互作用。在时间维度上,宏观审慎监管不仅要注意整体风险随着时间的推移形成的累积,更重要的是处理顺周期性问题,即考虑系统性风险是如何通过金融体系内部及金融体系和实体经济间相互作用而扩大的。在跨行业维度上,实施宏观审慎监管的关键在于如何处理特定时间内金融机构共同的且相互关联的风险敞口。

宏观审慎监管是旨在防范系统性金融风险、维护金融体系稳定、减少或者避免金融体系不稳定带来的实体经济波动的监管政策。宏观审慎监管和微观审慎监管的对比如表2-1所示。

表2-1 宏观审慎监管和微观审慎监管的对比

	宏观审慎监管	微观审慎监管
日常目标	防范系统性金融风险	避免单体机构破产
最终目标	避免实体经济受到负面冲击	保护消费者(投资者)
风险性质	内生的:风险来源于机构的共同行为和相互关联	外生的:风险来源于外界,不考虑共同行为的影响
机构间相关性与共同风险暴露	相关且重要:被视为系统性风险的来源	无关的
监管的执行	着眼于系统性金融风险;自上而下	着眼于单体机构的金融风险;自下而上
监管工具	标准审慎工具;将准备金提取和风险定价与贷款量相联系	统一的偿付能力标准;自律性行为准则
监管重点	重点关注体量大、业务复杂的金融机构;市场监督;逆周期管理	重点关注单体机构

不同于货币政策的主要目标在于维持价格稳定,宏观审慎政策主要针对的是防范系统性金融风险,维护金融稳定。因此,从理论上说,货币政策和宏观审慎政策的合理搭配,有助于解决单一政策的多目标困境。正因如此,包含货币政策和宏观审慎政策的新型政策框架,在维护金融稳定方面被寄予了厚望。党的十九大报告明确提出,要健全货币政策和宏观审慎政策双支柱调控框架。

2.3.2 我国央行的宏观审慎评估

我国央行的宏观审慎评估(Macro Prudential Assessment,MPA)从资本与杠杆、资产负债、流动性、定价行为、资产质量、跨境融资风险以及信贷政策执行七个方面引导金融机构加强自我约束和自律管理(见表2-2)。

表 2-2　我国央行的 MPA 考核体系指标分类与分值

七大指标	细分指标	分　值
资本与杠杆	资本充足率	80 分
	杠杆率	20 分
资产负债	广义信贷	60 分
	委托贷款	15 分
	同业负债	25 分
流动性	流动性覆盖率	40 分
	净稳定资金比例	40 分
	遵守准备金制度情况	20 分
定价行为	利率定价	100 分
资产质量	不良贷款率	50 分
	拨备覆盖率	50 分
跨境融资风险	跨境融资风险加权余额	25 分
	跨境人民币风险	25 分
	外汇自律行为评估	25 分
	外汇情况考核	25 分
信贷政策执行	信贷执行情况	70 分
	央行资金运用情况	30 分

我国央行 MPA 的核心要点包括：① 引入广义信贷。广义信贷将债券、股权投资、买入返售资产以及存放非存款类金融机构款项等影子银行（Shadow Banking）业务纳入考量，更全面地反映了银行的资金运用情况，有利于引导金融机构减少其腾挪资产、规避信贷调控的做法，降低银行体系因杠杆率过高以及期限错配而引起系统性金融风险的可能性。② 强化以资本约束为核心的稳健经营理念。以往的差别准备金动态调整与单个金融机构的资本充足率（Capital Adequacy Ratio，CAR）和不良贷款比率（Bad Loan Ratio）挂钩，未考虑经济周期和机构间的相互影响，而 MPA 中的资本约束提出逆周期的缓冲资本需要和宏观经济的趋势因子挂钩（由目标 GDP 和目标 CPI 计算）。单个金融机构广义信贷增速超过趋势水平越多、宏观经济热度越高，就需要持有更多的逆周期资本。这样能够有效地熨平经济运行中过度的周期性波动，并降低由此积累的系统性金融风险。③ 从时点管理到日常管理。央行不再施行信贷限额管理，而是根据需求进行调整，按季度事后评估，按月度事中监测和引导。这减弱了银行机构季末为达标而进行时点调整的动机，引导其更加平稳、真实地维持相关监管指标的稳定性。

我国央行宏观审慎评估将银行划分为 A、B、C 三档，并对三档执行差别存款准备金利率：对 A 档银行执行奖励性利率；对 B 档银行保留法定存款准备金利率；对 C 档银行执行约束性利率。中国人民银行将 MPA 考核的背景分为三种情况：一是正常情况，启用法定存款准备金利率±10%的幅度；二是需要增加宏观调控力度的情况，启用法定存款准备金利率±20%的幅度；三是较为极端的情况，启用法定存款准备金利率±30%的幅度。如果银行在 MPA 考核中落入 C 档，可能还将面临取消或暂停中期借贷便利(MLF)和一级交易商资格，提高常备借贷便利(SLF)利率、金融市场准入限制以及口头警告等惩罚措施(见表 2-3)。

表 2-3 我国央行的 MPA 考核奖惩机制

划分档次	划分依据	奖惩措施		
		正常情况下启动±10%的幅度	需要增加宏观调控力度的情况下启动±20%的幅度	在极端的情况下启动±30%的幅度
A 档	七大指标均为优秀(90 分)	法定存款准备金率×1.1	存款准备金率×1.2(保证法定存款准备金率不变)	存款准备金率×1.3
B 档	除 A 档和 C 档的银行	法定存款准备金率	法定存款准备金率	法定存款准备金率
C 档	1. 资本与杠杆情况，定价行为任一项指标不达标	法定存款准备金率×0.9	法定存款准备金率×0.8	法定存款准备金率×0.7
	2. 资产负债情况、流动性、资产质量、跨境融资风险以及信贷政策执行五项中任意两项不达标			

课后习题

1. 公共利益的监管理论包括哪些具体理论？请简述其内容。
2. 金融脆弱的监管理论包括哪些具体理论？请简述其内容。
3. 简述监管俘获说理论的主要内容。
4. 简述监管寻租说理论的主要内容。
5. 简述监管供求说理论的主要内容。
6. 简述功能监管理论的主要内容。
7. 简述激励监管理论的主要内容
8. 什么是宏观审慎？它与微观审慎有什么区别？
9. 简述我国的宏观审慎评估体系。
10. 简述金融监管理论的变迁规律。

第3章

美国、英国和欧盟的金融监管体制

美国、英国和欧盟的金融市场发达。通过了解这些国家和地区的金融监管体制的演进和现状,有助于读者更为全面地了解金融监管的思想及相关变革。2008年次贷危机以来,美国、英国和欧盟对其金融监管体制进行了大刀阔斧的改革,改革内容不仅包括按照国际组织新规则制订或完善本国或本地区的监管措施,更包括了对本国或本地区监管体制的重构。本章就此分析了危机前美国、英国和欧盟金融监管体制的缺陷,阐述了危机后这些国家和地区在金融监管体制改革方面采取的措施。

开篇案例　次贷危机

2007年秋,美国住房价格普遍下降,抵押贷款拖欠率持续上升,股票市场也开始大幅下挫。2007年7月,美国第五大投行贝尔斯登旗下的两支房地产基金清盘,标志着美国次级房贷市场开始崩盘。2008年3月14日,美联储提供了300亿美元支持摩根大通收购贝尔斯登。7月13日,美国财政部宣布对房地美和房利美的救助计划。9月7日,房地美和房利美被托管。9月15日,美国第四大投行雷曼兄弟倒闭,引发了全球金融市场的剧烈动荡;同一天,美国银行收购了第三大投行——美林。9月16日,美国财政部为美国国际集团提供了850亿美元的紧急贷款,并获得其79.9%的股份;同一天,第一储备基金由于持有雷曼兄弟的债务而跌破净值,触发了货币市场基金的挤兑。9月20日,美国财政部宣布购买高达7000亿美元不良资产的草案。9月21日,美联储批准高盛和摩根士丹利转为银行控股公司,至此,美国的五大独立投行全部消失。10月3日,美国众议院通过7000亿美元的问题金融机构救助计划。11月23日,美国财政部和联邦存款保险公司宣布了对花旗集团的救助计划。2009年3月9日,全球股票市场跌到了过去十年内的最低值,标准普尔500指数从2007年的高峰下降了57%。

金融危机带来了经济衰退。美国经济从2007年2月开始出现衰退,2008年第三季度的GDP增长率为-1.3%,接下来的两个季度分别为-5.4%和-6.4%,失业率飙升,2009年末超过了10%。这是第二次世界大战结束以来美国最严重的经济收缩。大衰退的代价严重:400万美国家庭失去了房子,超过2600万人失业,近11万亿美元的家庭财富蒸发。

注：编者根据相关资料改写而成。

金融监管体制是金融监管的制度基础,是金融监管职责、权力分配的方式及组织制度,是监管集权和分权的制度安排。金融监管体制有三类：一是集权型监管体制,以英国为代表;二是分工型监管体制,又可以分为单层多头式(以日本和德国为代表)以及双层多头式(以美国和加拿大为代表);三是合作型监管体制,以欧盟为代表。本章主要介绍美国、英国和欧盟的金融监管体制。

3.1 美国的金融监管体制

美国的金融体系自汉密尔顿(Hamilton)建立以来,现已是世界上最发达的金融体系之一。美国的金融监管起源于1929年,历经大萧条、金融自由化以及次贷危机,相关法律也较为庞杂。

3.1.1 美国金融监管体制的演进

美国的金融监管制度变迁大致经历了五个时期。在20世纪30年代以前,美国金融监管制度处于创建时期,这一时期金融业实行的是混业经营、混业监管;从1933年开始至20世纪90年代末期,基本上遵循分业经营、分业监管制度;在20世纪末,美国通过立法正式确立了金融业混业经营、混业监管的制度安排;2008年金融危机之后又再次强化监管,再到特朗普时期的监管松绑。美国走过了"无监管——监管——完善严格监管——放松监管——再管制——再放松"的反复过程,也进行了是分业经营还是混业经营的探索。

(1) 自由时期(20世纪30年代以前)

美国自独立到19世纪上半叶,既无中央银行,也很少有在联邦注册的银行,只有在各州注册的银行,即州立银行。州立银行按照各州法律登记注册并由州政府颁发执照,各州不允许银行跨州开立分支行,实行单一银行制。

独立战争结束后,汉密尔顿提倡建立一个分支遍布全国的大型银行。在此期间,美国第一银行(1791—1811)(Bank of the United States,BUS)和第二银行(1816—1836)的建立,都曾开了在联邦政府注册、在全国各州建立分支行的先例,但遭到民主共和党人托马斯·杰斐逊(Thomas Jefferson)的反对而在期满后未能续签。

1836—1837年美国爆发经济危机。此时的总统是民主共和党人马丁·范布伦(Martin Van Buren)。由于执政的民主共和党的民粹主义倾向,联邦政府把联邦资金留在国库,不借给州立银行或私营银行。此举加速了银行业的破产,并引发连锁反应,最终使得经济危机持续了6—7年之久。

联邦政府于1863年颁布了《国民货币法》(后经修订改名为《国民银行法》),成立财政货币监理署(Office of Comptroller of Currency,OCC),以建立全国范围内的单一货币和受联邦监管的国民银行体系。

国会于1900年通过并颁布实施《货币法令》,承袭《国民银行法》,将3 000人以下的城市设立国民银行的条件放宽,将设立国民银行的最低资本额由5万美元降为2.5万美元,同时,州银行的发照条件比国民银行更宽。这导致美国银行的数量快速增加,国民银行迅速由3 000多家增到1914年的7 518家,州银行到1914年增加到近20 000家。

在国民银行体制下,货币供应依赖于国债发行数量,缺乏弹性,且整个银行体系缺少最后贷款人以缓解经常发生的流动性短期问题,因此,在19世纪下半期金融危机频繁发生。美国在1873年、1884年、1893年和1907年等年份频繁出现银行倒闭事件,尤其是1907年的经济危机,使美国金融机构的存款受到了重大损失。美国银行业脆弱与不稳定的事实,开始改变长期以来美国政界对金融业权力集中所持的恐惧和反对态度。社会发出了建立中央银行,以协调金融体系运转的强烈呼声。

1913年12月23日,美国参议院和众议院达成一致文本,即1913年《联邦储备法案》(Federal Reserve Act),同日,总统威尔逊签署法案成为法律,标志着联邦储备体系(美联储)的诞生。经过百年的曲折探索之路,美国的中央银行制度终于正式确立。《联邦储备法案》将全国划分为12个联邦储备区,每个区设立一家联邦储备银行(Federal Reserve Bank),这12家联邦储备银行共同组成联邦储备体系;在联邦储备银行的基础上设立联邦储备理事会(Federal Reserve Board)。作为核心领导机构,该理事会由7名委员组成,包括财政部长、货币监理署局长和总统任命的其他五位官员;强制国民银行以会员银行身份加入联邦储备体系,州立银行可自愿申请加入;联邦储备银行可发行联邦储备券,作为法定货币流通;建立存款准备金制度,会员银行必须按规定比率向联储银行缴纳存款准备金;联储银行可对会员银行各种票据再贴现(以此来控制货币供应扩张与收缩);建立票据清算制度,一切会员银行均可免费享受清算服务;设立联邦咨询委员会(作为联邦储备理事会的一个咨询机构)。1914年11月,12家联邦储备银行正式开业,联邦储备体系开始正式运营。

1927年,美国签署《麦克法登法案》(McFadden Act),规定各州管理自己的银行,禁止银行业的跨州经营。

(2) 分业监管时期(20世纪30—70年代)

虽然成立了联邦储备体系,但在1929年危机发生以前,美国的银行业、证券业、保险业实施的是相对自由的混业经营体制。对银行监管较为严格,而对证券公司的监管较为宽松。银行以子公司形式参与证券投资业务也无明显的法律障碍。因此,美国银行业广泛涉足证券投资。1929年10月,股市暴跌,导致银行业和整个经济发生连锁反应。美国经济进入了大萧条时期,公众对银行完全失去信心,频繁发生挤兑,银行倒闭风潮迭起。银行数目从1929年以前的25 568家减少到14 771家,总存款相对于1930年年初下降了39%。为了缓解经济危机,当时的罗斯福总统颁布了一系列旨在彻底改革现行金融体系的一揽子金融改革措施,力图重建美国的金融制度。金融改革的主要目标是：加强对金融业的监管，以规范银行业和证券业的经营行为；采取分业经营、分业监管和建立存款保险制度等，以达到稳定金融和经济的目的。这次金融改革是美国历史上最为重要的金融改革之一，标志着政府金融监管的理念发生了根本的转变：从过去的主张自由竞争和政府不干预，转向限制过度竞争，以保障金融业的安全性和稳健性。

此次改革的成果之一是 1933 年出台的《格拉斯-斯蒂格尔法案》（Glass-Steagall Act），也被称为《1933 年银行法》。该法案是世界金融分业制度的鼻祖，并且成为各国金融监管立法的重要参考。制定该法的目的是禁止金融业混业经营（存款不能进入股市），防止银行业过度竞争，保障公众的存款和投资安全。该法案的出台，使 JP 摩根帝国被拆分为商业银行（JP 摩根银行）和投资银行（摩根士丹利）。此次改革的另一个主要成果是《1935 年银行法》，该法对中央银行的职能作了更加明确的规定，把原来分散的中央银行的决策权集中到联邦储备委员会，实行集中的货币政策；将联邦储备局改组为联邦储备董事会，由 7 人组成，取消了财政部长和总审计长的当然成员资格；设立联邦公开市场委员会，由联邦储备董事会的 7 名董事和 12 家地区银行选出的 5 名代表组成；允许全国性银行经营房地产贷款业务，但禁止这些银行从事证券和保险业务。在这一时期美国还颁布了《1933 年联邦存款保险法》《1933 年证券法》《1934 年证券交易法》《1938 年马洛尼法》和《1939 年信托契约法》等重要法令。

1951 年之前，美联储接受财政部的命令，帮政府进行融资，1951 年年初，美国的通胀率达到 21%。1951 年 3 月 4 日，杜鲁门总统批准《财政部-美联储协议》（the 1951 Treasury-Fed Accord），同意美联储独立于政府。因此，这一天也被称为美联储独立日。同年，威廉·麦克切斯尼·马丁（William McChesney Martin Jr.）被杜鲁门任命为美联储主席。他在位达 19 年之久，是史上任期最长的美联储主席。任上，他反对超量发行货币，力图使中央银行摆脱政治势力的控制，曾将美联储的角色定义为"在聚会渐入佳境时收走大酒杯"。

20 世纪 40—70 年代的金融改革主要是对 30 年代金融法令进行修补和完善。对银行业仍是加强监管，以提高安全性为重；对证券市场没有利率限制，只是制订公开、公平、公正的交易规则和有关监管措施，禁止欺诈和操纵。在这段时间里，美国政府相继通过了一些法令，以巩固 30 年代所确立的在银行业和证券业上的监管原则和监管方式。关于银行业监管的法令主要有：《1956 年银行持股公司法》及《1970 年修正案》《1966 年利息限制法》《1960 年银行合并法》《1969 年消费者信贷保护法》《1974 年平等信贷机会法》《1977 年社会再投资法》《1978 年国际银行法》等。

(3) 自由化时期（20 世纪 70 年代以后）

1973—1982 年间美国出现经济"滞胀"（Stagflation）。而金融创新不断发展，1982 年以后出现了标杆收购（Leveraged Buyout, LBO），随着企业并购规模的日渐扩大,相应地,需要更大的银行融资规模。

这一时期,美国货币当局金融监管的指导原则发生了重大转变:由主张干预转向鼓励竞争,逐渐消除存款机构间的竞争障碍成为改革的突破口,保持物价稳定成为货币政策的最终目标。这次金融改革基本上取消了存款机构之间不同业务范围划分的规定,使存款机构的业务趋向一致,取消了利率上限等僵硬的管理措施,同时也强化了联邦储备委员会的货币控制能力。这一时期颁布的最重要法令是《1980年存款机构放松管制和货币控制法》。该法打破了金融业务范围的限制,允许存款机构之间业务交叉,鼓励金融同业竞争。同时,《1982年高恩-圣杰曼存款机构法》《金融机构改革、复兴与促进法》相继出台,其主要内容是取消利率管制、放松业务限制等。

此次改革也存在诸多局限性,利率自由化增加了金融业经营的不确定性和利率风险;银行间的并购与经营国际化,加剧了银行业的竞争和经营风险;层出不穷的金融创新工具加大了银行、证券机构的市场风险;表外业务比重增加和资产证券化使金融机构得以规避监管法规,增大了央行的监管难度;全球性的放松金融管制使国际金融体系变得十分脆弱。

20世纪80年代美国政府对金融机构的业务范围及跨州经营等方面改革的不彻底性,使美国银行业面临极其不利的国内外竞争环境,客观上要求美国政府对已经过时的金融管制作彻底的改革,重建一种有效率的、稳健的、有序竞争的金融体系。20世纪90年代,美国金融监管部门为了扭转不利局势,再次对金融监管重视起来,这一时期被称为再管制时期。美国政府采取了一系列重大改革,目的是适应国内外经济环境的变化和银行经营管理的内在要求,建立一个新型的、既能保障安全性又富有竞争性、稳健与效率并重的金融体系,主要表现在1991年《联邦存款保险公司改进法》对联邦存款保险制度进行改革,《加强对外资银行监管法》加强对外资银行的监管,《1994年跨州银行法》取消银行经营地域范围的限制等方面。1999年的《金融服务现代化法》完成了金融自由化改革的其余部分:解除了对商业银行进入投资银行业和保险业的所有限制;对同时从事银行、证券和保险等业务的金融持股公司实行伞式监管制度。自此,美国彻底结束了银行、证券、保险的分业经营、分业监管的局面。

美国对金融控股公司采取的伞型监管模式是一种多元化的综合监管模式,即综合监管与分业监管相结合,并通过主监管人(根据金融集团的主营业务确立金融控股公司的第一监管人)发挥监管协调作用,避免权限和责任过于集中于一个监管当局。以银行业务为主的金融控股公司接受美联储及货币监理署的监管;以证券业务为主的金融控股公司接受证券交易委员会(SEC)的监管;以保险业务为主的金融控股公司接受全美保险监督官协会(National Association of Insurance Commissioners,NAIC)的监管。对于金融控股公司的下属机构,则按其金融业务的不同由相应的金融监管机构进行监管。

(4) 2007 年金融危机后的强硬监管

美国的"双重多头"金融监管体制的缺陷在 2008 年金融危机中暴露出来。当出现系统性风险时,由于金融监管机构缺乏统一的监管,所以,在立法范围内没有授权相应的监管机构对此进行处理,这就导致风险进一步恶化。另外,金融监管机构缺乏对交叉领域的监管,各个金融监管机构的监管标准和目标也不尽相同,这就导致了监管真空、重复监管的局面,使市场存在监管套利、监管效率低下等问题。

为了弥补这些缺陷,2007 年 6 月和 10 月,美国财政部先后两次宣布要对本国的金融监管体制进行改革,并于 2008 年 4 月公布了《金融监管框架现代化蓝图》。2009 年 11 月,美联储发布《监管资本评估计划》,主张开展严格的资本压力测试,防范银行流动性风险。2010 年,奥巴马政府先后颁布《多德-弗兰克法案》和《综合资本压力分析与回顾法案》,分别在防范系统性风险和保证银行流动性领域作出更严厉的规定。2012 年,美联储推出禁止银行自营交易、投资对冲基金和私募资金等的《沃尔克法则》。2014 年,美联储发布《强化审慎标准法案》,加大对银行系统性风险的管理,要求更严格的资本和压力测试;同年,美国颁布《海外账户税收合规方案》,对境内外系统性重要性金融机构进行同等监管。

这些法案中,《多德-弗兰克法案》是自大萧条以来改革力度最大的金融改革法案,其核心思想是强化宏观审慎监管和保护消费者权益,重点解决系统重要性金融机构的"大而不倒"问题,并建立系统性风险处置框架。其主要内容有:一是重构监管体系,宏观审慎监管和微观审慎监管并重。二是填补针对对冲基金、私募基金和信用评级公司的监管空白,规范金融市场,强化银行的风险控制。三是引入"沃尔克规则",严格限制银行从事高风险业务。"沃尔克规则"禁止交易资产和负债总额在 100 亿美元以上的银行进行自营交易、投资对冲基金等高风险业务;交易资产和负债总额在 100 亿美元以下的银行机构虽然可以在自有账户中进行一定程度的自营交易,但是需要遵循合规程序。四是新设相关金融监管机构,加强对金融消费者和投资者的保护。美联储整合 7 个具有消费者保护性质的部门成立金融消费者保护局(Consumer Financial Protection Bureau,CFPB),同时在证券交易委员会下设投资者顾问委员会和投资者保护办公室。还成立了金融稳定监管委员会(Financial Stability Oversight Council,FSOC),负责监测和处理金融系统性风险。五是加强对跨境金融机构的监管。

截至 2016 年 7 月 19 日,《多德-弗兰克法案》要求的 390 条具体监管规则中,已有 274 条(占比 70.3%)监管规则落地,36 条(占比 9.2%)监管规则尚在修订过程中,整体已基本落地。但是,以防控金融风险为核心导向的《多德-弗兰克法案》,特别是其所规定的一系列更为严格的金融监管以及诸多严厉的监管合规要求,一定程度上抑制了美国银行机构的活力,从而限制了其为美国实体经济融资的能力。

（5）特朗普时期——监管松绑（2016—2020）

为了克服《多德-弗兰克法案》的局限，特朗普政府于 2017 年出台《金融选择法案》，废除"沃尔克规则"等阻碍资本市场便利化的规定，重组金融消费者保护局以减少其对金融机构业务的干预，取消金融稳定监管委员会对系统重要性金融机构的认定权，限制美联储和联邦存款保险公司的金融机构处置权，规定监管部门须进行成本收益分析并公开等。

在金融监管机构的重构方面，首先，废除联邦存款保险公司（Federal Deposit Insurance Corporation，FDIC）针对金融机构的有序清算权力（Orderly Liquidation Authority），废除该机构依据《多德-弗兰克法案》第二章规定创设的针对大型金融机构破产的有序清算权力（扣押、清算或者分拆某一既定的金融机构），取而代之的是在美国破产法典中增加新的立法条款，以处理大型金融机构的倒闭事宜。其次，全面改革金融消费者保护局的组织机构、职能及监管权限。规定金融消费者保护局仅有权执行某些既定的立法事宜；废止其以往就"（金融机构）不公正、诈欺或滥用行为及活动"实施相关强制措施；取缔该机构对于发薪日贷款以及其他类似贷款的监管权力，禁止其公开披露、出版其消费者投诉的数据库资料。最后，修订金融稳定监管委员会、美联储等核心金融监管部门的职权。

此外，该法案在金融监管标准及规则方面进行了弱化。首先，修订了针对美国大型银行机构"生前遗嘱"的金融监管与审查。其次，降低了针对美国大型金融机构压力测试的标准。再次，进一步放宽对中小型银行机构及社区银行的监管，大幅度减轻其监管负担，从而增强这些金融机构的经济活力及对 GDP 增长的贡献。考虑到对系统性金融风险的防范与控制，对于合并总资产在 1 000 亿—2 500 亿美元的银行机构，特朗普政府依然允许联邦银行监管机构采取较为严格的监督与管控措施。最后，废除《多德-弗兰克法案》所创设的"沃克尔规则"。

3.1.2　美国金融监管体制的现状

美国目前实行的是分权型双层多头监管模式，该模式主要是机构性监管和功能性监管混合，呈现横向和纵向交叉的网状监管。其要点主要体现在：一是监管机构众多，各自均有不同的司法管辖领域；二是联邦政府和各州政府均有金融监管权。联邦层的机构监管中，面向商业银行实施监管的有美联储、联邦存款保险公司（FDIC）、货币监理署（OCC）；面向证券期货机构及市场实施监管的有证券交易委员会（SEC）、商品期货交易委员会（CFTC）、美国投资者保护公司（SIPC）；面向所有储蓄机构保险基金下注册储贷机构实施监管的有储贷监理署（OTS）；面向所有参保联邦保险的信用社实施监管的有国家信用合作社管理局（National Credit UnionAdministration，NCUA）。其中，面向同类金融机构的监管部门在监管实施方面还存在侧重点不同的分权情况，在商业银行的监管分权上，除货币监理署独享银行准入审批权以外，美联储通常并不直接行使现场检查权，但它有权关闭对美国金融稳定构成重大威胁的机构，而货币监理署和存款保险公司仅基于审慎原则就可时常进行现场检查。在证券市场和机构的监管分权上，证券交易委员会对证券机构和全国性证券市场具有排他性的监管权，期货交易委员会对商品期货的交易机构和产品具有排他性的监管权，但在金融衍生品方面，两者存在交叉和冲突。在联邦层的功能监管方面，由于美国混业经营的代表是金融控股公司，因此，根据其所处行业都由相应的监管机构进行监管。但美联储对所有金融控股公司都拥有全面监管权，必要时可对相关行业机构进行仲裁，其职能在一定程度上凌驾于其他监管机构之上。在州监管层面，由于美国联邦层面没有全国性的保险业监管机构，因此，保险的监管权全部落在州层面。

此外，美国还存在一个"隐形"的金融监管机构，即美国财政部，货币监理署便是其下设机构。财政部管理政府收入，向行政部门和立法部门提供有关金融、货币、商业、税收以及财政政策的建议，对国家银行以及储蓄机构进行监管，并执行美国联邦金融活动以及税收法律。该部门还管理相关金融许可证和债务工具。美国金融消费者保护局也是监管机构之一，该局负责监管美国人消费的金融产品和服务，管着各种机构，包括小额贷款公司等，负责制定指导联邦消费者金融保护的法律。

美国的金融监管体制体现了其一直以来信奉的分权与制衡思想。美联储前任主席格林斯潘在其2007年出版的著作《动荡年代》中认为"多个监管者比一个好"。多"脑"思考、多"眼"监管的体制，比集中判断的单一监管更有利于减少监管决策错误，也有利于降低单一体制的监管严苛和刻板。但美国金融监管体制也存在局限性。首先，监管成本高昂。其次，监管重叠与监管真空并存。多头监管造成的结果是，没有一家监管机构能够获得足够授权来负责整个金融市场和金融体系的风险，而最佳的监管时机也由此丧失。2007年的次贷危机是美国联邦和各州金融监管部门激烈争论"谁应当实施监管"而留下监管真空的一个典型案例。最后，监管竞争和监管套利在该体制下也不可避免。

3.2 英国的金融监管体制

英国金融业发展及金融监管的历史悠久。银行业是英国金融系统的最主要组成部分，约占金融系统总规模的60%，且前四大银行的集中度较高。历史上，英国金融分业经营,界限分明;但近半个世纪以来,其逐步向混业经营发展。英国大型银行通过兼并收购,成为金融混业集团,并在某些细分市场占有相当大的份额。

3.2.1 英国金融监管体制的演进

(1) 1694—1979 年的金融监管:自律监管为主,英格兰银行监管为辅

1694 年,在面临着詹姆士二世复辟的威胁、英国与法国的战争迫在眉睫的情况下,国王需要筹集 120 万英镑的债务。在面临发债困难的情况下,国王授权能够购买债券的银行和私人机构成立一个股份公司,并给予其包括可以发钞在内的三项特权,英格兰银行得以产生,形式为有限责任联合股份公司。同年,牛顿担任造币厂厂长。牛顿在分析了亚洲和欧洲的金银价格后,于 1717 年给国王和议会提出建议:降低制造金币的成本和价格。当时,牛顿并不是要实行金本位制度,但是这个建议经过议会批准后导致黄金价格下降,为后来英国实行金本位制度奠定了基础。英国国会正式以法令确定金本位制度是 100 年后的 1817 年,但研究者一般把 1717 年作为英国金本位的开端。英国率先实行金本位制度的一个重要后果,是英格兰银行承担了全球金银汇兑和贸易结算的重要职责,伦敦金融市场成为全球资本的交易中心,英国开始依靠伦敦市场的融资能力日益崛起。

1844 年,根据英国议会通过的《皮尔条例》,英格兰银行垄断货币发行权。1946 年,英格兰银行国有化,财政部获得了货币发行和金融监管的权利,英格兰银行变为财政部的附属机构和金融监管的执行机构。

1974 年,英格兰银行内部设立了一个新的专门监管部门。1976 年,英国发表了金融监管白皮书,进一步加强对金融监管的规范管理;1979 年 10 月,英国颁布了《1979 年银行法》,从立法的角度赋予英格兰银行金融监管权。

因此,1694—1979 年的英国金融监管主要以金融机构自律监管为主,以英格兰银行监管为辅;其监管方式也不是依据正式法律法规,而是通过"道义劝说"的方式。这种自律监管方式的优点在于灵活且富有弹性,缺点在于主观性太强。

(2) 1979—1996 年的金融监管:混业经营下的分业监管

进入 20 世纪 80 年代,金融业高速发展,金融机构经营的业务也愈发多样化。1984 年,约翰逊·马修银行倒闭,财政部和英格兰银行反思监管体制,除加强英格兰银行的监管职能外,逐渐构建分业监管体制。1986 年,撒切尔政府领导伦敦金融业政策变革,目的是大幅减少监管,允许银行从事证券及其他投资,该变革也被称为"金融大爆炸",由此伦敦成为世界金融中心。同年,英国又颁布了《金融服务业法》,并成

立了证券与投资委员会(Securities and Investment Board,SIB),负责监管从事金融服务的企业和从事证券活动的自律组织,从而形成了立法监管和自律管理相结合的模式。此时,英国实施的是混业经营下的分业监管,英格兰银行和英国证券与投资委员会、英国贸易与工业部共同组成监管主体,其中,英格兰银行重点负责对银行部门的监督管理;证券与投资委员会则对从事证券与投资业务的金融机构进行监督管理;贸易与工业部对普通保险公司和人寿保险公司进行监管。这种分业监管模式虽然有其优点,但也存在着明显的缺点,比如同一个金融机构同时受几个监管机构政出多门的"混合监管",不仅效率降低,而且成本增加,监管者与被监管者之间容易产生争议。《1987年银行法》统一了监管标准,加强了对银行治理者的监督管理,强化了信息披露,完善了对银行的监管体系。

1990年以后英国的金融行业不断合并,使保险、银行、证券、信托实现了跨行业经营。金融衍生产品不仅仅发生在银行业、证券业、保险业单一行业之中,业务出现了彼此渗透的现象。但与此同时,金融监管相对滞后。例如,虽然英格兰银行仍保留了对银行的监管权,但对拥有大量非银行业务的银行集团的监管十分薄弱,结果,历史上曾非常显赫的巴林银行(Barings Bank)于1995年破产倒闭。

(3) 1997—2008 年的金融监管:统一监管

1997年10月28日,原证券与投资委员会(SIB)更名为金融服务局(Financial Services Authority,FSA),成为集银行、证券、保险三大监管责任于一身的监管机构,这标志着集中监管体制的形成。FSA实行董事会制度,董事由财政部任命,董事会由主席及五名董事(兼部门经理)组成,内设金融监管专门机构以及授权与执行机构。金融监管专门机构的部门包括银行与建筑协会部、投资业务部、综合部、市场与外汇交易部、退休基金检审部、保险与友好协会部;授权与执行机构的部门包括授权部、执行部、消费者关系协调部、行业教育部、金融罪行调查部、特别法庭秘书处。

由此,英国的金融监管逐步改分业监管为混业监管。此时,监管的"三驾马车"为FSA、英格兰银行和财政部。FSA负责对银行、投资公司、保险公司和住房信贷机构的审批与审慎监管,以及对金融市场清算和结算体系的监管;英格兰银行主要负责执行货币政策和保证金融市场稳定,保留最后贷款人的职能,并在FSA的高层领导中有代表权;财政部负责金融监管组织构架的制定和金融监管的立法。财政部虽然没有具体的操作职能,但很多情况下,FSA和英格兰银行要把可能发生的情况告知财政部。

1998年,英国颁布了新的《英格兰银行法》,把英格兰银行的职能限定在执行货币政策、发展和改善金融基础设施的范围内。1998年7月,《金融服务和市场法案》颁布,在经历多次修正之后,于2000年6月被女王批准,成为管理英国金融市场的主要法律。该法是为了应对"大爆炸"后的金融百货公司,确立了FSA的金融监管服务超市的地位。此次金融改革结束了英国传统的以自律管理为主的金融监管体制模式，确立了单一的金融监管机构 FSA，标志着英国金融统一监管体系的正式形成。

3.2.2 英国金融监管体制的现状

2007 年全球金融危机的冲击，使一向以稳健性著称的英国金融体系经受了沉重的压力和巨大的考验。英国金融监管当局重新审视了建立于 1997 年的"三驾马车"式金融监管体制，在该体制中，由于 FSA 缺乏宏观审慎视角，并不具备预判系统性风险的能力。英国在危机后大力推进金融监管改革，重新搭建金融监管新架构，以实现宏观审慎监管与微观审慎监管职能的有效结合。

自 2007 年开始，英国颁布了一系列监管的法案和条例。2007 年 10 月，英国正式宣布对对冲基金实施监管，并建立了对冲基金标准管理委员会，并在 2008 年 1 月发布《对冲基金标准管理委员会标准》，在加强信息披露、强化基金资产估值管理、组建风险管理架构和完善健全基金治理机制等方面对对冲基金的监管作出了相应规定。

2010 年颁布的《金融服务法》，对作为 FSA 权力来源和运行基础的《2000 年金融服务和市场法》进行了修改和补充，金融稳定被明确规定为 FSA 的法定监管目标，FSA 的规则制定权大大扩展。具体来说，首先，FSA 从只能制定有利于保护消费者利益的规则，扩展为可以制定有利于实现其任何监管目标的规则；其次，信息收集权进一步扩大，授权其可以要求受监管实体以外的机构和个人提供与金融稳定有关的信息；最后，纪律处分权增加，包括暂停或限制违规金融机构的经营许可（最长 12 个月）、对未经批准行使受控制职能的个人处以罚款，以及暂停或限制犯有不当行为之个人的从业资格（最长 2 年）等。2011 年，英国发布包括立法草案在内的《金融监管新方法：改革蓝图》白皮书，对金融监管体系进行全面改革。

2013 年，英国开始实施"准双峰型金融监管"模式（Twin Peaks）。其主要内容是：赋予英格兰银行全面监管职责，强化宏观审慎监管，废除 FSA。以英格兰银行为主导，并赋予其在维护金融系统稳定中的核心地位；原 FSA 的审慎监管职能和行为监管职能将分别由新设立的审慎监管局（Prudential Regulation Authority，PRA）和金融行为监管局（Financial Conduct Authority，FCA）承继，后两者在宏观审慎监管方面都将接受金融政策委员会（Financial Policy Committee，FPC）的指导，形成"准双峰型金融监管"模式。

金融政策委员会（FPC）是英格兰银行新设的机构，作为宏观审慎监管机构，负责监控和应对系统性风险。该机构以英格兰银行董事会下设委员会的形式存在，由英格兰银行行长担任主席，成员包括英格兰银行行长（同时也是审慎监管局主席）和副行长、金融行为监管局总裁、英格兰银行行长经商财政大臣后任命的两名成员（从英格兰银行执行董事中选任)、财政大臣任命的四名外部成员,以及一名不享有表决权的财政部代表。其职能为识别、监控并采取措施消除或减少系统性风险,以维护和增强英国金融系统的风险抵御能力。其具体工作内容有四个方面:一是监控英国金融系统的稳定性,以便识别和评估系统性风险;二是向审慎监管局和金融行为监管局发出指示;三是向英格兰银行、财政部、审慎监管局、金融行为监管局或其他监管机构提出建议;四是编制《金融稳定报告》。

新设的审慎监管局作为英格兰银行的子公司,负责对各类金融机构进行审慎监管。其监管目标包括一般监管目标和保险监管目标。一般监管目标是促进PRA许可实体的安全性和稳健性,保险监管目标则是确保保单持有人或可能的保单持有人享有适当程度的保护。

金融行为监管局是新设的独立监管机构,取代FSA,监管金融机构的业务行为,促进市场竞争,保护消费者,并直接向英国议会与财政部负责。其目标是保护和增强对英国金融系统的信心,具体有三项操作目标:消费者保护目标(确保消费者受到适当程度的保护);健全性目标(保护和增强英国金融体系的健全性);效率与选择目标(促进市场上的效率和选择)。其监管的三大支柱或三大模式如下:一是前瞻性机构监管,针对单家或某类金融机构可能危害消费者权益的风险因素,在未产生消极后果之前进行提前介入式分析和提前干预;二是专题和产品线监管,从消费者保护的角度,对跨机构、跨市场的业务和产品进行功能性监测、分析和研究,发现风险并采取针对性措施;三是基于事件的响应式监管,从消费者反馈、事件受理等渠道获取金融机构损害消费者权益、市场诚信和竞争的经营问题,采取快速、果断的手段进行干预处理。

在"准双峰型监管"框架下,两大金融监管主体PRA和FCA的职能发生了一些重要的变化,与此前由财政部、英格兰银行和金融服务局组成的三方监管模式存在很大区别。这种模式的最大特征是:英格兰银行的金融监管职责全面提升,成为目前世界上最有权力的中央银行之一;原FSA的职责则被分拆、整合到PRA和FCA中去,"双峰"既各司其职又分工合作,共同接受FPC的指导与建议。但目前,PRA与FCA的监管职责和边界仍存在一定中间地带,相互磨合和完全适应尚需时日。

3.3 欧盟的金融监管体制

3.3.1 欧盟金融监管体制的演进

早至《欧盟委员会金融服务行动计划》已提出监管一体化的要求,要求成员国在各自金融环境差异的基础上做到更好的协调并能高效率地开展活动。2001年,欧盟根据莱姆法路西(Lamfalussy)的报告优化欧盟监管规章,建立了用其名字命名的莱姆法路西框架(Lamfalussy Framework)。该框架报告承认并尊重各成员国之间的立法和金融监管发展层次客观存在的差异,提出了监管程序分四层级来进行的理念(见图3-1)。

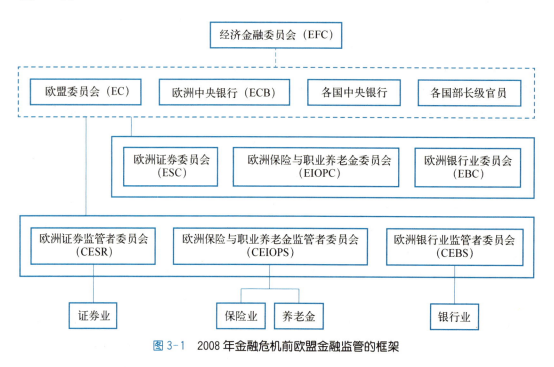

图3-1 2008年金融危机前欧盟金融监管的框架

这四个层级分别为:第一层级由欧洲经济与金融事务理事会(ECOFIN)、欧洲议会(European Parliament,EP)、欧盟委员会(European Commission,EC)组成,主要职责是负责欧盟金融监管的原则性立法,具体由欧盟委员会提出立法建议;

第二层级由欧洲银行业委员会(European Banking Committee,EBC)、欧洲保险与职业养老金委员会(European Insurance and Operational Pension Committee,EIOPC)以及欧洲证券委员会(European Securities Committee,ESC)组成,主要职责是研究和制定与第一层级指令有关的金融监管实施细则;

第三层级由欧洲银行业监管者委员会(Committee of European Banking Supervisors,CEBS)、欧洲保险与职业养老金监管者委员会(Committee of European Insurance and Occupational Pension Supervisors,CEIOPS)、欧洲证券监管者委员会(Committee of European Securities Regulators,CESR)组成,主要负责加强欧盟成员国金融监管当局之间的合作,以确保在实施第一、第二层级立法过程中的统一性和一致性;

第四层级即执行层,具体由各成员国金融监管当局组成,具体负责实施欧盟金融监管指令、条例,同时受欧盟委员会的监督管理。此外,欧盟委员会、欧洲中央银行(European Central Bank,ECB)、各国中央银行及部长级官员共同组成经济金融委员会(Economic and Finance Committee,EFC),对欧洲金融市场问题进行集体讨论并与第三方国际机构(如IMF)加强合作。

3.3.2 欧盟金融监管体制的现状

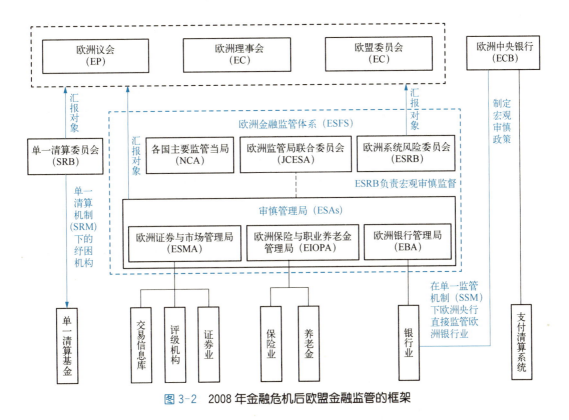

图 3-2 2008 年金融危机后欧盟金融监管的框架

2008 年金融危机重创欧洲金融市场,并引发欧洲主权债务危机。自 2010 年起,欧盟启动了新一轮的金融监管体制改革,包括以下三个方面:

第一,建立系统性风险监管机构,加强欧盟层面的宏观审慎监管。为了强化欧洲地区系统性风险监管,提升宏观审慎管理效能,欧盟成员国于 2011 年成立欧洲系统风险委员会(European Systemic Risk Board,ESRB),行使整个欧盟成员国的宏观审慎职能。ESRB 负责监测并评估欧盟宏观经济与金融体系发展过程中出现的威胁金融稳定的各种风险,识别、确定系统性风险,在出现重大风险时及时发出预警并提出应对建议,以及执行预警后的相关监控。ESRB 主席由欧央行行长兼任,秘书处设在欧央行。欧央行代表 ESRB 负责数据等信息的收集与整理,并向 ESRB 提供分析、统计以及数据管理等方面的支持。此外,ESRB要求欧盟成员国以法律形式明确负责宏观审慎管理的机构,并提出中央银行应在宏观审慎政策中发挥主导作用,同时,ESRB对成员国实施宏观审慎政策进行指导和建议。

第二,建立泛欧监管机构,提高监管一致性。2011年年初,正式设立欧洲银行管理局(European Banking Authority,EBA)、欧盟证券与市场监管局(European Securities and Markets Authority,ESMA)以及欧洲保险与职业养老金管理局(European Insurance and Occupational Pensions Authority,EIOPA)。其主要职能包括六个方面:一是确保欧盟地区金融监管规则协调统一,具体包括制定在特定领域具有约束力的技术标准;二是确保欧盟金融监管规则实施的一致性;三是逐步形成统一的金融监管文化和一致的金融监管行动;四是对部分特定实体实施全面监督权;五是确保各成员国对危机反应的协调一致;六是收集微观审慎监管信息。上述三个泛欧机构与欧盟各国金融监管当局共同组成危机后的欧洲金融监管者体系(European System of Financial Supervisors,ESFS)。该体系一方面建立在平均分摊和相互强化的职责基础上,将各国监管与整个欧洲层面的集中监管结合起来,以促进规则统一以及监管实践和执法的一致性;另一方面建立在伙伴关系的基础上,以增进各国监管者的相互信任,确保东道国监管者有合适的权力来制定有关金融稳定和消费者保护的政策,从而使跨境风险得到更有效的管理和防范。

第三,建立银行业联盟,强化欧盟地区金融风险识别和处置的协调性与统一性。具体包括三方面内容:一是建立银行业单一监管机制(SSM),赋予欧央行银行监管职能。二是建立单一处置机制(SRM),统一欧盟各国的银行处置规则。三是修订存款保险计划(DGS),保障存款人的权益和银行体系的稳定。

课后习题

1. 简述美国的金融监管体制。
2. 请评价美国的金融监管体制。
3. 简述美国金融监管体制的演进过程。
4. 试述美国金融监管的最新变化。
5. 简述英国的金融监管体制。
6. 简述英国金融监管体制的演进过程。
7. 简述欧盟的金融监管体制。
8. 简述欧盟金融监管体制的演进过程。

第4章

我国的金融监管体制

伴随着金融市场的发展,我国金融监管体制也实现了从无到有,并在数次金融动荡的冲击下不断创新和完善。在学习国外监管经验和总结自身教训的过程中,我国逐渐形成了具有中国特色的监管理念和监管制度。在监管主体方面,逐步形成"一委一行两会一局"的金融监管格局,即在中央层面体现为国务院金融稳定发展委员会(一委)、中国人民银行(一行)、中国银行保险监督管理委员会和中国证券监督管理委员会(两会),在地方政府层面体现为地方金融监督管理局(一局)。

开篇案例　永煤违约事件

永煤集团(以下简称永煤)设立于2007年6月28日,注册资本为37.5778亿元人民币。其主营业务包括煤炭开采与销售、有色金属冶炼和生产、装备制造、化工产品生产和销售、商品贸易、建筑建材、发电及物流运输等,业务广泛分布在河南、贵州、安徽、新疆等地。永煤的核心业务是煤炭业务。永煤是国内领先的精品无烟煤生产龙头企业,也是全国主要的无烟煤基地之一。永煤作为AAA级地方国企,其控股股东为河南省能源化工集团有限公司,实际控制人为河南省国资委。截至2020年三季度末,公司资产合计1 726.5亿元,负债合计1 343.95亿元,资产负债率77.84%。2020年前三季度实现营业收入445.10亿元,净利润为4.76亿元。

2020年11月10日,清算所发布《关于未收到"20永煤SCP003"付息兑付资金的通知》(清算所发〔2020〕158号),称未收到付息兑付资金。永煤发布《关于永城煤电控股集团有限公司2020年度第三期超短期融资券未能按期足额偿付本息的公告》,公告称因流动资金紧张,公司未能按期筹措足额兑付资金,"20永煤SCP003"构成实质性违约,涉及本息金额共10.32亿元。11月11—13日,由于永煤事件持续发酵,冲击投资者信心,债券市场受到显著冲击。部分信用债一级市场取消发行,相关行业、相关省份的部分信用债出现暴跌,债市恐慌情绪爆发,部分产品赎回压力较大,波及利率债市场,资金面紧张。

2020年11月12日,监管部门发声。中国银行间市场交易商协会发布公告表示,关注到永城煤电控股集团有限公司继2020年10月20日发行"20永煤MTN006"后迅速发生实质性违约。依据《银行间债券市场自律处分规则》,协会将对发行人及相关中介机构在业务开展过程中是否有效揭示风险并充分披露、是否严格履行相关职责启动自律调查。11月13日,永煤集团发布公告称,2020年度第三期超短期融资券"20永煤SCP003"已于当日将兑付利息3 238.52万元支付至应收固定收益产品付息兑付资金户,债券本金正在筹措中。11月16日,债市情绪出现一定缓和。央行当天超量续作MLF,缓和债券市场流动性压力,利率小幅波动。此外,据相关媒体报道,山西省国资委表示,"将积极履行好出资人职责,营造山西省属企业良好的信用环境",对市场信心起到边际缓和作用。11月21日,国务院金融委第四十三次会议提出,金融监管部门和地方政府要从大局出发,建立良好的地方金融生态和信用环境,秉持"零容忍"的态度,严厉处罚各种"逃废债"行为,维护市场公平和秩序。11月24日,永煤集团兑付

"20永煤SCP003"50%本金至主承销商的监管账户。

注：编者根据相关资料改写而成。

中国的金融监管体制经历了计划经济时期的"大一统"模式,到分业监管,再到机构性监管和功能性监管相结合的监管模式,我国不断完善金融监管架构,到如今已经形成了宏观审慎和微观审慎相结合的监管体制,"一委一行两会一局"作为监管机构各司其职,相互协调。

4.1 我国金融监管的演进及现状

中华人民共和国成立前,南京国民政府于1927年设立了金融监管局,隶属于"财政部",负责监管全国金融行政和金融业务。1935年,随着世界银价大涨,国民政府实行法币改革,将纸币发行权集中于"国家银行",统一发行,同时为巩固信用,"财政部"于1935年11月设立发行准备管理委员会,保管法币准备金并办理法币的发行收换事宜,自此现实意义的中央银行逐步形成。

4.1.1 中国人民银行统一监管时期(1948—1992)

1949年中华人民共和国成立前后,中国人民银行、中国农业银行和中国建设银行相继成立。自1952年开始,由中国人民银行和财政部主导全国金融体系。五大国有银行(工、农、中、建、交)当时面临两个选择：一是并入财政部(如建行和交行),二是与人民银行某个业务局合署办公(如中行)。1969年,中国人民银行被并入了财政部,对外只保留了中国人民银行的牌子,各级分支机构也与当地财政局合并,成立财政金融局。当时的计划经济体制背景与金融组织结构构成了中国金融业与金融监管发展的基础,也逐步形成了计划经济体制下特有的监管体系。当时的中国金融市场完全以银行为主,主要经营活动是计划拨款、贷款和存款,基本不涉及证券、保险和外汇等业务。当时的中国人民银行集货币政策、金融经营和组织管理等多项职能于一身,并不存在金融监管制度,只有金融管理体制。

1978年年底,我国开始实行改革开放,逐步确立社会主义市场经济体制。1978年,中国人民银行从财政部独立,但实行的仍是大一统的管理体制。1979年1月,为了加强对农村经济的扶持,恢复了中国农业银行；同年3月,为适应对外开放和国际金融业务发展的需要,中国银行成为国家指定的外汇专业银行,同时设立了国家外汇管理局。之后,又恢复了国内保险业务,重新建立中国人民保险公司,各地相继组建信托投资公司和城市信用合作社,出现了金融机构多元化和金融业务多样化的局面。

1981年8月,中国金融学会召开中央银行学术讨论会,提出中国应当成立中央银行的建议。1982年《宪法》确立了中央与地方的基本权限。地方政府在部分经济领域取得了一定的立法权。信贷资金逐步取代财政资金成为促进地方经济发展的重要来源。地方政府在经济发展的驱动下,批准设立了大批的金融机构。在这一阶段,信托公司和城市信用社的数量急剧扩张。地方政府并不承担监管职责,反而干涉金融机构的经营。虽然在后期,由中国人民银行主导的金融监管体制开始了对信托机构的清理整顿,为了防止发生更大范围的系统性风险做出了各种补救,但究其原因,是金融机构的发展和中央集权的统一监管并不能适应监管实践。

1984年以前,中国人民银行既是商业银行,又是中央银行;既办理个人、企事业单位的存款,发放工商企业贷款等商业银行业务,又制定和实施货币政策,办理发行货币、清算、经理国库等中央银行业务,掌握全国金融资产总额的93%左右,同时也是代表政府管理金融业的行政机关。

从1984年1月1日起,中国人民银行开始专门行使中央银行的职能,同时新设中国工商银行,中国人民银行过去承担的工商信贷和储蓄业务由中国工商银行专业经营;中国人民银行分支行的业务实行垂直领导;设立中国人民银行理事会,作为协调决策机构,初步确定了中央银行制度的基本框架。

1984年9月,中共中央在《关于制定国民经济和社会发展第七个五年计划的建议》中强调指出,中国人民银行作为中央银行是最重要的宏观调控机构之一,要加强它的地位和独立性,所有的金融机构在业务上必须服从中国人民银行的领导和管理。

1986年1月,国务院发布《中华人民共和国银行管理暂行条例》(简称《条例》),这是《中国人民银行法》颁布以前,国家调整金融关系最重要的金融法规。《条例》明确规定,中国人民银行是国务院领导和管理全国金融事务的国家机关,是国家的中央银行,具有货币发行的银行、银行的银行和政府的银行三个基本职能,成为国家的金融管理者。此时,金融监管的政策更多地体现国家意志,中国人民银行则是金融监管的实施者。

总的来说,这一阶段随着专业性金融机构从中国人民银行中独立出来,对于它们经营行为的规范也由内部管理变为外部监管。中国人民银行被正式确立为中央银行,并且成为相对独立、全面、统一的监管机构,中国的金融监管体制和机制正式确立。但是这种监管仍然主要依赖于行政性规章和直接指令式管理,监管体系中各主体的地位和权力依托于行政体系,而不是由明确的法律授权形成的。

4.1.2 "一行三会"的分业监管时期(1992—2004)

1992年召开的中共十四大明确提出,中国经济体制改革的目标是建立社会主义市场经济体制,为中国的金融体制改革奠定了基础,也催生了证监会、保监会及银监会等专业监管机构。《证券法》《保险法》《银行法》等基本法律相继诞生,分业监管体制也逐步确立。中国人民银行完全分离出日常、具体的金融监管权后,主要承担货币政策的制定,也担负支付清算、外汇管理、征信和反洗钱等基本制度和金融基础设施建设,对维持金融市场秩序和市场稳定起主导作用。金融监管步入法治化阶段,基本金融法律体系得以确立和完善。

中国最早的证券业务诞生于1986年,当时的证券业务也由银行开展。1987年诞生了中国第一家证券公司——深圳特区证券公司。此后,随着证券交易所相继成立和证券公司的数量不断增加,中国人民银行统一监管银行、信托、证券公司和证券交易所显得有些力不从心,导致证券市场出现了一系列的违规操作、市场混乱等情况。1992年10月,国务院成立国务院证券委员会,对全国证券市场进行统一宏观管理;同时成立中国证券监督管理委员会(简称证监会),作为国务院证券委的执行部门,负责监管证券市场。不过,此时证券公司的审批、监管仍由中国人民银行负责。

1993年12月,国务院发布《关于金融体制改革的决定》,要求强化中央银行宏观调控体系,实行政策性金融与商业性金融分离,设立三大政策银行,对银行业、证券业、保险业和信托业实施分业经营、监管。集中单一的金融监管模式被打破,同时证券、保险业的监管职能也逐渐从中国人民银行剥离出来。

1995年,《中国人民银行法》第一次从立法的角度明确了中国人民银行的金融监管主体职能。

1997年11月,中央金融工作会议确定"加强金融监管,整顿金融秩序,防范金融风险",在此背景下,成立保险业的专职监管机构提上日程。

1997年,国务院证券委员会并入证监会,中国人民银行对债券和基金的监管权移交证监会。

1998年6月,中国人民银行将证券监管职能移交中国证监会,实现了银行业与证券业的分业监管。

1998年11月18日,中国保险监督管理委员会(简称保监会)成立,保险监管职能从中国人民银行脱离。中国人民银行、证监会、保监会"三足鼎立"分别履行对银行业、证券期货业、保险业的监管。

"三足鼎立"的金融监管体制解决了证券期货业和保险业的分业监管问题,但没有解决中国人民银行的双重角色问题。早在20世纪80年代,一些发达国家(如英国、加拿大、瑞典、丹麦)就开始将金融监管职责与中央银行职能分离的实践,给我国政府提供了政策参考。2003年,中国银行业监督管理委员会(简称银监会)设立,划入原由中国人民银行履行的对银行、信托公司、资产管理公司等存款类金融机构监督管理的职责。同时,为有利于中国人民银行履行职责,保留和新增了存款准备金、特种贷款、人民币管理、同业拆借、反洗钱等监管职责,强化了中国人民银行作为中央银行和在金融宏观调控体系中的地位和作用,突出了制定和执行货币政策、维护金融稳定、加强金融服务的职能,中国搭建起"一行三会"的金融分业监管体系。同年,中国人民银行设立金融稳定局,其重要职能之一就是综合分析和评估系统性金融风险,提出防范和化解系统性金融风险的政策建议,下设科室负责银行业、证券业、保险业的风险监测与评估。

经过上述一系列的调整,这一阶段的分业监管体制初步形成。除"一行三会"之外,发改委、外汇管理局、财政部等也在金融监管体制中承担一定的角色。这一阶段中国的金融监管体制如图 4-1 所示。

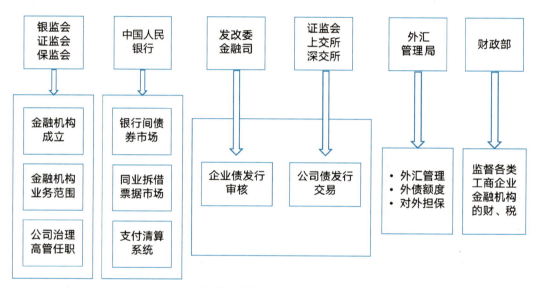

图 4-1 "一行三会"分业监管时期中国的金融监管体制示意图

4.1.3 金融监管的逐步完善与监管协调(2004—2017)

在此阶段,传统的分业经营出现相互渗透的趋势,初步形成了综合经营的格局。商业银行可以设立基金公司、租赁公司、保险公司、信托公司等;保险业和证券业开始涉足银行股权投资;已经出现了银行控股集团、金融控股集团。2008 年 2 月,《中国金融业发展和改革"十一五"规划》(简称《规划》)正式提出"综合经营"的概念,稳步推进金融业综合经营试点;鼓励金融机构通过设立金融控股公司、交叉销售、相互代理等多种形式,开发跨市场、跨机构、跨产品的金融业务,发挥综合经营的协同优势,促进资金在不同金融市场间的有序流动,提高金融市场配置资源的整体效率。

这一阶段,我国实施的是单层多头的分业监管。银监会主要负责商业银行、政策性银行、外资银行、农村合作银行(信用社)、信托投资公司、财务公司、租赁公司、金融资产管理公司的监管;证监会负责证券、期货、基金的监管;保监会负责保险业的监管。中国人民银行主要负责执行货币政策、实施信贷政策与金融体系的支付安全,同时管理同业拆借与票据市场、银行间债券市场、外汇市场、支付结算系统和征信系统,并对洗钱行为进行防范;外汇管理局负责管理外汇流入和流出;国家发展和改革委员会金融司、财政部金融司、工商行政管理局和国家税务总局等非金融监管机构则在各自的职权范围内负责相关问题的监管。

我国在监管协调方面也作出了尝试。2004年6月,三家监管机构签署了《三大金融监管机构金融监管分工合作备忘录》,在各自分工的基础上,建立了定期信息交流制度、经常联系机制及联席会议制度。2013年8月,国务院曾批准建立由中国人民银行牵头的金融监管协调部际联席会议制度,负责"一行三会"间的监管政策的协调。但是该制度普遍被认为是形同虚设,主要原因有会议不定期召开、内容不透明公开等,此外,监管信息的分享机制也不够畅通。例如,一些保险公司在股票市场高调举牌上市公司,但由于保险公司的所属监管机构为保监会,而证券市场的监管机构证监会无法准确获取保险公司举牌股票的相关信息,从而导致无法有效监管这些保险公司的举牌行为。

2008年全球金融危机之后,加强宏观审慎监管的尝试和其他改革探索也在逐步推进。一是法律体系进一步完善,对《证券法》《公司法》等多部法律进行了修订;二是加强监管执法和丰富监管内容,对现场检查、行政许可、行政处罚、行政复议等行为进行了规范,并加强了对金融创新和部分跨金融领域经营的监管;三是金融监管机构之间加强了协调配合,监管机构之间建立联席会议制度;四是审慎性监管和功能型监管已被提到监管当局的监管改革议事日程上。

国家逐步允许各地政府试点批设地方性金融机构开展业务,各类地方性金融机构(如小额贷款公司、融资性担保公司、典当行、融资租赁公司、商业保理公司等)得到迅速发展。同时,国务院、中国人民银行及银监会等部门先后发布文件授权各省级政府对此类机构进行审批设立、日常监管和风险处置。这是中央首次打破集中监管模式,将部分金融监管权下放给地方政府。不过,这些文件同时规定,国务院有关部门负责制订政策、指导省级政府部门进行监管,因此,地方政府并不具备独立监管权,而是在中央的领导下进行监管。同时,各地早期成立的地方金融办公室(简称金融办)于2008年政府机构改革时开始成为独立的机构,并逐渐承担地方政府赋予的有限的金融监管权限。

2010年后,国务院及其下属的各部委逐渐通过各种规范性文件提出"明确地方金融监管职责"及"界定央地金融监管权限"的要求。例如,"十二五"规划纲要明确提出:

"完善地方政府金融管理体制,强化地方政府对地方中小金融机构的风险处置责任"。

2011年,国务院发布《国务院关于清理整顿各类交易场所切实防范金融风险的决定》,强调地方政府对各类交易场所的属地监管。

2012年,国务院批准《金融业发展和改革"十二五"规划》,要求发挥中央金融管理部门的指导、协调和监督作用,强化地方政府金融监管的意识和责任,进一步明确地方政府对小额贷款公司和担保公司等机构的管理职责,强化地方政府的风险处置责任。

2014年8月,国务院发布《国务院关于界定中央和地方金融监管职责和风险处置责任的意见》,进一步确立中央和地方分级监管,提出完善中央和地方金融监管工作协调机制的要求,明晰地方政府要承担对部分金融活动的监管职责,包括引导和规范民间借贷、新型农村合作金融组织的行为,防范和打击金融欺诈、非法集资等行为。

2016年年初,国务院办公厅在其经济局六处的基础上设立金融事务局,专门负责"一行三会"间的行政事务协调,该局的设立也有利于中央和地方金融监管的对接。

4.1.4 "一委一行两会一局"的逐步建立(2017年以来)

2017年以来,混业经营与分业监管的矛盾较为突出,如监管部门的沟通成本与监管真空。就沟通成本来讲,中国人民银行、银监会、证监会、保监会的行政级别相同,各部门对其他部门只具有建议权而无行政命令权,部门间的协调沟通与联合执法涉及众多的法律法规,时间成本、人力成本巨大,效率低下,监管信息无法及时共享。就监管真空来讲,随着包括商业银行在内的多数金融机构的业务经营呈现多元化与综合化的特征,跨行业、跨市场投融资业务链条增加,而分业监管下,监管部门无法监测资金的真实流向,极易引发金融风险的跨行业、跨市场传染,更易于引发系统性风险。

为有效防范系统性金融风险,进一步加强金融监管协调,2017年7月召开的第五次全国金融工作会议宣布设立国务院金融稳定发展委员会(简称金融委),确立了以中央为主、地方为辅的双层金融监管模式。2017年11月,经党中央、国务院批准,国务院金融稳定发展委员会成立并召开了第一次全体会议。在随后召开的央行党委扩大会议中,国务院决定将在央行设立金融稳定发展委员会办公室。金融委是维护国家金融安全和稳定的常设执行机构,统筹协调金融监管政策间、部门间及其与其他相关政策的配合。金融委主要承担五大职责:落实中央金融工作决策部署;审议金融业改革发展重大规划;统筹金融改革发展与监管,包括协调货币政策与金融监管,协调金融政策与相关财政政策、产业政策等;分析研判国际国内金融形势,应对国际金融风险,研究系统性金融风险防范处置和维护金融稳定;指导地方金融发展与监管,对金融管理部门和地方政府进行业务监督和履职问责等。金融委的权利包括信息收集权、指令与警告建议权、法规与规则制定调整权、监管管辖裁决权、系统重要性金融机构特别监管权、监管问责权等。

金融委负责指导地方金融改革发展与监管,对金融管理部门和地方政府进行业务监督和履职问责等;明确地方政府监管的对象包括"7+4"类金融机构,7类机构指小额贷款公司、融资担保公司、区域性股权市场、典当行、融资租赁公司、商业保理公司、地方资产管理公司,4类机构指辖区内投资公司、农民专业合作社、社会众筹机构、地方各类交易所。为落实全国金融工作会议要求,2018年地方金融办纷纷升级为金融监管局,并将综合职能向监督管理和风险处置职能转变。同时,设立地方议事协调机构,强化中央与地方的监管协调。

2018年,银监会和保监会合并,成立中国银行保险监督管理委员会(简称银保监会)。将银监会与保监会合并,是统筹协调银行和保险领域监管的最有效和最直接的方法,有利于打破监管机构的部门利益,以杜绝"铁路警察、各管一摊",实现在金融各个领域的"穿透性"监管,由此形成"一委一行两会一局"的金融监管格局(见图4-2),即在中央层面体现为国务院金融稳定发展委员会(一委)、中国人民银行(一行)、中国银行保险监督管理委员会和中国证券监督管理委员会(两会),在地方政府层面体现为地方金融监督管理局(一局)。

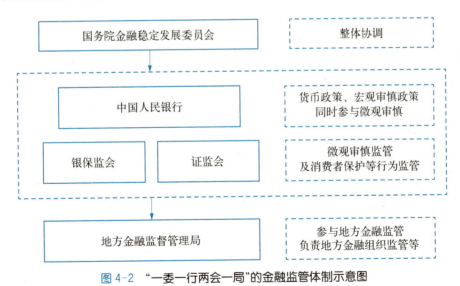

图4-2 "一委一行两会一局"的金融监管体制示意图

改革之后的中国人民银行将拟订银行业、保险业重要法律法规草案和审慎监管的基本制度,有助于剥离金融监管部门的行业发展职责,使其专心负责监管,将"监管姓监"真正落到实处,也使得央行集货币政策职能和宏观审慎职能于一身,其"货币政策和宏观审慎政策双支柱调控框架"也逐渐清晰。中国人民银行的机构设置如图4-3所示。

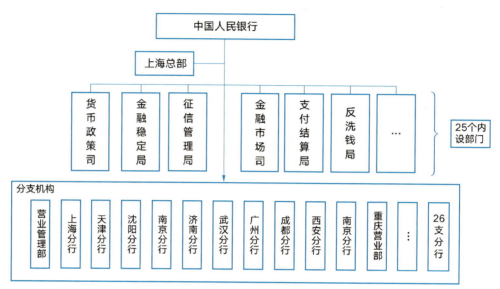

图 4-3 中国人民银行的机构设置

4.2 地方金融监管

广义的地方金融监管,是指在省级行政区内,中央金融监管部门的派出机构行使法定监管职责,省级政府设立地方金融监督管理局,承担部分金融监管职能,两者分工合作对辖内金融机构实施监督和管理,共同维护地方金融稳定运行。狭义的地方金融监管,是指从属于地方政府的金融行政管理部门,依据相关法律法规,在中央法定金融监管机构的指导下,对本辖区内的金融机构、类金融机构以及金融行为实施的监督和管理。

虽然"一行两会"派出机构是在某一特定区域内对地方金融机构实施监管,主要目标之一是为了维护地方金融健康有序地运行,并直接促使地方金融生态环境的优化,但"一行两会"派出机构行使的是中央金融监管机构自然延伸的法定监管职责,自然属于中央金融监管事权。所以,本书所述的地方金融监管是狭义概念上的。

4.2.1 地方金融监管的历史和现状

中华人民共和国成立以后到改革开放以前,我国实行高度集中的计划经济体制。这段时期金融市场机制不健全,金融监管空白,不存在地方金融监管权的配置。

自十一届三中全会之后,我国经济体制改革起步,金融机构开始形成多元化格局。在 1979 年至 1984 年期间,四大国有银行先后从中国人民银行恢复或分出,并批准设立了一些股份制商业银行,以此来推动地方金融的迅速发展。1986年,交通银行重组开启了股份制银行改革试点的序幕,随后中信实业银行、招商银行、兴业银行、光大银行等股份制银行相继成立,形成了中央银行与专业银行并存的二级银行体制,在银行系统内部实现了分权。在此期间经过地方政府的推动,以城市信用社为代表的地方金融机构迅速设立,地方金融市场逐步建设发展。

改革开放以后,为推动地方经济发展,提升地方的积极性,中央对地方实行"放权让利"的宽松态度,中国人民银行总行将诸多权力下放给地方分行,实行总行和地方政府的双层领导。在此时期,中央将大部分的金融监管权力下放到地方,客观上中央银行对按行政区域划分的分支机构缺乏垂直控制力,易受地方政府的干预。因为改革开放初期,新办正规银行受到诸多管制,各类经济主体发展经济、扩大投资的意愿强烈,地方发展经济有很大的自主性,地方政府利用开办信托公司以及通过资金拆借市场来获得银行之外的资金来发展本地经济。这种行为严重削弱了中央对金融市场的宏观调控能力,容易形成金融风险,影响系统性金融稳定。20世纪80年代,一些地方部门、企业单位甚至个人乱集资、乱批设金融机构、乱办金融业务,扰乱了金融秩序,影响了经济社会的稳定。此乱象发生的本质其实是金融权力无论是纵向还是横向都没有进行合理地划分,我国金融改革落后于现实,因此产生了在经济高速发展的时期,国家金融机构建设无法满足地方经济发展日益增长的资金需求的问题。

由此可见,在改革开放初期,金融监管权并未在地方得到合理的配置,地方金融监管体制并不完善,地方政府更多的是在履行为发展地方经济融资的职能。地方政府利用地缘优势争取更多的金融资源来发展本地经济,忽略了地方金融监管。这些金融乱象与区域性金融风险频发,导致了在20世纪90年代中央将金融监管权从地方收回,建立了中央集权的金融监管体制。

1998年以后,为了减少地方政府对金融的干预,中国人民银行在地方派出机构设置上进行了调整,撤销省级分行,设置跨省区的9家分行。银行体系集权化改革之后,地方政府干预金融由银行体系转向非银行体系,银行之外金融体系开始出现向地方分权化发展的趋势,使我国大一统金融监管的弊端逐渐体现。

由于中央垂直的金融分业监管体制极大限制了地方政府对地方金融发展的干预,面对地方金融新兴业态的蓬勃发展,中央政府对地方的金融监管愈发力量不足,在很多地方形成监管空白。因为之前金融权力过度下放的教训,中央在下放金融监管权力时更加慎重,在关注金融促进经济发展作用的同时,也兼顾防范和化解金融风险,开始注重完善地方金融监管体制。

国家通过试点,尝试由地方政府批设管辖范围内的地方金融机构业务经营,给融资租赁公司、小额贷款公司、融资担保公司等新兴地方性金融机构的发展创造了良好的契机。中央政府及所属部门和中央金融监管机构先后发布文件,将这些非传统金融机构的监管权力下放给地方,但是地方金融监管权的行使必须在中央的领导下,并且由中央政府有关部门制定专门政策和程序,指导和监督地方政府进行金融监管。2005年,授予省市级商务部门对典当行定期检查、监督管理、风险处置的职责。2006年,规定由地方各级政府承担处置本地区上市公司风险处置责任;2008年,小额贷款公司的准入和监管权下放给地方政府,省级政府可以明确一个主管部门负责对小额贷款的监督管理;2010年,将融资性担保公司的准入退出、监督管理的职责下放给省级政府;2011年,将资本规模较小的股权投资公司由地方政府相关部门负责;2012年,第四次全国金融工作会议将区域性小型金融机构的监管职责赋予了地方政府;2013年,将地方资产管理公司的设立审核或资质认可的权力授予地方政府;2014年,明确界定了中央和地方金融监管职责和风险处置责任;2015年,规定由地方政府负责本区域网络借贷信息中介机构的规范引导和风险处置工作。2016年,山东省出台全国首部省级金融地方性法规《山东省地方金融条例》,强化对地方金融组织的监督管理。

  2002年,上海设立全国首个地方金融办公室,单纯地以协调和配合"一行三会"在地方开展工作为目的,并非政府职能序列,也不具备审批权、执法权。随后,全国31个省、自治区及直辖市都逐步设立了地方金融办公室等类似的地方金融管理机构,各地因为职责有异,名称也不尽相同。设立初期,地方金融办被用来承担地方政府赋予的有限金融监管权,但是其职能并不明确,更多的是作为规划和协调机构服务于地方经济的发展。2009年开始,北京、广州等多个城市金融办升级为金融局。2013年12月,山东省潍坊市率先在全国设立了金融监督管理局。到地方金融办纷纷挂牌地方金融监管局之前,虽一直未出台具体法律法规明确地方金融办的地位,但实质上地方金融办已经成为地方政府对地方金融进行服务、协调和监管的重要机构。

  2017年7月,在第五次全国金融工作会议上确立了以中央为主、地方为辅的双层金融监管模式。在坚持金融管理主要是中央事权的前提下,按照中央统一规则、地方实施监管的总体要求,赋予地方政府相关金融监管职责,并强化属地风险处置责任。2018年10月,各省地方金融监督管理局陆续挂牌成立,实现了由"办"向"局"的升级,承担地方政府更多的金融监管职责,地方金融监管权力的配置愈发规范合理。目前,除西藏自治区地方金融监督管理局挂靠在自治区党委改革办下面外,全国各省、直辖市、自治区均设立了独立的省级地方金融监督管理局,且大部分新机构都加挂了金融办(局)的牌子,实行地方金融监管局与政府金融办(局)"一个机构、两块牌子"合署办公的模式。地方金融办仅存于省、市、县三级,与中央金融监管派出机构不同,在中央层面上未设置上级归口管理部门。

  从地方金融监管体制改革的实际情况来看,各省份地方金融监管局基本承接了原属地方金融办（局）的全部职能，并吸收了分散在其他行政单位的地方类金融机构的监管职能。新组建的地方金融监管局的职能可以归纳为：金融发展、金融协调、金融监管、金融服务，即协调地方政府与中央金融监管部门派出机构的关系，为各类金融机构的分支机构提供服务；推动地方金融产业发展，促进金融业更好地为地方经济社会发展服务；打击和处置辖区内非法集资、非法金融风险，优化区域金融生态环境；承担中央赋予地方政府的相关金融监管职责，强化对地方类金融机构的监管，维护地方金融稳定。

4.2.2 地方金融监管部门的监管职能及其来源

从 2008 年开始，通过国务院或银保监会、证监会、商务部等部委的委托授权，省级地方政府以"一事一议"的方式，陆续取得了对小额贷款公司、融资担保公司、区域性股权市场、典当行、融资租赁公司、商业保理公司、地方资产管理公司等 7 类金融机构，以及辖区内投资公司、开展信用互助的农民专业合作社、社会众筹机构、地方各类交易所等 4 类组织的监管职责，即所谓的"7＋4"类机构。

从地方金融监管机构的金融监管职能的来源看，这些监管职责大多数是由国家各部委或地方政府的规范性文件确定的（见表 4-1）。2017 年 8 月，中发〔2017〕23 号文件较系统地明确了地方金融监管的职责，即在坚持金融管理主要是中央事权的前提下，按照"中央统一规则、地方实施监管，谁审批、谁监管、谁担责，中央对地方金融监管纠偏问责"的总体要求，完善中央与地方金融监管职责分工，赋予地方政府小额贷款公司、融资担保公司、区域性股权市场、典当行、融资租赁公司、商业保理公司、地方资产管理公司等 7 类机构的金融监管职责。强化地方金融监管部门对辖区内投资公司、开展信用互助的农民专业合作社、社会众筹机构、地方各类交易场所等的监管，提高准入门槛，严格限定经营范围。

表 4-1 地方金融监管职能的来源情况表

类金融机构	获得授权机关	职能来源	授权主体
小额贷款公司	省级政府明确一个主管部门（金融办或相关机构）负责监督管理	《关于小额贷款公司试点的指导意见》（银监发〔2008〕23 号）	银监会、中国人民银行
融资担保公司	省级人民政府确定的负责监督管理本辖区融资性担保公司的部门	《融资担保公司管理暂行办法》（2010 年 3 号令）	银监会、发改委、工信部、财政部、商务部、中国人民银行、工商总局等
融资担保公司	省级人民政府确定的部门	《融资担保公司监督管理条例》（国务院 2017 年 683 号令）	国务院

续表

类金融机构	获得授权机关	职能来源	授权主体
区域性股权市场	省级人民政府按规定实施监管,并指定地方金融监管部门承担日常监管职责	《关于规范发展区域性股权市场的通知》(国办发〔2017〕11号)	国务院
		《区域性股权市场监督管理试行办法》(2017年132号令)	证监会
典当行	省级商务主管部门对典当业实施监督管理,由商务部批准并颁发《典当经营许可证》	《典当行管理办法》(2005年8号令)《典当行业监管规定》(商流通发〔2012〕423号)	商务部、公安部
融资租赁公司	省级商务主管部门负责监管本区域内的融资租赁企业	《融资租赁企业监督管理办法》(商流通发〔2013〕337号)	商务部
商业保理公司	试点地区(天津、上海)的商务主管部门为商业保理行业的主管部门	《关于商业保理试点有关工作的通知》(商资函〔2012〕419号)	商务部
地方资产管理公司	各省级人民政府原则上只可设立或授权一家地方资产管理公司	《金融企业不良资产批量转让管理办法》(财金〔2012〕6号)	财政部、银监会
地方各类交易场所	由省级人民政府按照属地管理的原则负责监管	《关于清理整顿各类交易场所切实防范金融风险的决定》(国发〔2011〕38号)、《关于清理整顿各类交易场所的实施意见》(国办发〔2012〕37号)	国务院
辖区内投资公司、开展信用互助的农民专业合作社、社会众筹机构	具体工作由地方金融监管局(金融办)承担,履行属地金融监管的职责	《关于服务实体经济防控金融风险深化金融改革的实施意见》(中发〔2017〕23号)	中共中央、国务院

出于对非法集资等较大社会影响的风险防范考虑,资金来源一直是地方金融监管的重要科目,因此,一般是按资金来源对地方金融机构进行划分:其一,以自有资金为主,包括小额贷款公司(含互联网小额贷款),一般杠杆率为2倍,还有典当行、融资租赁公司、商业保理公司;其二,以第三方资金开展业务的地方金融机构,如融资担保公司;其三,其他类型金融机构,包括各省的金融资产交易中心、地方性资产管理公司等。

地方金融监管的风险特征有如下三点:一是风险识别的难度大。地方金融机构基本上以民企为主,决策效率高,业务开展灵活,导致地方金融整体创新能力很强。其中,在互联网领域的金融创新,给金融机构带来隐形的经营风险,并且监管识别难度大,例如,部分民间贷款中介通过互联网开展"现金贷"等业务,将部分收费环节截留在贷款流程之外,来规避监管部门的穿透监管。同时,过度、多重、嵌套的产品设计不断提高地方金融风险的识别难度,给地方金融监管带来严峻的挑战。二是风险的滞后性。金融机构的信用风险多是在贷款临近到期才暴露出来。金融行业本身就具备收益的当期性和风险的滞后性的特点。根据收益当期性,地方金融机构发放贷款之后,已经可以计算企业利润,但贷款逾期并形成坏账之后,会带来超过收益数倍的损失。尤其是在外部环境处于不稳定期,地方金融机构的风险更容易集中爆发。三是涉众型金融风险。地方金融机构的某些行为容易引发涉众型金融风险,从早期小额贷款行业的非法集资案,到2018年互联网借贷平台集中出现涉嫌非法吸收公众存款的事件看,地方金融机构的金融行为多是涉众型金融,所引发的风险多是涉众型金融风险。例如"e租宝"涉嫌非法吸收存款总计500余亿元,涉及投资人近百万。

此外,地方金融监管还面临风险传导的问题。单个机构面临的风险,例如信用风险、流动性风险等,由于存在业务的关联交叉以及信用风险传导,很容易传导到区域内其他金融机构。接着,网络效应以及跨地区流动性传导会使风险进一步传导到其他区域的金融市场。这一传导过程会使风险不断放大,产生连锁反应,给地方金融监管带来挑战。

4.2.3 中央和地方金融监管职责的分配与协调

金融监管职责在中央和地方之间的分配,是金融监管架构的重要内容,而后者与一国的行政管理体制密切相关。总体上,在中央集权制国家,金融管理主要是中央事权;在联邦制国家,一般形成中央和地方双线并行的金融监管体制安排。以金融机构所涉公众性程度和金融风险外溢性大小为判断标准,银行业金融机构、证券市场由中央政府在国家层面进行整体监管是主流做法。

(1) 中央与地方金融监管职责比较

2013年11月,中共十八届三中全会通过的《中共中央关于全面深化改革若干重大问题的决定》明确提出,要界定中央与地方金融监管职责和风险处置责任。2014年8月,国务院出台《关于界定中央和地方金融监管职责和风险处置责任的意见》(国发〔2014〕30号),初步界定了中央和地方金融监管职责和风险处置责任。2017年7月,中共中央、国务院出台《关于服务实体经济防控金融风险深化金融改革的若干意见》(中发〔2017〕23号),再次强调要完善中央与地方金融监管职责分工,明确了赋予地方政府的相关金融监管职责,并要求各省(自治区、直辖市)建立健全由政府领导牵头的金融工作议事协调机制,具体工作由地方金融监管局(金融办)承担,履行属地金融监管职责,加强监管力量,充实人员队伍,赋予必要的监管手段,负责地方金融机构的风险防范处置。由此,我国中央与地方金融监管职责和风险处置责任有了大致的、原则性的边界划分(见表4-2)。

表 4-2　中央与地方金融监管职责和风险处置责任界定情况表

权限范围	中央金融监管部门	省级人民政府
规则制定方面	规则制定：负责制定全国金融改革发展的政策法规和总体规划，制定统一的业务经营规则和监管规则	规则细化：根据国家金融政策法规，在监管职责范围内制定具体实施细则和操作办法
监管职责范围	承担吸收公众资金、容易诱发系统性风险的金融机构和活动的监管职责：依法对银行业存款类（包括银行、农村信用社、财务公司等）、银行业非存款类（包括信托公司、金融资产管理公司、金融租赁公司、汽车金融公司、消费金融公司、贷款公司、货币经纪公司等）、证券业（包括证券公司、期货公司、基金管理公司、私募投资基金等）、保险业、交易及结算类等金融机构和活动实施监管，承担相应的风险处置责任，依法依规履行监管职责	承担不吸收公众资金、限定业务范围、风险外溢性较小的金融活动的监管职责：依法对本地区小额贷款公司、融资性担保公司、区域性股权市场、典当行、融资租赁公司、商业保理公司、地方资产管理公司等机构实施监管，承担相应的风险处置责任。加强对民间借贷、新型农村合作金融组织的引导和规范，省级人民政府的监管重点是防范和打击金融欺诈、非法集资、非法证券期货活动等各类违法违规行为 农村信用社管理：继续承担农村信用社的管理和风险处置责任，督促农村信用社坚持为"三农"服务的经营宗旨，指导农村信用社加强自我管理
风险处置责任	防范和化解系统性金融风险：落实金融监管稳健标准，健全逆周期的宏观审慎管理制度框架，加强金融基础设施建设，保障金融市场安全高效运行和整体稳定。建立健全系统性金融风险监测评估体系和处置机制，加强对重大风险的早期识别和预警，对关键风险点坚决果断予以处置，切实维护金融市场秩序。密切关注互联网金融等新兴金融业态的风险程度和影响范围，及时出台相关规则和政策措施，避免监管真空，防止监管套利	防范和化解地方金融风险：负责所监管机构的风险监测、评估、预警和处置，推动建立市场化风险补偿机制，定期向有关部门或监管部际联席会议通报监管职责范围内的金融发展和监管情况。配合中央加强对本地区跨市场、跨行业交叉性金融业务的监测分析和风险管理。及时向国务院和有关部门报告可能引发区域性系统性金融风险的突发事件，做好维护社会稳定工作
监督问责权限	督促和指导地方金融监管工作：对地方贯彻落实国家金融政策法规、开展金融监管工作进行指导、协调和监督，对可能出现的金融风险进行预警提示和处置督导	建立对地方金融监管部门的问责机制

(2) 中央与地方金融监管协调

2020 年，金融委办公室地方协调机制陆续在各省（自治区、直辖市）建立，开启了中央和地方金融监管新格局的重要一步。金融委办公室地方协调机制设在中国人民银行省级分支机构，由中国人民银行省级分支机构的主要负责人担任召集人，银保监会、证监会、外汇管理局省级派出机构的主要负责人，省级地方金融监管部门的主要负责人为成员。

金融委办公室地方协调机制定位于指导、协调、监督，不改变各部门的职责划分，不改变中央和地方事权安排。其主要职责包括：第一，落实中央决策部署，推动落实国务院金融委涉及地方的各项工作安排；第二，加强中央金融管理部门派出机构之间、中央金融管理部门派出机构与地方金融监管部门之间的监管协调和政策沟通；第三，促进区域金融改革发展和稳定，分析研判区域金融风险形势，加强风险监测评估；

第四,推动金融信息共享,畅通重大事项沟通交流的渠道,协调做好消费者权益保护工作和金融生态环境建设。

课后习题

1. 简述中国金融监管体制的演进,并总结每个阶段的监管特征。
2. 简述中国金融监管的主体架构。
3. 我国"一行两会"的监管职责是什么?
4. 地方金融机构主要包括哪些?
5. 简述地方金融监管的风险特征。
6. 请比较中央与地方的金融监管职责。
7. 简述金融委办公室地方协调机制。

第5章

银行业监管

银行业在金融市场的地位不言而喻,同时银行业监管也是最为复杂、制度最为全面的。对银行业的监管包括从生到死、从审慎到行为的监管,还包括问题银行的处置、金融安全网的建立等问题。通过本章的学习,读者可以了解到银行监管的基本内容以及我国银行业监管的特征。

开篇案例　英国北岩银行倒闭事件

英国北岩银行(Northern Rock,以下简称北岩)由北岩住房互助协会(Northern Rock Building Society)于1997年改制而成。北岩银行以房地产市场金融业务作为重要发展战略。然而,对比每年新增130亿英镑的房地产市场空间来说,仅靠被动吸收存款难以支撑资产规模的扩张。北岩亟须扩大负债端资金来源。

一般而言,要扩张居民零售端的负债有三种方式。一是提高存款利率,直接用存款收益吸储。但如果盲目提高利率,破坏市场规则,可能会引发恶性竞争。二是发展多样化的吸储渠道,扩大揽储范围。北岩在1997—1999年期间,关闭了近四分之一(大约30家)的分支机构,通过网络化、电子化的方式吸储,结果反而失去了部分市场份额。三是设计更有吸引力的零售产品。但零售端产品普遍面临着同质化严重、创新点不足的问题。因此,北岩在零售端扩张的策略没有取得成功。1997—2000年间,北岩的居民存款增速仅为个位数,整体经营状况较差,整体规模的扩张并未实现。反映在市场上,股价大幅下降了近60%。

在居民存款端扩张策略失败后,北岩转变策略,将负债端的重心转向同业批发市场。与零售存款相比,同业批发融资单笔金额巨大,利率极低。到2003年,北岩银行的同业批发融资占负债的比例达到了45.9%,几乎与零售端存款的占比持平。北岩按揭贷款业务随之呈爆发式增长。但是,住房按揭业务的期限很长。北岩迅速在资产负债表内积累了大量的按揭资产,快速消耗着资本充足率。自1999年起,北岩就在避税天堂英属泽西设立了特殊目的载体公司(SPV),并将表内的住房抵押贷款打包到SPV,开展证券化筹资。借着住房抵押贷款证券化与同业批发融资两种方式,北岩在2000—2003年迅速发展,净增住房抵押贷款份额年均上涨7.1%,共增长了21.9%。同期,北岩税前利润逐年增长,持续保持在15%以上,有时甚至高达18%。

2003年后,英国房地产市场在持续多年的繁荣之后逐步平稳。房价虽然还在增长,但增幅已经大幅下降。北岩一方面在负债端面临同业批发融资的利率上升,另一方面又面临着按揭需求趋于疲软导致按揭资产利率难以调整。面对利差下降可能导致盈利下滑的风险,北岩选择了继续加杠杆:扩大负债,扩大按揭贷款的规模。在同业批发融资和按揭资产证券化之外,北岩银行还推出了住房抵押贷款担保债券。到2006年年底,北岩银行负债端的同业资金(包括同业批发融资余额、抵押贷款证券化余额的70%和抵押贷款担保债券余额,其中,按揭贷款证券化的 30% 自持) 总额大约为 586 亿英镑, 占负债比例的 60%, 是居民存款 226 亿英镑的 2.5 倍。同年底, 在资产端, 北岩银行的住房抵押贷款占总资产的比例达到了 77%; 流动性资产的比重仅为 13%。

2007 年, 美国次贷危机爆发。原来被认为是安全、优质的以住房按揭贷款为抵押担保的证券化资产和债券瞬间成了有毒资产。北岩的住房按揭贷款的证券化产品和债券卖不出去了, 但是到期的证券化产品和债券必须还本付息。

2007 年 9 月, 北岩因流动性危机向英格兰银行申请资金援助。然而, 央行资金援助的消息引发了更大范围的担忧和恐慌。随即, 北岩发生挤兑。2007 年 10 月, 北岩银行宣告倒闭。

注: 编者根据相关资料改写而成。

银行业是最早的金融业, 早在 1817 年, 英国就颁布法规对其进行监管。1907 年, 美国银行业危机催生了中央银行——美联储, 同时也给各国的银行业监管提供了经验。银行业由于其危机的传染性, 以及一旦倒闭产生的巨大社会成本, 成为各国金融监管的重点之一, 各国相继颁布了各种法律法规进行监管约束。

5.1　银行业监管概述

5.1.1　银行业监管的历史

世界上最早的完整的银行法是英国 1817 年颁布的《储蓄银行法》和 1844 年颁布的《英格兰银行法》, 但后者不是纯粹的商业银行法, 而是兼及中央银行和商业银行的法律, 直到 1979 年英国才正式出台《银行法》。

美国 1863 年的《国民货币法》创立了货币监理署(OCC)和国民银行, 国民银行由货币监理署签发营业许可证。1864 年,《国民货币法》改为《国民银行法》, 成为管理国民银行的第一部法律规范。1956 年出台的《银行持股公司法》改变了商业银行的定义, 即商业银行可以随时支取存款和发放商业贷款, 商业贷款是指贷给商业企业的资金。1987 年的《银行公平竞争法》将商业银行的定义进一步修改为: 发放贷款、接受有联邦存款保险公司担保的存款、由州和联邦政府签发经营许可证的金融机构。

日本的商业银行被称为普通银行, 受 1981 年颁布的《日本普通银行法》规范。此外, 相关法律还包括《金融控股公司整备法》《长期信用银行法》《外汇银行法》等。

德国早先有关银行制度的立法有《联邦银行法》和《银行法(信用业法)》。1961

年实施的《联邦银行法》规定,联邦银行可以从事除保险业务之外的主要金融业务,包括信托、证券、存贷、外汇等业务。因此,这部法律建立了德国银行混业经营的法律规制。1962年实施的《银行法》则进一步明确:凡是从事银行业务并且这种业务的规模已达到商业化、有组织水平的企业,都是信用机构。

5.1.2 银行监管的概念和目标

银行监管的定义可以分为狭义和广义两种。从狭义上来讲,银行监管就是指政府机构对银行的监管行为,是一种以政府作为主导、从外部实施的一系列官方行为,它包括一系列对银行业实施的法规、法律和各种原则,以及代表政府进行银行监管的机构所实施的各种检查、监督、管理、规制和处罚等相关活动。从广义上来讲,银行监管是一个整体的系统性框架,除了狭义银行监管所包括的内容以外,还包含以下五个方面的内容:第一,银行监管当局、参与金融活动的消费者和被监管机构所面临的各种激励机制;第二,市场约束纪律和市场监控的作用;第三,政府对于监管失败后所采取的各种干预措施;第四,银行的公司治理机构安排;第五,监管当局的纪律和责任问题。广义的银行监管更加注重政府行为与市场机制的有机结合。

银行监管是政府监管的组成部分,但是与一般的政府监管相比又存在特殊性,其特殊性体现在监管目标、监管法理和监管方法。就监管目标而言,政府监管的目标在于维护市场秩序,防范金融风险,而银行监管的目标在于维护金融机构运营安全;就监管法理而言,一般性的政府监管只要法无禁止即可为,而银行监管属于特许监管,即法无授权不可为;在监管方法方面,一般的政府监管采取的是行为监管,而银行监管采取审慎监管和行为监管相结合的方式。

银行监管的目标可以分为多重目标说、双重目标说以及单一目标说。顾名思义,多重目标说是指监管当局要实现多个监管目标,较常为各国监管当局所推崇的有以下四个目标:第一是保护存款人和消费者的利益,由于存款人和消费者在银行交易活动中属于劣势方,因此需要对其进行利益保护;第二是防范单个银行以及整个银行系统的风险,即监管当局既要防范每个独立的银行机构可能发生的破产风险,更要尽量减少银行体系中出现系统性风险,从而影响整个社会经济的发展;第三是提高银行等金融机构的效率和竞争能力,尽量避免由垄断产生的低效率;第四是维持社会经济平稳发展等社会目标。双重目标就是在上述多重目标中选择两项作为监管目标。单一目标的主要代表是巴塞尔委员会,其在《有效银行监管的核心原则》中指出,银行监管的目标是保持金融系统的稳定性和信心,以降低存款人和金融体系的风险。总的来说,银行业监管的最根本目的在于保证银行机构和银行业市场的健康发展,保护存款人和投资者的利益,从而推动经济发展。

5.1.3 银行业监管的必要性

银行业监管的必要性体现在以下两个方面。

一是危机的传染性。银行之间相互拆借及其支付系统使其财务更紧密地联系在一起,使得银行的支付困难产生交叉影响,任何一个银行的困难甚至破产都会很快传播到其他银行,进而导致部分银行甚至整个银行体系的崩溃。此外,资产配置是商业银行等金融机构的主要经营业务,各金融机构之间因资产配置而形成复杂的债权债务联系,使得资产配置风险具有很强的传染性。一旦某个金融机构的资产配置失误,不能保证正常的流动性头寸,则单个或局部的金融困难就会演变成全局性的金融动荡。

二是高昂的社会成本。银行业危机的成本之大非一般行业危机可比。以20世纪80年代美国储贷危机为例,当时有约1 100家商业银行破产,630家资不抵债的储贷协会要求美国政府施以援手。通过兼并重组、政府救助和破产清算,储贷协会数量减少了30%以上,商业银行的数量下降了14%左右。存款机构的大量倒闭,使得不良贷款激增。参加联邦存款保险的存款机构在1984—1993年10年间平均不良贷款率达3.34%,若加上未参加保险的机构,该比例还要上升。受银行大量破产、房地产投资下滑、金融市场持续动荡等因素的综合影响,美国经济增速不断下降。

5.2 我国银行业的监管

我国目前有国有银行6家、股份制银行12家、城市商业银行134家、农村商业银行及村镇银行共3 722家,以及一些其他类型金融机构。各类型银行所拥有的资产比重与其数量成反比,呈倒金字塔形结构。

国有银行和股份制银行的区别主要有四个方面。一是控股股东不同。国有银行由中央汇金、财政部或副部级央企控股,股份制银行由央企、地方国资或民资控股。二是行政级别不同。国有银行的行政级别一般为副部级,而股份制银行为厅局级或者没有行政级别。三是监管对口部门不同。国有银行由银保监会国有控股大型商业银行监管部负责监管,而股份制银行由银保监会全国股份制商业银行监管部监管。四是业务资质不同。国有银行基本都是全牌照,若有新业务,往往也是国有银行先行先试。

5.2.1 我国银行业监管体系

我国银行业的监督机构主要是银保监会。它是国务院直属的正部级事业单位,其主要职责包括：依法统一监督管理银行业和保险业；维护银行业和保险业合法、稳健运行；防范和化解金融风险；保护金融消费者的合法权益；维护金融稳定。

(1) 银行监管制度体系

我国银行监管制度体系分为三个层级。层级一是金融法律，由全国人民代表大会及其常务委员会制定和颁布，如《银行业监督管理法》《商业银行法》等。层级二是行政法规，由国务院依法制定和颁布，如《外资银行管理条例》《金融资产管理公司条例》等。层级三是规章和规范性文件，即监管机构制定和发布的监管政策，如《商业银行资本管理办法（试行）》《商业银行流动性风险管理办法》等。

规章和规范性文件又分为四类。第一类是金融发展政策，是指导、支持和规范各类银行业金融机构发展的政策性、规范性文件。第二类是金融改革政策，是指导各类银行业金融机构改革开放的政策方案，以及中央明确由银保监会负责的重大金融改革开放实施方案。第三类是监管行为规则和细则。规则用于规范监管者自身的行为，旨在规范市场准入、非现场监管、现场检查、行政处罚等具体行政行为的相关规则办法。细则是在监管行为规则的框架下，针对不同监管条线制定的旨在指导监管行为规则具体执行的办法、规定、操作要求以及守则等。第四类是审慎规则，包括审慎经营规则和审慎经营细则。审慎经营规则是具有普适性和稳定性的审慎规制，包括公司治理、风险管理、内部控制、资本充足性、流动性、资产质量、损失准备金、风险集中、关联交易等内容。审慎经营细则是在审慎经营规则的框架下，针对市场环境和风险状况变化，结合不同类型或不同时期银行业金融机构的特点，细化审慎经营规则具体执行要求的审慎规制。

2015年7月印发的《银监会审慎规制建设工作规则（试行）》（银监发〔2015〕40号），从规制立项、起草、审核、发布与解释到评价与清理，针对审慎规制建设的各主要环节，细化和完善了相关工作机制和流程。在审核环节，审核内容包括：是否符合银行业运行规律、发展方向和监管效率原则；监管要求是否具有针对性和可操作性；规定的监管职权是否具备实施条件；规定的监管措施是否具有可操作性；规定的监管程序是否高效、透明。在发布和解释环节，核心规制的名称原则上为"办法"或"规定"，其他审慎经营规则和审慎经营细则的名称一般为"通知"或"细则"。正式发布前，应当按照有关规定公开征求意见。审慎规制应当在银保监会官网发布，必要时配以对规制文件的说明。最后是评价与清理环节。在日常非现场监管和现场检查中，对银行业金融机构实施审慎规制的情况进行评估，对核心规制执行情况和实施效果进行全面评估，制定或修订规制时对现行相关规制进行评价。开展法规清理工作时，按批量方式进行规制评价，对审慎规制予以分类整理，在银保监会官方网站公布审慎规制文件目录以及核心规制手册，及时更新维护。

2021年7月30日,银保监会发布《中国银行保险监督管理委员会派出机构监管职责规定》[①]。该规定所称派出机构,是指银保监会派驻各省(自治区、直辖市)和计划单列市的监管局(以下简称银保监局)、派驻地市(州、盟)的监管分局(以下简称银保监分局)以及设在县(市、区、旗)的监管组。主要内容包括:一是明确派出机构监管职责的总则性规定,包括监管职责体系、派出机构履职原则;二是明确派出机构的主要监管职责,包括对机构、人员、业务等方面的监管;三是明确银保监会授权派出机构履行的其他监管职责,主要包括偿付能力监管、辖区内重大风险事件处置等;四是明确与履行监管职责相关的内容,包括行政处罚、复议受理等;五是明确派出机构应当与辖区地方人民政府相关部门等建立健全监管协调机制。

(2) 银行业监管手段

银行业的监管手段主要有三个:市场准入、非现场监管和现场监管。

① 市场准入。

市场准入是金融监管体系中的一个重要环节,是审慎监管的第一步。市场准入包括机构、人员、业务三方面。市场准入监管的目的在于防止过度竞争,维护银行特许权价值;抑制逆向选择,防止投机者进入银行市场;促使银行审慎经营,防止银行的过度冒险行为。通过对银行体系"进入通道"和组织结构的管理,银行监管对整个银行业的结构和规模都会产生重大影响。市场准入的门槛主要是颁发金融行业执业许可证,并对金融机构的业务范围作出明确规定。根据《巴塞尔协议Ⅲ》,颁发执业许可证需要审查的内容至少包括:银行的所有权结构、董事会成员和高级管理层的资格、战略和经营计划、公司治理情况、内部控制和风险管理状况,以及包括资本金规模在内的预期财务状况等。要使该手段充分发挥作用,关键在于建设持续性的配套和后评估机制以及与审慎监管和合规监管的挂钩联动机制。

② 非现场监管。

非现场监管是监管部门通过收集金融机构以及行业整体的报表数据、经营管理情况和其他内外部资料等信息,对金融机构以及行业整体风险状况进行分析,作出评价,并采取相应措施的持续性监管过程。非现场监管的重点在于透过数据看清风险的实质,包括通过合规性检查监督指标达标情况,以及通过风险性检查分析风险水平和发展趋势。

③ 现场监管。

现场监管是指监管人员进入金融机构,通过查阅各类财务报表、文件档案、原始凭证和规章制度等资料,核实、检查和评价金融机构报表的真实性和准确性,以及金

---

① 可参考: http://www.cbirc.gov.cn/cn/view/pages/ItemDetail.html?docId=1000876&itemId=928。

融机构的经营状况、风险管理和内部控制的完善性。现场监管可以延伸验证非现场监管发现的线索，核实信息的真实性，评估银行的真实情况，从而发现隐藏性问题和数据无法反映的信息。

银保监会及派出机构派出检查人员在银行业金融机构的经营管理场所以及其他相关场所，采取查阅、复制文件资料、采集数据信息、查看实物、外部调查、访谈、询问、评估及测试等方式，对其公司治理、风险管理、内部控制、业务活动和风险状况等情况进行监督检查。

现场检查是银保监会及派出机构监管流程的重要组成部分，通过发挥查错纠弊、校验核实、评价指导、警示威慑等功能，督促银行业金融机构贯彻落实国家宏观政策及监管政策，提高经营管理水平、合法稳健经营，维护银行业金融机构和体系安全，更好地服务实体经济发展。

(3) 银行监管的内容

银行监管的内容包括审慎监管和行为监管两个方面。

审慎监管是对金融机构防控风险能力的监管，主要包含一系列风险指标要求和治理机制规范(审慎经营规则)。风险指标类别包括流动性风险、信用风险、市场风险、资产质量迁徙、盈利能力、准备金充足程度和资本充足程度。治理机制规范主要包括健全的内控合规治理架构、完善的内控合规制度流程、重点风险领域的内控合规建设、重要岗位关键人员的管理、内部问责标准与流程体系建设等。

行为监管是对金融机构经营活动和交易行为的监管，主要通过制定合规经营规则和合规性检查实现，致力于维护市场良好秩序、实现有序市场竞争、保护消费者利益。

审慎监管与行为监管之间的区别在于四个方面：监管目标、监管对象、监管方法和监管工具。审慎监管的目标是维护金融机构本身的安全，行为监管是为了维持金融市场的良好秩序；审慎监管的监管对象是法人总部，而行为监管涉及银行的分支机构；就监管方法和工具而言，审慎监管采用数据分析和指标体系，行为监管则进行个案处理，采用行为和产品准则。

5.2.2 我国银行业监管的内容

(1) 常规监管

常规监管包括信息收集、风险分析、日常监管。

信息收集涉及常规数据和非常规数据的收集。常规数据涵盖了非现场监管信息系统和非现场监管报表(1104 报表)的 118 张报表、现场检查分析系统(Examination

& Analysis System Technology，EAST）的 58 张报表、客户风险统计分析系统的 6 张报表、宏观经济数据和研究机构等公共部门信息。

1104 报表具体分以下几类：① 基础类报表，以反映风险为主线，是非现场监管报表的核心；② 机构类报表，反映某一类机构的特定监管需求，如大型银行、信托公司等；③ 业务类报表，反映某一类产品或业务的情况，如表外业务、债券投资等；④ 支持发展类报表，反映银行业支持实体经济的情况，如小微企业等；⑤ 分支机构类报表。

EAST 系统是原银监会在 2008 年开发的具有自主知识产权的检查分析系统，旨在顺应大数据发展趋势的需求，并帮助监管部门提高检查效能。系统包含银行标准化数据提取、现场检查项目管理、数据模型生成工具、数据模型发布与管理等功能模块，其核心为：① 建设一个相对开放的数据分析平台，实现对银行业务数据的灵活组织、筛选、抽取、建模、挖掘和分析；② 建立一套通用的、相对封闭的数据采集标准，纳入监管人员关心的风险数据点。多年的实践表明，该系统在监管检查层面充分发挥了精确制导、精密追踪和精准定位的作用，查出了大量疑点数据，挖掘出一些隐藏的问题，有效地提升了检查效率。EAST 系统包含的信息有：公共信息、会计记账信息、客户信息、授信交易对手信息、卡片信息、信贷管理信息、交易流水信息、统计全科目、资金业务、理财业务。因此，1104 报表与 EAST 系统形成有效互补，丰富了分析维度。

客户风险统计分析系统覆盖对公授信、贷款、持债、持股、表外、同业、担保业务，包含了集团客户、单一法人客户信息和个人违约贷款、担保信息。非常规数据包括：政府部门专题数据、媒体舆情、信访、现场走访获取的信息及其他监管部门信息。

风险分析的内容有：风险判断、风险提示、现场检查建议、定期报告和专题报告。风险判断有三个递进层次：首先是单体或个案风险研判；然后是行业性、局部性风险研判；最后是系统性、区域性风险研判。定期报告包括监管分析月报、监管分析季报、年度综合监管报告、高级方法监管报告、交叉性金融风险分析报告等。专题报告包括内外审三方会谈报告、大型银行董事专题访谈报告、巴塞尔协议影响等。

日常监管的流程是市场准入监管，到非现场监管，再到有序处置。有序处置是对陷入困境的银行而言的，也就是及时决策采取恢复或处置措施。

日常监管的一般性要求包括以下内容：公司治理、风险管理体系、资本充足率、拨备覆盖率、信用风险、流动性风险、市场风险、国别风险、操作风险、集中度风险。

日常监管的监管措施可以分为四类：一是常规性监管措施，包括窗口指导、提高信息报送的频率、督促开展自查、作出风险提示和通报、进行监管谈话；二是预防性监管措施，包括开展压力测试、制定应急预案并开展演练、明确恢复处置安排、作出流动性承诺；三是监管强制措施，包括责令限期改正、责令暂停部分业务、停止批准开办新业务、限制分配红利和其他收入、责令调整董事或高级管理人员、停止批准增设分支机构；四是提出行政处罚意见，包括警告、罚款、没收违法所得、取消董事或高级管理人员的任职资格、禁止其从事银行业工作等。

(2) 特殊监管

由于大型银行在银行体系中的举足轻重的地位，银保监会除了常规监管外，还设置了特殊监管，即更高的监管标准、更严格的监管以及与国际准则接轨。

第一，监管标准更高。从2016年起，银保监会（原银监会）对大型银行的资本充足率、拨备覆盖率、流动性风险、信用风险、操作风险、市场风险、并表和交叉风险以及信息科技风险等八个方面提出了更高的监管要求。

第二，监管更严格。对大型银行要求在集团层面建立统一的风险偏好，将集团风险偏好通过风险限额形式分解到各业务条线、分支机构以及附属机构；建立完善的公司治理架构；建立有效的风险数据加总和风险报告能力；健全全面风险管理体系。

第三，与国际准则接轨。2008年金融危机后，金融稳定理事会先后公布了《评估金融机构、市场和工具系统重要性的指导原则》等文件。巴塞尔委员会制定全球系统重要性银行(G-SIBs)的评估方法，并且每三年调整一次。2011年11月，金融稳定理事会发布了《针对系统重要性金融机构的政策措施》，并第一次发布了全球系统重要性金融机构(G-SIFIs)名单，之后的每年11月对该名单进行调整。所谓全球系统重要性银行(Global Systemically Important Bank，G-SIBs)，其"全球系统重要性是指商业银行由于在全球金融体系中居于重要地位、承担关键功能，其破产、倒闭可能会对全球金融体系和经济活动造成损害的程度"。中国银行、中国工商银行、中国农业银行和中国建设银行分别在2011年、2013年、2014年和2015年入选全球系统重要性银行。被评为全球系统重要性银行之后，商业银行将面临更高的监管标准，包括总损失吸收能力要求、恢复与处置计划等。

2020年9月，中国人民银行会同银保监会起草了《全球系统重要性银行总损失吸收能力管理办法（征求意见稿）》。总损失吸收能力是指全球系统重要性银行进入处置阶段时，可以通过减记或转为普通股等方式吸收损失的资本和债务工具的总和。

2021年6月，银保监会发布《银行保险机构恢复和处置计划实施暂行办法》。恢复计划是指银行保险机构预先制定，并经银保监会及其派出机构认可的应对方案，在重大风险情形发生时，该方案主要通过自身与股东救助等市场化渠道解决资本和流动性短缺，恢复持续经营能力。处置计划是指银行保险机构预先建议，并经银保监会及其派出机构审定的应对方案，在恢复计划无法有效化解银行保险机构重大风险，或者可能出现引发区域性与系统性风险情形时，通过实施该方案实现有序处置，维护金融稳定。按照并表口径上一年末（境内外）调整后表内外资产（杠杆率的分母）达到3 000亿元人民币（含等值外币）及以上的商业银行、农村信用合作社等吸收公众存款的金融机构以及金融资产管理公司、金融租赁公司,按照并表口径上一年末(境内外)表内总资产达到2 000亿元人民币(含等值外币)及以上的保险集团(控股)公司和保险公司,均要恢复和处置计划。

5.3 金融安全网

金融安全网(Financial Safety Net)是1986年由国际清算银行(BIS)提出来的。金融安全网是指为了保障金融安全,由中央银行、金融监管当局和银行同业组织共同编织的具有公共性质的安全保护系统。狭义的金融安全网局限于存款保险制度(Deposit Insurance System)和最后贷款人(The Lender of Last Resort,LLR)制度;广义的金融安全网包括三个基本要素,即前两者加上审慎监管框架。它的功能主要有:一是危机防范,即降低或控制各类金融机构对金融风险的暴露;二是危机管理,即金融危机发生时,抑制或减轻其破坏性影响。

5.3.1 存款保险制度

存款保险制度指一个国家或地区的政府为了保护存款人的利益,维护金融业的安全稳定,通过法律的形式在金融体制中设立专门的存款保险机构,规定一定范围的吸收存款的金融机构必须或自愿按照存款的一定比例向存款保险机构缴纳保险费,从而保护存款人的利益,维护银行信用,稳定金融秩序的一种制度。我国的《存款保险条例》于2015年5月发布实施,存款保险基金覆盖所有存款类金融机构,实行基于风险的差别费率制度,最高赔付限额人民币50万元。目前,全国受存款保险保障的金融机构共4 025家。存款保险覆盖所有吸收存款的银行业金融机构。被保险存款包括投保机构吸收的人民币存款和外币存款,既包括个人储蓄,也包括企业及其他单位存款,本金和利息都属于被保险存款的范围。但金融机构同业存款、金融机构高级管理人员在本机构的存款以及存款保险基金管理机构规定不予保险的其他存款除外。

当投保银行陷入经营危机,无法向存款人返还存款时,存款保险机构将向投保银行提供财务援助,或直接代替投保银行向存款人作出赔付。它是政府采取的一种增强银行稳定性、保护小额存款者免受银行破产损失的一种机制。根据国际存款保险协会(The International Association of Deposit Insurers,IADI)的统计,截至2019年6月,全球已有140个国家和地区建立存款保险制度[①]。实践表明,存款保险制度在

---

① 可参考:https://www.iadi.org/en/。

保护存款人利益、维护金融秩序、有效处置金融机构风险方面功不可没,已成为一国金融安全网的重要组成部分。

(1) *存款保险制度的作用*

① 保护存款者尤其是中小额储户的利益。

存款保险制度的功能是当参保的金融机构经营难以维持时,代替存款机构向存款人支付法定金额的保险金。在信息不对称的市场中,相对于银行和大额存款人而言,小额存款人属于弱势群体,在市场机制自发调节的作用下,存款人由于缺乏足够的信息、知识和能力,不可能对银行的信誉、实力、经营状况、存款的风险程度有全面的了解和恰当的评价,因而总是处于不利地位而难以自我保护。

各国政府在进行存款保险制度设计时,其目的在于最大限度地保护存款人的利益,提高存款人对银行的信任度。建立存款保险法律制度后,当陷入问题的银行由于种种原因无法按时赔付时,存款保险机构就会及时采取措施,或者兼并、接受问题银行,或者直接对存款人进行赔付。这样,存款人的存款损失就会降低到尽可能小的程度,这有效地保护了存款人的利益,从而能够有效地防止银行挤兑。

② 提高银行存款的安全性,防止银行挤兑。

建立存款保险制度的首要目的就是维护金融稳定,保障金融安全运行。在市场经济中,任何经营都是有风险的,商业银行也不例外,银行的脆弱性使得存款保险至关重要。

存款保险机构对有问题银行承担保证支付的责任,它有动力也有职责对投保银行的日常经营活动进行一定的监督、管理,从中发现银行存在的隐患,并及时地向银行提出建议和警告,确保各银行稳健经营,这实际上增加了一道金融安全防护栏。由于存款人在整个金融体系中处于弱势地位,建立完善的存款保险制度不仅为存款人提供了保护,增强了存款人的安全感,减少了挤兑的可能性,而且存款保险机构也可以收集更多的银行经营管理信息,并充分发挥在这方面具有的优势,更有效地对银行资产风险进行监控,从而减少因金融秩序混乱而付出的巨大社会成本,避免个别银行的破产引起整个银行体系发生支付危机,进而增强金融体系的稳定性。

(2) *存款保险制度的运行*

存款保险制度对问题金融机构是一种救助手段,对存款人则是一种保障方式,有助于增强存款人的信心,稳定整个金融体系。其运行包括以下几个方面。

① 确定会员资格。

存款保险制度采用会员制,会员资格可以是强制性的,也可以是自愿的。强制性会员资格有助于减轻逆向选择问题,但是容易产生道德风险问题;自愿性会员资格则同时存在这两方面的问题。

对于大银行来说,由于实力雄厚,它们自身应对风险的能力较强,国家也会因"大而不能倒"而施以救助,因此,它们一般不会自愿加入存款保险体系。为了维护金融体系的稳定,政府一般都会采用强制性存款保险体系会员制度。

② 合理收取和管理保费。

为赔偿存款人的损失,存款保险机构必须有足够的资金作保证。资金通常来源于会员银行缴纳的保费等。由于会员银行是主要获益方,因此,来自它们的保费收入就构成了存款保险机构的主要资金来源。我国目前的存款保险基金全部来自投保机构保费和增值收益,运转之初统一按 1.2‰ 的费率缴纳,低于 5‰ 的国际平均水平,引入差别费率后,截至 2018 年年底存款保险基金余额为 821.2 亿元。

③ 实施监督管理。

加入存款保险体系的会员银行,必须接受存款保险机构的监督和管理。存款保险机构通过这一监督管理职能的发挥,防止会员银行的道德风险,保护存款人和保险体系自身的利益不受侵害。各国法律都赋予存款保险机构对会员银行进行非现场监测和现场检查的权力。存款保险机构可以监督每个会员银行的资本状况、资产运作、日常经营活动等。存款保险机构能够及时发现会员银行存在的问题,并督促问题银行进行整改。

④ 施行干预、救助和处理。

当存款保险机构通过监测系统发现风险产生的迹象时,可以向问题银行发出提示和警告,使其自行规制自己的不当行为;当问题银行的问题爆发且资本充足率低于巴塞尔协议规定的标准或者违反审慎监管要求时,存款保险机构就要发挥其救助和处理功能。此时,存款保险机构可以向投保银行提供紧急贷款,或者购买其不良资产,帮助其恢复到正常状态,稳定其经营活动;当不能通过救助使问题银行恢复正常时,存款保险机构就需要采取强制合并和重组措施,包括选择有收购意向的经营良好的金融机构实施兼并和收购。中央银行对流动性不足的金融机构进行资金融通,可以在一定程度上缓和公众对现金短缺的恐惧,遏制公众的恐慌情绪,从而避免其采取一些过激行为。当问题银行状况十分严重且影响面很大时,存款保险机构就必须对问题银行采取破产关闭措施。此时,存款保险机构必须对存款人进行赔偿。如果问题特别严重,就需要强制性金融机构市场退出机制的介入。

2019 年 5 月 24 日,在接管包商银行的当天,存款保险基金管理公司宣告成立。接管包商银行过程中存款保险基金与中国人民银行联合出资,发挥了市场化风险处置平台的作用。一是以较高的保障程度及时稳定公众的预期,避免挤兑。处置过程对个人存款和 5 000 万元以下的对公和同业债权予以全额保障,对 5 000 万元以上的大额对公和同业债权平均保障率达 90%,大额债权人总计损失 300 多亿元。二是向新成立的蒙商银行和收购承接包商银行4家异地分行的徽商银行提供资金支持,分担原包商银行资产减值损失,促成两家银行顺利收购承接原包商银行业务并实现平稳运行。

在包商银行的风险处置过程中,存款保险基金根据实际需要,在赔付限额和承保范围两方面突破了《条例》的规定。一是为避免引发居民挤兑,根据《条例》第五条"人民银行会同国务院有关部门可根据经济发展、存款结构变化、金融风险状况等因素调整最高赔付限额,报国务院批准后公布实行"的规定,存款保险基金突破了最高赔付限额50万元的规定,对个人储蓄存款本息给予全额保障,对对公存款以5 000万元为界区别对待。二是鉴于包商银行涉及同业交易对手方700多家,超过60%为中小金融机构,资金往来规模近3 000亿元。在接管后市场流动性分层、中小银行流动性驱紧的情况下,为避免引发金融市场挤兑,存款保险基金突破了《条例》第四条"金融机构同业存款除外"的规定,及时将同业存款纳入保障范围。

(3) 金融危机以来国际社会完善存款保险制度的经验

存款保险制度虽然能有效地保护存款人的利益,防止银行挤兑。但在2008年金融危机中各国存款保险基金也遭受了极大的挑战。在应对危机的过程中,各国的存款保险制度不断完善,主要表现在以下四个方面。

一是为有效应对危机,灵活调整存款保险的覆盖范围。以美国为例,2008年10月,联邦存款保险公司依据《紧急经济稳定法》将赔付限额从10万美元临时上调到25万美元;2010年,《多德-弗兰克法》将上述调整固定,并确立了基于通货膨胀或紧缩因素,每5年定期评估限额的制度化调整规则。英国在危机期间将存款保险赔付限额从2万英镑提高到8.5万英镑。法国、新加坡实施了临时全额存款赔付安排。

二是加强风险早期识别和及时干预。危机后,主要国家的存款保险制度普遍由事后偿付与风险处置向兼顾事前风险防范方向发展,赋予或强化存款保险早期发现和及时纠正功能成为改革的趋势。美国赋予联邦存款保险公司对非银行金融机构和控股公司的补充检查权和强制执行权;韩国存款保险公司有权要求金融监督院对不同等级的投保银行采取差异化监管措施并及时获得反馈。

三是强化市场化风险处置平台功能。危机以来,各国普遍丰富存款保险风险处置工具箱,强化风险处置功能。据国际存款保险协会的统计,赋予存款保险风险处置职责的国家占比,从2005年的50%提高到2011年的65%。危机期间,美国依靠存款保险平台成功处置500多家倒闭的中小银行。危机后,《多德-弗兰克法》将联邦存款保险公司处置职责拓展到系统重要性非银机构,使其覆盖整个金融业。英国2009年的《银行法》赋予存款保险机构问题银行处置权。日本2013年修订《存款保险法》,授权存款保险公司实施风险处置措施和金融稳定措施两项新的处置手段。

四是完善基金补充机制。金融危机表明,存款保险机构日常征收的保费可能无法应对大规模系统性危机,需要政府部门或中央银行追加资金予以弥补。国际存款保险协会 2014 年版的《有效存款保险制度核心原则》要求,各国"应事先以法定形式建立本国后备融资机制,借此确保存款保险基金不足时能及时偿付存款人、对问题投保机构提供有效而必要的流动性支持"。从各国的实践看,后备资金来源包括特别或预收保费、政府融资、中央银行借款和金融市场借款等。以美国为例,2009 年,联邦存款保险公司收取 55 亿美元特别保费和 457 亿美元预收保费,为处置破产银行提供了流动性准备。日本允许存款保险公司向央行借款或发债,政府可对相关融资提供担保。欧盟在 2014 年要求成员国明确市场化融资机制构成。

5.3.2 最后贷款人制度

(1) 定义

最后贷款人制度是当金融机构的流动性需求异常上升且无法从其他渠道获得流动性时,政策当局可以通过最后贷款人措施对其提供流动性救助。最后贷款人制度是金融安全网的重要组成部分,这一制度对于解决商业银行暂时性的流动性不足、有效防范金融危机的传染、维护金融系统的稳定具有极为重要的作用。

理论上,最后贷款人的职责是在金融恐慌时提供公共产品,所以,公共产品的供给主体一般就是政府部门。从世界范围的实践来看,多数国家的最后贷款人由中央银行扮演,在中央银行充当最后贷款人存在不足时,由其他部门补充。白芝浩原则(Bagehot's Dictum)是指为避免恐慌,央行应及时以惩罚性利率向具有偿付能力且能提供优质抵押品(Collateral)的金融机构提供不限量的流动性支持。

随着金融市场直接融资占比的持续上升、金融工具愈发丰富、传统信贷的替代渠道越来越多,以美联储为代表的几家主要发达经济体央行在危机救助实践中也承担了最后做市商(Market Maker of Last Resort,MMLR)的职能,针对更广泛的金融市场和金融产品进行救助。MMLR 职能既是 LLR 职能的自然扩展,也与传统 LLR 职能有着不同的作用机制。MMLR 是指在金融市场出现集中抛售或交易停滞等问题时,通过买卖相关资产或接受相关资产作为抵押品等方式,帮助市场恢复流动性和融资功能的主体。央行充当 MMLR 进行救助主要有两种方式:一是买卖丧失流动性的金融资产;二是接受丧失流动性的金融资产作为回购或贴现窗口的抵押品(Buiter et al.,2008;Baker,2012)。传统 LLR 理论认为,金融市场运作基于对银行和其他中介的信任,LLR 重在救助金融机构;MMLR 理论则认为,金融市场运作基于对抵押品的信任,MMLR 重在通过稳定抵押品价值来维护金融稳定。

(2) 最后贷款人制度的安排

第一,确定金融机构的偿付能力。只有在确定某家金融机构具有偿付能力,只是由于暂时流动性不足而出现问题时,最后贷款人才会予以救助,因为对陷入清偿危机的金融机构进行救助,将使最后贷款人面临很大的损失资产的可能性。中央银行的最后贷款人功能经常包含很多高风险贷款,尽管实践中很难区分金融机构的流动性不足和清偿能力问题,但是中央银行总会采取一切措施来确定金融机构的偿付能力,尽可能减少损失。

第二,实施监督管理。最后贷款人的监管通常贯穿于金融危机发生的事前、事中和事后。通过事前评估金融机构的经营状况,判断其是否陷入流动性风险,决定是否救助以及救助方案,并把握提供最后贷款的最佳时机,避免贷款资源的浪费。通过事中的现场检查和抵押品评估来确定最佳贷款规模,出于资源节约的考虑,也可与监管部门配合工作。通过事后的监管来对接受救助的问题金融机构进行持续性监管,以保障其资产安全和防范道德风险,如果发现问题金融机构的情况进一步恶化,最后贷款人有权采取严格的资产保全措施。

第三,确保资金来源。中央银行作为最后贷款人实施救援,需要强大的资金为后盾。中央银行的资金主要来自各项存款、各个会员银行缴纳的存款准备金、货币发行、央行票据和抵押品的清算等。中央银行在实施最后贷款人职责时,要承担一定的风险,特别是对于那些无偿付能力的金融机构,由于其抵押品价值可能会低于贷款价值,故中央银行面临的风险会更大。因援助问题金融机构而造成的资产负债表恶化,会减弱中央银行货币政策的独立性和灵活性。因此,中央银行都不愿单独承担这种风险,通常会要求政府财政给予担保和资金支持。

第四,提供最后贷款。商业银行在面临短期流动性短缺时,一般会持有已贴现但尚未到期的商业汇票向中央银行申请再贴现,以得到中央银行的融资支持;中央银行也可以通过在公开市场上购买央行票据、国债和金融债券等方式,向金融机构注入流动性;当金融机构陷入严重的流动性困境时,中央银行还会对合格的问题金融机构提供紧急贷款援助。通过实施贷款援助,可以帮助问题金融机构摆脱困境,保障整个金融体系的安全。

(3) 最后贷款人制度的缺点

最后贷款人制度在保护金融机构的稳定和安全、维持和恢复社会公众的信心、消除金融恐慌等方面起到了非常重要的作用,但是最后贷款人制度也会助长道德风险问题。由于最后贷款人是一种事后救助行为,金融机构在知道它会得到最后贷款人支持的条件下,经营行为可能会更趋于冒险,即出现道德风险问题。

最后贷款人对危机银行进行援助时,会给市场传递错误信号,即最后贷款人将对所有银行系统风险进行担保。一方面,救助促使银行经营者和股东为获得更多的救助补贴而去冒更大的风险;另一方面,最后贷款人向倒闭的银行提供资金的可能性大大降低了存款人监督银行的经营行为和业绩的积极性,并且由于救助是对所有存款人提供隐性保险,这也会削弱银行同业监督的积极性。大银行较中小银行有更大的系统性影响,其经营失败对金融系统的安全有更为严重的威胁,因此,政府和公众都不希望其倒闭,于是大银行往往成为监管宽容的对象。规模很大或很重要的银行发生流动性问题时,最后贷款人肯定会提供资金援助。存款人知道一旦银行陷入困境,政府不会任其破产,自己也不可能遭受太大的损失,于是他们失去了监督银行的动机,也不在银行从事过度冒险行为时通过提取存款进行市场约束。

在很多新兴市场经济国家,当大的或与政府有联系的金融机构出现危机时,政府便成为解决问题的后援,而这成为金融机构从事更多冒险活动的根源。另外,最后贷款人在救助过程中向经济中投放基础货币,通过货币的乘数作用,将大大增加流通中的货币量,从而引发通货膨胀,增大道德风险。

5.4 压力测试和市场退出机制

5.4.1 压力测试

压力测试最早产生于工程学领域,是通过搭建较为极端的测试环境,给压力测试对象不断加压,强制其在极限的情况下运行,观察其运行情况,从而发现性能缺陷的测试方式。

从微观视角来看,根据原银监会发布的《商业银行压力测试指引》(2014年修订),压力测试"是一种银行风险管理和监管分析工具,用于分析假定的、极端但可能发生的不利情景对银行整体或资产组合的冲击程度,进而评估其对银行资产质量、盈利能力、资本水平和流动性的负面影响。压力测试有助于监管部门或银行对单家银行、银行集团和银行体系的脆弱性作出评估判断,并采取必要措施"。从宏观的视角来看,IMF认为压力测试是有助于监测和预测金融系统潜在漏洞的宏观审慎分析的一个关键因素。它给金融稳健型指标的分析增加了一个动态元素,即金融稳健型指标对宏观经济的冲击的灵敏度或概率分布。

根据实施主体和目标的不同,压力测试可以分为两类。第一类是自下而上的压力测试。由金融机构根据监管要求或风险管理需要自行开展,评估不利冲击对其资产负债表的影响。由于单家机构在数据获取方面具有优势,可以利用内部数据和模型优化信息流,同时提高结果的可信度。缺点是各家金融机构的结果在横截面上可比性较差。第二类是自上而下的压力测试。由中央银行或金融监管部门统一组织,假设宏观经济受到不利冲击,评估金融系统的稳健性状况,分为微观审慎压力测试和宏观审慎压力测试。微观审慎压力测试旨在评估单个金融机构对不利冲击的韧性,从而在机构层面实施增加监管资本、减少风险敞口等监管措施;宏观审慎压力测试旨在评估整个金融体系抵御经济和金融负面冲击的能力,重点关注系统性风险及其放大效应,考察风险在金融机构之间、金融体系与实体经济之间的传递。

压力测试常用的分析方法有敏感性压力测试和情景压力测试。敏感性压力测试指在保持其他条件不变的情况下,研究单个风险因子变化可能对承压对象产生的影响,其特点是快捷、及时。评估单变量变化的影响,对数据的要求不高,可不构建计量模型。情景压力测试主要用于评估多个风险因子同时从当前市场情景突然变化到某些极端情形的过程中对承压对象的影响程度。通常需要构建宏观经济变量与银行指标之间的传导关系,能够较好地揭示压力情景下银行整体的盈利能力与资本充足水平的变化。压力测试的趋势是从单一风险、静态压力测试逐步发展到风险叠加的动态压力测试。

金融机构现代风险管理强调采用 VaR 为核心,辅之压力测试等形成不同类型的风险限额组合,以形成更好的风险防控机制。相较于压力测试来说,VaR 模型的优势在于情景客观,适合应用于大部分正常条件。压力测试因其情景设计受主观因素影响,得出的结果较 VaR 模型而言缺乏客观性。然而,压力测试也有其独特的优势。因此,压力测试与 VaR 是一种互为补充的关系:第一,VaR 模型只能在一定的置信水平下给出估计值,反映的是市场价格每天的变化,缺乏对最大可能损失的估计能力和其分布尾部的处理。而压力测试关注的对象正是这些在非正常的市场环境下被 VaR 模型忽略的尾部风险。第二,以历史数据为基础的 VaR 模型无法衡量缺乏历史数据的新产品情况或未来的经济情况,尤其是类似金融危机这样的断点情况。压力测试则以其特殊的敏感性分析或情景假设的方法针对未来的市场情况进行理性的预测。正是因为压力测试这种"前瞻性"特点,使它能针对 VaR 模型无法衡量的风险给予重要的补充。VaR 模型与压力测试各自的优缺点见表 5-1。

表 5-1　VaR 模型与压力测试各自的优缺点

	优　　点	缺　　点
压力测试	适用于极端压力情况,具有风险前瞻性	情景设计主观
VaR 模型	情景客观,应用于正常条件	缺乏前瞻性,采用历史数据

2007 年以前,金融风险压力测试具有强烈的微观审慎监管特征,主要关注个体

金融机构能否在压力情景下安全、稳定地经营。在这一阶段，压力测试大多假设"借款人信用质量恶化"或者"资产价格下跌"为外生因素，且测试情景大多基于历史数据，变化幅度比市场上真正的变化幅度低很多，其测试结果较为简单，与传统的基于历史数据的在险价值或预期亏空模型没有根本性的区别，所以，在实践中并不受到重视，没有得到广泛应用。

2008年金融危机中，压力测试发挥了重要作用，并从此得到广泛关注和应用。压力测试帮助市场区分暂时缺乏流动性的健康银行和本质上已经破产的不良银行。部分银行证明了它们有足够的资本得以在真正最糟糕的情景下生存，不良银行得到了私人资本或公共资本的救助，金融体系秩序得到初步恢复。

相比于之前的压力测试，2008年金融危机时开始进行的金融风险压力测试在多个方面进行了改进：第一，压力测试情景更具有极端性和前瞻性，往往采用市场变量在历史上曾出现过的极端变化情景，或通过经济研究团队头脑风暴形式构建压力情景；第二，更加关注金融机构对系统性金融风险的贡献度，而不是金融机构本身的风险；第三，金融风险压力测试具有宏观审慎导向，压力资本缓冲将进一步增加对系统重要性银行的资本要求；第四，更加关注偿付能力风险与流动性风险的传染机制，更加重视在压力测试模型中融合风险传染的因素。

改进后的压力测试，可以促使金融机构和监管当局考虑到在险价值或预期损失模型不能覆盖的极端情景，因此，金融危机过后，为防止全球性金融危机再次出现，各国均认识到压力测试的重要作用。巴塞尔委员会首先对《巴塞尔协议Ⅱ》(*The Basel Ⅱ Accord*)进行了调整，要求银行在计算市场风险资本金和信用风险资本金时，都需要同时通过压力测试来检验模型假设的合理性。在2009年5月，委员会再次对银行压力测试的运行和监管机构的监管提出多条建议，强调了压力测试在确定银行为吸收市场巨大变动所需资金变量方面的重要作用，并且特别指出，当温和市场条件持续一段时间后，压力测试尤为重要，因为此种情况下的市场参与者容易产生自满情绪。

2009—2011年，国际货币基金组织与世界银行首次对我国进行金融部门评估规划(FSAP)评估，银行业压力测试是整个评估工作的重要环节。中国人民银行、原银监会联合成立了中国FSAP压力测试工作小组，组织我国17家商业银行首次开展了统一压力情景、统一测试方案的银行业压力测试。

从2012年起，为建立健全系统性金融风险防范和预警体系，识别和评估金融体系的潜在风险，中国人民银行成立了金融稳定压力测试小组，每年组织主要商业银行开展金融稳定压力测试，评估银行在不利冲击下的稳健性状况。参试银行从17家逐步增加至31家，纳入部分规模较大的城市商业银行和农村商业银行。测试内容包括信用风险、市场风险、流动性风险和传染性风险，采用中国人民银行实施的"自上而下测试"和参试银行开展的"自下而上测试"相结合的方式，互为补充和校验。测试结果在每年的金融稳定报告中适当反映。

2017年,作为金融部门评估规划更新评估的一部分,中国人民银行、原银监会联合成立工作小组,与IMF、世界银行组成的评估团共同对我国33家主要商业银行开展压力测试,进一步改进了测试方法。一是开展偿付能力宏观情景压力测试,同时覆盖信用风险和市场风险,其中,信用风险涵盖贷款损失和应收款项类损失,市场风险涵盖银行账户利率风险、债券市场风险和汇率风险。二是采用流动性期限缺口分析方法进行流动性压力测试,区分不同时间窗口分别计量银行的净现金流出,并考虑优质流动性资产对流动性缺口的弥补作用。三是传染性压力测试范围更广,在过去仅考察单家机构信用违约风险的基础上,同时考察交易对手撤离资金风险的潜在溢出效应,同时增加非银行金融机构的风险传染效应。

2018年以来,随着金融风险形势的变化,参试银行范围从大型商业银行逐步扩展至包括城市商业银行、农村商业银行、农村信用社、农村合作银行、村镇银行等在内的地方中小银行,并计划在5年内实现全国银行的全覆盖。近三年已累计组织3 800余家银行业机构开展压力测试,覆盖各个地区、所有类型、不同规模的机构,并充分考虑各类机构的业务特点、系统重要性等因素,采用不同的测试方法和内容。对资产规模超过8 000亿元的大中型银行,重点关注其对宏观经济不利冲击的抵御能力以及其风险外溢性;对地方中小银行,着重考察其各类信贷风险、流动性风险等。

目前,我国的压力测试具有以下六个特点:① 建立常态化的银行业压力测试机制,将压力测试作为前瞻性风险监测预警工具,开展覆盖整个资产负债表的偿付能力压力测试,通过偿付能力宏观情景压力测试,考察宏观经济下行冲击对银行资本充足水平的不利影响。② 测试方法从单一风险、静态压力测试逐步发展到风险叠加的动态压力测试。③ 测试期限由1年延长至3年。④ 提高压力情景的内在一致性,构建风险传导模型。设计包括经济增长、物价水平、利率、汇率、信用利差等宏观经济金融指标的压力情景,保持情景的内在一致性。利用面板数据建立信用风险测算模型,刻画宏观经济与银行信用风险之间的传导关系,对模型结果适当校准,提高模型预测的精准度。⑤ 刻画金融机构的风险关联性和传染性。构建同业资产与同业负债矩阵,建立金融网络模型,分析金融机构之间的风险传染效应,考察系统重要性银行风险的传染和扩散,识别同业交易网络中的脆弱性环节。考察机构信用违约和资金撤离的潜在风险溢出效应,增加非银行金融机构的风险敞口,评估风险跨市场、跨行业、跨机构交叉传递对金融稳定性的影响。⑥ 探索压力测试结果的运用,推动风险防范化解。测试结果用于金融机构和金融体系的风险监测以及重点领域的风险排查,测试结果为央行金融机构评级提供重要参考和有益补充。根据压力测试的结果,通过高管约谈、风险提示等方式推动参试银行前瞻性防范化解金融风险,部分中小银行根据测试的结果强化资本补充、优化经营管理、完善风险应急预案,风险化解工作取得实效。

5.4.2 市场退出机制监管

金融机构的市场退出,是指停止办理金融业务,吊销金融营业许可证,取消其作为金融机构的资格。

市场退出机制作为金融安全的最后一道防线,是审慎监管、最后贷款人和存款保险制度的重要补充。在实践中,即使有效实施了上述各种手段,但仍不能完全避免金融风险,仍有可能出现救助无效的金融机构或者救助成本过高、或者救助后更易出现系统性风险,因此,需要及时对该问题金融机构实行市场退出程序。这样不仅可以阻断金融风险的进一步扩散,而且还可以减轻存款保险制度和最后贷款人的负担,减轻审慎监管不力带来的不良影响。金融机构市场退出机制的存在,对金融机构形成了一种硬约束,有利于减轻金融机构的道德风险问题,从而更好地发挥其他金融安全网要素的功能。此外,通过市场退出机制中的清算程序,能够对最后贷款人和存款保险制度因援助产生的损失提供补偿。

(1) 确定市场退出标准

确定金融机构市场退出标准是确保金融机构市场退出机制有效运作的前提。由于各国的情况不同,特别是由于各金融机构具有不同的特性,所以,退出标准也存在差异。多年来,金融机构市场退出遵循的一般原则是:陷入危机的金融机构具有不可救助性;救助的成本远远大于其收益;或救助后将引起系统性风险和地区性风险的发生。从目前情况来看,虽然还难以就金融机构市场退出的普遍标准达成共识,但各国监管部门还是必须制定出适合本国金融体系特点的市场退出标准,否则,金融机构市场退出将无法可依。应该注意的是,金融机构市场退出标准的确定不是一劳永逸的事,它应该随着金融业的发展及经济环境的变化不断修订、改进和完善。

(2) 实施市场退出程序

明确了市场退出标准,就可以对问题金融机构采取相应的退出程序。金融机构市场退出的方式主要有合并重组和破产清算。在选取具体的市场退出方式时,还应考虑到如下原则:社会成本最小化、稳定市场信心、以相关部门能够提供的资金为限。当某个金融机构达到市场退出标准时,市场退出执行机构就要及时对其进行接管,以免出现更多的问题;市场退出执行机构接管以后,要开展进一步的检查与核算,以确定问题的严重程度,并据此采取下一步行动。具体采取哪种方式可视情况而定,但各国一般倾向于合并重组,而不愿意轻易启动破产清算程序。如果问题金融机构可以通过合并重组得到解决,并且有经营良好的金融机构愿意接手,市场退出执行机构就会帮助它们完成合并重组；反之,市场退出执行机构就会对问题金融机构进行破产清算。

(3) 分配清算收益

市场退出执行机构对问题金融机构的清算程序必须是合法的、客观的,这样才能保证问题金融机构的有序退出,最大限度地减少社会损失。对问题金融机构进行破产清算,可以获得清算收益,这些收益是施行救助的各方收回投入、弥补损失的主要渠道。因此,要按照投入补偿原则,对最后贷款人和存款保险机构进行收益分配。合理分配清算收益,可以保障最后贷款人和存款保险机构的权益,有助于它们实施其他救助方案,也有助于金融安全网的良性循环运作。

中国银行业监管的法律法规

课后习题

1. 简述银行监管的定义、内容及目标。
2. 简述银行监管的必要性。
3. 安全金融网包括哪些内容？
4. 建立存款保险制度的目的是什么？
5. 存款保险制度是如何运行的？
6. 最后贷款人制度有哪些局限性？
7. 什么是压力测试？它是如何分类的？
8. 为什么要建立市场退出机制？
9. 市场退出机制是如何运行的？

第6章

保险业监管

保险业作为高杠杆以及高速发展的行业之一,一旦监管不力会产生巨大风险,对整个社会产生极大的不良影响。本章的重点在于保险业监管的体系和细分情况,帮助读者详细了解保险业监管的主要内容。

开篇案例 "宝万"之争

宝能是深圳特区的一家企业,所涉产业从地产开发、物流、文旅到金融。2012年姚振华成立了前海人寿,前海人寿大幅利用"万能险"的灵活度迅速扩张。2016年3季度前海人寿万能险占比超过80%,远高于同业。宝能在A股市场扮演"野蛮人"角色,频频举牌上市公司。

万科成立于1984年。2000年3月,万科宣布引入华润收购原深特发持有的万科股份,成为其第一大股东。2015年7月24日和8月26日,宝能系控制的前海人寿和深圳钜盛华两次举牌,首次超过了2000年来始终位居万科第一大股东的华润。2015年9月,华润通过两次增持,重新夺回万科的大股东之位。2015年12月4日开始,宝能系继续增持万科,再次成为万科第一大股东。2015年12月23日,万科发布声明,欢迎安邦保险成为万科重要股东。2016年6月27日,宝能系提请董事会召开临时股东大会,审议罢免王石、郁亮、乔世波等7名董事、3名独立董事、2名监事的议案;2016年6月30日,华润集团官方微信公众号发布声明表态,称其对罢免议案有异议。

2016年7月7日,钜盛华发布公告称,其在2015年12月9日至2016年7月6日期间,通过资管计划增持万科股票,占万科总股本的4.97%。钜盛华及其一致行动人前海人寿,合计持有万科股份占万科总股本的25%;2016年7月19日,万科向中国证监会、证券投资基金业协会、深交所、证监会深圳监管局提交了一份《关于提请查处钜盛华及其控制的相关资管计划违法违规行为的报告》;2016年7月21日,中国证券监督管理委员会深圳监管局分别向万科和钜盛华发布《关于对万科企业股份有限公司的监管关注函》《关于对深圳市钜盛华股份有限公司的监管关注函》。

2017年6月11日,深圳地铁集团持有约32.4亿股万科A的股份,占公司总股本的29.38%,成为万科A的第一大股东。万科各方股东持股比例依次为:第一大股东深圳地铁29.38%、第二大股东宝能系25.4%、第三大股东安邦6.73%。争夺控制权失利后,2018年4月17日起,宝能系开始减持万科A。2020年4月27日,万科一季报显示,截至3月31日,宝能集团旗下钜盛华持有万科股份数量为1.29亿股,占万科总股本的1.14%。

宝万之争所暴露出来的是,保监会与证监会之间监管套利的"缺口"。证监会无法准确获取保险公司举牌股票的相关信息,从而导致无法有效监管这些保险公

> 司的举牌行为,只能通过喊话"野蛮人"的形式来"敲打"这些资本。2017年证监会原主席刘士余曾公开喊话:"我希望资产管理人,不当奢淫无度的土豪,不做兴风作浪的妖精,不做坑民害民的害人精。""用来路不当的钱从事杠杆收购,行为上从门口的陌生人变成野蛮人,最后变成行业的强盗,这是不可以的。"该事件中的部分当事人(如张长弓、徐兵等)被调查。
>
> 注:编者根据相关资料改写而成。

保险与银行、证券一起被称为金融业的三大支柱。1949年10月1日,中华人民共和国成立当天,中央批准成立中国人民保险公司。同银行业一样,保险业也是高杠杆行业,聚集了大量的社会公众资金,一旦经营失败,就会产生很强的外部性,因此,保险业的监管是必要且重要的。和银行业监管相比,保险业监管更加侧重于保护消费者利益。目前,保险业监管的体系包括政府监管、行业自律、社会监督和内部控制四个部分。

6.1 保险业监管概述

保险可以定义为集中分散的社会资金,补偿因自然灾害、意外事故或人身伤亡而造成的损失的方法,分为商业保险和社会保险。商业保险又可分为人身保险和财产保险。保险业监管是指政府通过一定的途径和手段对保险市场及保险公司的经营活动进行监督和管理,以确保保险市场的规范运作和保险人的稳健经营,保护被保险人利益,促进保险业健康、有序发展的整个过程。从保险业监管的领域来看,保险业监管仅限于商业保险领域,不涉及社会保险。

保险业与银行业的经营既有相似之处,也有不同之处。保险业和银行业都是高杠杆行业;都聚集大量的社会公众资金;一旦经营失败,都会产生较强的负外部性;经营的稳定性很大程度上取决于客户的信心;业务和财务报表的高度复杂性;都面临一定程度的资产负债错配;宏观经济和资产价格的波动都会对银行和保险公司的财务报表和资本状况产生较大影响;都面临顺周期性的挑战;大量的利益相关方(如股东、交易对手、客户等)对银行和保险公司的经营有着重大影响。它们经营的不同点在于:在负债的标准化、期限和确定性上存在巨大差异,由于保险负债业务的非标准化特性,中介业务以及反保险欺诈就是保险经营的重要内容;盈利模式存在较大差异;银行具有货币创造功能,保险的货币派生功能相对较弱;银行的资产负债管理的重点是短钱长配问题;银行业资产有表内和表外的区别,表内表外资本要求有较大的差异;银行的资产端主要是非标准化的金融产品,保险的资产端主要是标准化的金融产品;运用再保险进行风险管理是保险业风险管理的一大特色;总体上银行经营和竞争的国际化趋同比保险业要高。

6.1.1 保险业监管的必要性

(1) 保险业影响的社会性

保险业与银行业类似,对整个社会有着极大的影响,具有广泛的社会性。从范围上看,一家保险企业涉及众多家庭和企业的安全保障;从期限上看,一家保险企业可能涉及投保人的终身生活保障,一旦保险企业经营失败,众多家庭和企业将失去保障,众多被保险人的晚年生活可能会失去着落。如果保险企业破产倒闭或退出,负面影响比一般企业大得多,将使广大投保人(社会公众)的利益受到损害,影响社会稳定。因此,为了规范保险活动,保护保险活动当事人的合法权益,加强对保险业的监督管理,维护社会经济秩序和社会公共利益,促进保险事业的健康发展,2009年2月28日,第十一届全国人民代表大会常务委员会第七次会议修订的《保险法》将社会公共利益从投保人和保险企业订立保险合同的原则提升至立法宗旨以及从事保险活动的基本原则之一。

(2) 保险交易中的信息不对称性

在普通行业中,市场中的销售者和购买者都难以充分了解到对方的信息,交易双方存在信息不对称的问题。相比之下,保险行业作为一个技术含量高、业务专业性强的复杂行业,信息不对称和不完全的问题更为突出。例如,保险合同属于格式合同,保险产品定价和保险合同条款的制定往往由保险企业单方面拟定,投保人、被保险人对保险费率、保险责任、退保等重要事项的了解有限,一般只能在接受合同和拒绝合同之间选择。因此,如果缺乏外部监管,保险企业就很有可能利用信息不对称和信息透明度较低的优势损害投保人的利益。

(3) 保险产品的特殊性

保险业是一个特殊行业,保险产品与一般产品相比,存在很大的差异性。人们购买一般商品后,生产企业的后续经营和客户利益的相关度不高,而保险产品的供给和消费具有一定的特殊性,其价值表现为保险企业对被保险人的承诺,而这种承诺的时间跨度往往相当大,因此,承诺的兑现存在不确定性;此外,投保人实际上是通过消费保险产品来减少当前消费,换取对未来的保障,而保险企业依靠诚信经营来吸取资金,其经营成败关系到未来投保人发生风险时保险承诺是否可以兑现。前文指出,保险涉及广泛的公众利益,一旦保险企业破产倒闭,没有足够的偿付能力兑现承诺,负面影响将比一般企业大得多。因此,为了保证社会公众的利益,确保保险产品承诺的兑现,仅靠保险企业的自我约束来保证承诺的有效性是远远不够的,政府有必要对保险业进行监管。

(4) 保险业的垄断性

保险业很容易形成垄断,出现不正当竞争。首先,保险业作为一个具有广泛社会影响力的行业,进入壁垒很高。例如,英国的法律规定股份保险公司的资本金必须达到或超过10万英镑;韩国将人寿保险公司的最低资本金从2亿韩元提高到100亿韩元,将非寿险公司的最低资本金从3亿韩元提高到300亿韩元;日本把设立保险公司的最低资本金从3 000万日元调高到10亿日元;德国人身险公司的最低资本限额不得少于300万马克;中国的《保险法》规定,申请开业的保险公司注册资本的最低限额为2亿元人民币,且必须为实缴货币资本。其次,保险业保费的制定十分复杂,消费者很难得到有关保费制定的确切信息,这会使得保险公司之间很容易形成垄断组织,任意提高保险率,增加投保人的负担。因此,加强保险业监管、防止保险市场上出现垄断是非常重要的。

6.1.2 保险监管的目标

(1) 保证保险企业有足够的偿付能力

保险是一种经济补偿制度,保险企业的偿付能力是保险企业经营管理的核心,因此,保证保险企业具有足够的偿付能力,维护被保险人的利益,是国家对保险企业进行监督管理的首要目标,同时也是国家、政府对保险市场监管的核心内容。为了实现这一目标,各国的保险法主要从两个层面对其加以监管:一是业务技术,包括业务范围、条款、费率、再保险和资金运用等;二是财务监管,包括资本充足率、准备金提取、公积金、最低偿付能力的确定和财务报告制度等。

国际上流行的方法是用现金流量分析法(Cash Flow Analysis)判断偿付能力,它是一种偿付能力分析的精算工具,通过对许多变量(如利率、死亡率、费用率、投资收益率等)在未来一段时间内可能变动范围的模拟,计算在各种模拟情况下的资产现金流量和负债现金流量,并以会计报表的形式将得到的数据记录下来,编制为相关的计划财务报表,对每一种可能情况下企业的准备金及资本充足状况予以分析,以此来判断保险企业的偿付能力。

自2008年9月起,保监会(现银保监会)开始实施《保险公司偿付能力监管规定》,将保险企业的偿付能力状况作为衡量和防范风险的核心监管依据。2021年,银保监会和中国人民银行对该规定进行了最新修订。

(2) 防止保险欺诈行为

保险欺诈主要有来自保险企业的欺诈行为、投保人或被保险人的欺诈行为和非法保险活动。保险企业的欺诈行为主要表现为:缺乏必要的偿付能力或超出核定的业务经营范围;利用拟定保险条款和保险费率的优势欺诈投保人或被保险人,甚至逃避其应承担的保险责任。对于这种行为,各国保险法一般通过规定保险经营范围与保险条款的行政审批制度来进行防范和抑制。

投保人或被保险人的欺诈行为主要表现为利用保险谋取不正当的经济利益。例如,通过故意制造保险事故,或事故发生后不采取积极的施救措施,任其损失扩大或故意夸大损失。总之,其目的就是骗取保险赔偿款,获取额外的经济利益。对于这些行为,各国通常通过保险法规定保险利益原则、损失补偿原则、保险企业责任免除等加以控制和防范。

来自非法经营保险业务人的欺诈行为主要指一些保险企业以外的其他组织或个人未经相关主管机关批准,盗用保险企业或保险代理人、经纪人的名义招摇撞骗的非法保险经营活动,或与保险企业工作人员内外勾结骗取保险金等行为。对此,各国保险法和其他相关法律中均有具体的处罚规定,以制止和打击这些违法犯罪行为。

(3) 保证保险合同的公正性

保险合同专业性强。投保人对其具体条款大多不熟悉。保险的价格(费率)也与一般商品的价格不同,费率的确定具有很强的技术性。因此,大多数国家的监管机构都要求在合理定价的基础上,给出一个价格的弹性区间,例如,实施最低限价或最高限价,各保险企业可以在此区间内,根据自己的偿付能力和经营策略进行必要的调整。这样可以保证保险企业和投保人之间的公平交易,使保险企业在同等保险费率的条件下公平竞争,进而提高保险服务的质量。

6.1.3 保险业监管的方式

在保险业发展的不同历史阶段以及在不同国家,对保险业的监管方式都不尽相同,但归纳起来主要有以下三种。

(1) 公示主义

公示主义又称公告管理,是监管方式中最宽松的一种。在此种管理方式下,政府对保险企业不加以任何直接的干预和监督,仅要求保险企业必须定期按照法定的格式和内容,把资产负债、营业结果以及其他相关事项呈报主管机关并予以公告。通过公告的方式,可以将保险企业的经营置于社会监督之下,但并不对保险企业的经营作任何评价。至于保险企业的组织形式、保险合同的格式、资金的运作等,均由保险企业自我管理,政府并不加以干预,保险企业可以在较为宽松的环境中发展。历史上只有英国等少数国家采取过这种方法。随着保险业的发展,竞争日渐激烈,政府对保险业的监管愈加严格,这种方式逐渐消失。

(2) 准则主义

准则主义又称规范管理,是指由国家制定一系列与保险经营有关的法律、法规,要求保险业共同遵守,如最低资本金要求、保险资金运用结构的要求等。这种管理方式注重保险经营形式上的合法性,对形式上不合法者给予处罚,只要形式上合法,监管机构便不加以干预。这种方式比公示主义严格,但从实践来看,由于保险技术性强且十分复杂,这种方式仍未触及保险业经营管理的实体,容易产生钻法律空子的行为,即形式上合法但实质上不合法的行为,所以,在这种管理方式下,国家不能很好地实现对保险业的监管。

(3) 批准主义

批准主义又称实体监管,是指由国家制定完善的管理规则,保险监管部门根据法律规定和给予的权力,对保险业尤其是保险市场进行全面有效的监管。保险企业的设立要首先获得政府的批准,由政府对申请人提交的必备文件、资料进行逐个审查,只有完全符合要求的才能获准经营保险业。这种方式赋予保险监管机构较高的权威和灵活处理的权力,加之对保险企业从设立到经营乃至清算的全面、严格的审查,保险企业在社会上的信誉得以提高,不法经营者受到打击和制裁,社会公众的利益得到保护。因此,此种方式逐渐取代其他方式并为各国广为采用,目前,中国采取这种监管方式。

6.1.4 保险业监管的途径

(1) 现场监管

现场监管是指保险监管机构及其分支机构派出监管小组到各保险企业进行实地检查。现场监管可分为常规检查和专项检查。常规检查一般每年或每隔若干年对一家保险企业进行一次,其目的是全面检查、核实保险企业在一个或者若干个年度内的业务状况、财务状况和资金运用状况。专项检查根据需要随时进行,但有时是根据举报而对保险企业进行的临时检查,其目的是检查、核实某一业务经营或财务、资金管理中的具体问题。

现场监管的基本程序包括:① 准备阶段,包括成立检查组、制定检查方案、收集整理有关资料、开展查前培训、发出检查通知;② 实施阶段,包括进场、调阅资料、调查取证、编制工作底稿;③ 撰写检查报告,包括制作事实确认书、形成现场检查报告;④ 检查处理,包括行政处罚、其他监管措施、移送司法机关、后续检查;⑤ 检查档案整理,包括及时建立现场检查档案和规范装订、保管档案。

现场检查结果的处罚采取"双罚制",即对机构和个人均进行处罚。对机构处罚的种类有责令改正、罚款、取缔、没收违法所得、并处违法所得一倍以上五倍以下罚款、限制业务范围、停止接受新业务、吊销业务许可证等。对个人的处罚种类有警告、罚款、责令撤换、撤销任职资格、行业禁入等。

现场监管可以为监管机构提供日常监督无法获得的信息。监管机构可以通过现场检查评估管理层的决策过程及内部控制能力,制止企业从事不法行为;监管机构还可以借现场监管的机会分析某些规章制度产生的影响,搜集制定规则所需的信息;通过对企业的风险结构和承受风险的能力进行比较,监管机构可以找出任何有可能影响企业对投保人承担长远义务的能力的问题,并找到相应的解决办法。

(2) 非现场监管

非现场监管是保险监管部门对保险企业的经营管理和财务信息进行动态分析,借以及时发现保险企业存在的问题,并对其经营情况和风险状况进行评价,根据评价结果采取不同监管措施的一种监管方式。

非现场检查的程序包括:① 采集数据;② 对有关数据进行核对、整理;③ 形成风险监管指标值;④ 风险监测分析和质询;⑤ 风险初步评价与早期预警;⑥ 指导现场检查。

以美国人身保险非现场监管为例,它包括保险监管信息系统(Insurance Regulatory Information System,IRIS)、财务分析和偿付能力追踪系统(Financial Analysis and Solvency Tracking,FAST)、风险基础资本(Risk-Based Capital,RBC)、现金流量测试(Cash Flow Test,CFT)等。其中,IRIS是由美国保险监督官协会(National Association of Insurance Commissioners,NAIC)编制并推荐给各州保险监管当局采用的一套监管指标体系,从基本财务状况、投资状况、保单持有者盈余状况及经营变化趋势四个方面监测人寿健康保险公司的风险状况。与IRIS相比,FAST更严格也更完善,除对最近年度法定报表指标进行分析外,还分析保险企业近五年内财务状况的变化情况。IRIS和FAST的结果用于评定各保险企业需要监管部门关注的优先级别。对优先级别较高的保险企业,保险监管机构通常会采取以下措施:① 实施现场检查;② 针对具体的不正常的指标运用风险基础资本法计算风险资本,以确定资本盈余的充足性;③ 针对具体的不正常指标,要求保险企业的精算师进行现金流量测试,并向保险监管机构呈交精算师报告;④ 在真正查出指标不正常的原因后,采取相关的监管措施。

非现场监管与现场监管相辅相成、互为补充。非现场监管通过对各种信息进行分析,找出被监管对象业务发展和内部管理中的薄弱环节与风险点,指引现场检查,提高现场检查的针对性,因而在保险业监管中发挥着非常重要的作用,是监管部门及时发现风险的重要途径和实施分类监管的重要依据。同时,现场监管通过现场核对、校验来获取新的信息,修正非现场监管的偏差。

6.2 保险监管体系

保险监管体系是监管保险市场中各个实体和个人行为的一个完整的体系。这个体系由保险监管者和被监管者及其行为构成,其中,监管者包括政府保险监管机构、保险行业自律组织和保险评级机构;被监管者包括保险企业和保险中介。一般而言,政府对保险业的监管是保险监管的基础,行业自律是补充,保险信用评级是保险监管有效的辅助工具。

6.2.1 政府监管

从各国的保险实践来看,保险监管职能主要由政府依法设立的保险监管机构行使。但由于各国政治制度、金融体制、文化传统和保险监管历史进程的差异,具体的保险监管机构也不尽相同。

美国的保险监管机构是各州政府保险监理署,并由联邦级的保险监督官协会对其进行协调;英国的保险监管机构是金融行为监管局(FCA);日本的保险监管在1998年以前由大藏省负责,1998年金融监督厅成立后,接管了大藏省的大部分保险监管职能。

中国最主要的保险监管机构是中国银保监会,负责统筹整体监管政策。1998年11月18日,保监会正式成立,取代中国人民银行监管保险业。2018年,保监会和银监会合并成立银保监会。银保监会内设人身保险监管部和财产保险监管部。人身保险监管部负责直接监管39家人身保险公司,其内部设置了综合处(负责人身保险机构相关准入管理)以及精算处(风险分析处)(负责人身保险监管制度建设、市场运行分析及风险识别等),另外还有健康保险监管处、养老保险监管处等。财产保险监管部则监管财险公司和再保险公司。各地银保监局也承担部分的监管职责,负责保险公司在辖内设立(筹建、开业)、撤销省级分公司审批工作和其他分支机构改建为省级分公司审批工作以及对保险公司的属地监管。

6.2.2 行业自律

保险行业自律组织是指在保险及其相关领域从事活动的非官方组织,具有独立的社会团体法人地位,属于非经济组织,不经营保险业务。我国的保险行业自律组织是中国保险行业协会(The Insurance Association of China,IAC),简称中保协,成立于2001年2月23日。

保险行业自律组织有三大任务:一是维护保险业的利益;二是协调关系、沟通信息;三是行业自律。

保险行业自律组织的地位因国而异,大致可分为两种情况:一种是充当政府与保险公司、被保险人及社会大众之间的桥梁,保险公司通过保险行业自律组织与保险监管机构进行沟通;另一种是保险行业自律组织不具有约束力,只是提供同业沟通的场所,本身不具有管理职能。

6.2.3 社会监督

社会监督的最主要方式是保险评级,它是由独立的社会信用评级机构对保险公司的信用等进行评定,在一定程度上反映企业的信用程度。我国的评级机构为中国银行保险信息技术管理有限公司,于2013年7月成立,是由中国银保监会直接管理的金融基础设施运营管理单位。该单位在负责保险公司服务评价系统的同时,也是保单登记平台、商业健康保险信息平台和保险中介平台。

保险评级的优势在于能将保险公司复杂的业务与财务信息转变成既反映其经济实力又通俗易懂的符号或级别。同时,信用评级机构通过提供评级信息、增强保险业的透明度影响保险监管机构、保险消费者和保险业本身。但与政府监管、保险行业自律相比,保险信用评级也有无法克服的缺陷。因为保险业是经营风险的特殊行业,风险变化莫测,一个好的信用级别只是表明保险公司的安全性较高,并不能保证它会长久生存下去;相反,相对较低的信用级别,只是表明该保险公司倒闭的可能性较大。此外,考虑到评级机构自身的道德风险,保险评级有时可能不仅起不到监督保险业的作用,甚至会与保险公司进行合谋,共同欺诈消费者,从而破坏保险市场的健康运行,损害公众利益。

除了保险评级之外,独立的外部审计机构和社会媒体也对保险业实施监督。独立的外部审计机构主要指对保险公司的会计报表及相关资料进行独立审计并发表审计意见的注册会计师事务所和审计师事务所。社会媒体直接影响着保险公司的企业形象和市场份额,广泛而潜在地引导着消费者的判断和选择,在某种程度上还会引起监管部门的注意,影响其政策取向。

6.2.4　内部控制

相对于一般工商企业,保险公司具有规模大、分支机构多、资金进出频繁等特点,风险程度更高,管理难度也更大。因此,建立一个健全的内部控制制度,在微观层面上防范和化解风险,确保合法、高效、优质的保险公司经营具有重要的意义。加强保险公司内部控制管理制度建设的目的,是在新的市场和法律环境下,将以往保险监管部门的部分监管责任转变为保险公司的管理责任。

国际上一般将内部控制按职能划分为内部会计控制和内部管理控制两类。前者包括涉及直接与财产保护和财务记录可靠性有关的所有方法和程序,包括分支机构授权和批准制度、责任分离制度以及对财产的实物控制和内部审计等。内部管理控制包括与管理层业务授权相关的组织机构的计划、决策程序、控制环境、风险评估、控制手段、信息交流、监督管理以及各种内部规章制度的执行状况等。

在内部控制制度下,保险公司总公司必须全面掌握分支公司的有关情况,如分支公司经营范围和经营规模是否相适应,内部控制管理制度建设是否完备和完善,权力与责任的平衡是否对称,重要职能和关键岗位的设立是否相互制约,独立的内部稽核和公正的外部审计是否健全等。所有这些内容要求保险公司必须建立科学完善的内部控制管理体系,提高操作效率,确保现有规章制度的执行。同时,保险监管部门必须对保险公司内部控制管理制度的建设和执行情况进行认真检查与监督指导。

此外,保险公司的组织结构是保证公司各部门和总分支公司各司其职、有序结合、分工明确、有效运作的组织保障。合理的组织管理结构可以把分散的力量聚集成强大的集体力量;可以使保险公司每个员工的工作职权在组织管理结构中以一定的形式固定下来,保证保险公司经营活动的连续性和稳定性;有利于明确经营者的责任和权力,避免相互推诿,克服官僚主义,提高工作效率;可以确保公司领导制度的实现。

总体上,健全的内部控制制度应该具有以下特征:稳健的经营方针和健全的组织结构;恰当的职责分离;严格的授权和审批制度;独立的会计和核算体制;科学高效的管理信息系统;有效的内部审计。

6.3 保险监管的内容

从监管内容上看,保险监管既包括对市场准入的限制、对保险费率和保险条款的管理,也包括对偿付能力等方面的监管。归纳起来,就是对保险公司、保险经营业务、保险公司财务和保险中介的监管。

6.3.1 保险公司监管

由于各国的经济体制、保险公司发展状况、社会背景各不相同,各国对保险公司的具体监管内容也有所不同,概括起来主要有以下三个方面。

(1) 准入与退出监管

只有建立健全的保险市场准入与退出机制,才能确保保险机构及时履行义务,从而使消费者的权益得到充分保护。因此,对保险机构准入与退出的监管是世界各国保险监管的核心内容之一。

① 保险机构的设立。

保险机构作为经营风险的金融性法人,其设立必须经政府的金融监管部门批准,取得经营保险业务的许可证,并到国家工商行政管理部门办理登记手续,取得营业执照,方能经营保险业务。政府对保险机构的设立实行审批制,这样更有利于切实有效地加强对保险机构的监督管理。

设立保险机构必须符合一定的条件。我国《保险法》第六十八条规定,设立保险公司,应该具备以下条件:a. 主要股东具有持续盈利能力,信誉良好,最近三年内无重大违法违规记录,净资产不低于人民币二亿元;b. 有符合本法和《中华人民共和国公司法》规定的章程;c. 注册资本最低限额为人民币二亿元;d. 有具备任职专业知识和业务工作经验的董事、监事和高级管理人员;e. 有健全的组织机构和管理制度;f. 有符合要求的营业场所和与经营业务有关的其他设施;g. 法律、行政法规和国务院保险监督管理机构规定的其他条件。同时,根据《保险法》第七至十二条以及第七十四至七十九条的规定,设立保险机构必须经过申请设立、审批(包括风险教育)、筹建、申请开业、核准开业、办理公司登记、提交保证金等七个环节。

② 保险机构的退出。

当保险机构由于经营不当发生财务危机时,国家一般采取扶助政策。保险机构的解散和清算主要适用《公司法》《破产法》的有关规定。但是,绝大多数国家的保险法也作了一些特别规定,如为保持保险关系的稳定,对因经营不善而被解散或停业的保险机构,多采用保险合同转让制度,避免进入破产清算程序,以保护被保险人的利益。

(2) 保险从业人员监管

保险从业人员包括保险机构的高级管理人员和业务人员。由于保险行业本身是一种风险性极强的行业,这一特点使得保险从业人员的素质对机构的经营和发展有重大影响。为了保证保险机构的良好经营,保护被保险人的合法权益,必须要求从业人员具有一定的专业水平和工作经验,从各方面规定任职资格,保证保险从业人员良好的素质。

世界各国对保险公司的高级管理人员任职都有较高的要求,并进行严格的资格审查,若不符合法律规定的任职条件,不能担任公司的高级管理职务;合格的管理人员没有达到法定数量,公司不能营业。我国《保险法》第六十八条第四款规定,设立保险公司,必须有具备任职专业知识和业务工作经验的董事、监事和高级管理人员,具体条件由《保险机构高级管理人员任职资格管理规定》(2021年修订)进行说明。

保险公司还需要对从业人员进行培训和教育。对保险公司的各种专业人员,如核保员、理赔人员和精算人员、会计师等专业技术人员的配备,各国法律都有相应的规定。

(3) 外资保险公司监管

外资保险公司与国内保险公司的设立条件有所不同。根据《外资保险公司管理条例》(2019年修订)第八条的规定,外国保险公司申请在中国境内设立外资保险公司,应当具备以下条件:① 提出设立申请前1年年末总资产不少于50亿美元;② 所在国家或者地区有完善的保险监管制度,并且该外国保险公司已经受到所在国家或者地区有关主管当局的有效监管;③ 符合所在国家或者地区偿付能力的标准;④ 所在国家或者地区有关主管当局同意其申请;⑤ 国务院保险监督管理机构规定的其他审慎性条件。

外资保险公司的业务范围由国家监管部门批准。外资保险公司的税后利润在按规定提取各项基金和准备金后,才可以向境外汇出。此外,根据《外资保险公司管理条例》第二条的规定,外资保险机构只能以分公司、合资公司或独资公司的形式进入中国市场。

6.3.2 保险经营业务监管

(1) 营业范围监管

营业范围监管,是指政府通过法律或行政命令,规定保险机构可以经营的业务种类和范围,一般表现为兼业的监管和兼营的监管。

① 兼业的监管。

兼业的监管主要指保险机构是否可以兼营保险以外的其他业务,非保险机构是否可以兼营保险或类似的保险业务。由于全球金融业与信息技术的发展突飞猛进,这不仅使金融产品推陈出新,更使银行业、证券业、保险业间的业务差异趋于模糊。正是在混业经营盛行的背景下,世界各国纷纷修改保险法和其他金融法案,实现保险业与银行业、证券业等其他金融行业的综合经营。美国1999年《金融服务现代化法案》、英国2000年《金融服务和市场法》允许金融机构混业经营。德国一直采用混业经营的金融业经营体制。

1993年年底,国务院发布《关于金融体制改革的决定》,明确要求"对保险业、证券业、信托业和银行业实行分业经营"。现行《保险法》第九十五条规定:"保险公司的业务范围为:a. 人身保险业务,包括人寿保险、健康保险、意外伤害保险等保险业务;b. 财产保险业务,包括财产损失保险、责任保险、信用保险、保证保险等保险业务;c. 国务院保险监督管理机构批准的与保险有关的其他业务。保险人不得兼营人身保险业务和财产保险业务。但是,经营财产保险业务的保险公司经国务院保险监督管理机构批准,可以经营短期健康保险业务和意外伤害保险业务。保险公司应当在国务院保险监督管理机构依法批准的业务范围内从事保险经营活动。"此规定表明,《保险法》禁止作为独立法人的保险公司直接从事其他非保险业务,也禁止保险业通过设立新企业的方式进入非保险行业。

2004年,经国务院同意,原保监会和证监会联合发布《保险机构投资者股票投资管理暂行办法》,允许保险资金直接入市进行股票投资,为保险公司通过买卖股票来并购非保险机构,涉足其他产业提供了理论上的可能。

② 兼营的监管。

兼营的监管主要是指同一保险机构是否可以同时经营性质不同的保险业务。世界上大多数国家的法律一般都禁止同一保险公司兼营财产和寿险业务,禁止的主要依据是保险公司所承保的寿险业务和财险业务的风险性质与保险期限有很大的不同。但随着金融业的发展,禁止财产和寿险兼业经营已经难以满足经济环境变化的需求。同时,曾用来限制寿险、财险兼业的依据——风险和保险期限的差异呈现出缩小的倾向。另外,如果能将这两种保险的风险适当地区分开来,实现兼业经营也是有可能的。在这种背景下,很多国家纷纷对保险法作出相应的修改,以适应经济环境发展的变化。

20世纪50年代末开始,美国许多人寿和健康保险公司收购或成立了财产和责任保险公司;同样地,财产和责任保险公司也收购或成立了人寿和健康保险公司,其方式是直接拥有,或是通过一个金融集团来控制,结果就形成了许多全险种集团。1979

年,欧盟《第一人寿保险共同规则》(以下简称"1979年规则")规定,所有成员国新设立的人寿保险公司,只能经营人寿保险业务,不得兼营非人寿保险业务,以保证寿险业务免受非寿险业务损失的牵连。1992年,欧盟颁布了《第三寿险共同规则》和《第三非寿险共同规则》,修改了1979年规则关于禁止寿险和非寿险分业经营的规定,但同时要求保险公司必须分开经营这两项业务。

我国1995年颁布的《保险法》第九十一条第二款规定:"同一保险人不得同时兼营财产保险业务和人身保险业务。"自当年起,中国确立了保险业实行财险、寿险分业经营的基本原则。在此之前,中国允许一家保险公司同时经营所有保险业务。而且,当时立法的本意是要在中国确立严格的财险、寿险分业经营原则,即财险、寿险相互之间不能有产权关系。在此背景下,监管部门要求兼营财险、寿险业务的保险公司开始改组,1998年将原中国人民保险(集团)公司拆分为中国人民财产保险公司、中国人寿保险公司和中国再保险公司三家,同时把新疆生产建设兵团保险公司的寿险业务分开,交给中国人寿保险公司。

20世纪90年代以来,以某种适当的形式实现财险、寿险经营已经是一种世界性的发展趋势。而且,对于1995年《保险法》第九十一条第二款的规定完全可以理解为:"作为一个独立的法人实体的保险公司不得同时经营财产保险业务和人身保险业务,但是并不禁止财险、寿险公司通过控股子公司的形式相互进入对方的领域。"监管部门逐渐认识到,由于市场竞争的不断加强,保险同时兼营财险、寿险不可逆转,最终同意了中国太平洋保险公司和中国平安保险公司在集团内实现财险、寿险分业经营的改组方案。两家公司于2002年和2003年先后完成了集团化的改组。

2002年,全国人大对《保险法》进行修改,对这一经营方式给予明确确认。2002年《保险法》第一百零五条第三款规定:"保险公司的资金不得用于设立证券经营机构,不得用于设立保险业以外的企业。"2014年8月31日修订通过的《保险法》第九十五条规定:"保险人不得兼营人身保险业务和财产保险业务。但是,经营财产保险业务的保险公司经国务院保险监督管理机构批准,可以经营短期健康保险业务和意外伤害保险业务。"这表明,保险资金可以用来设立各种保险机构,而不管该机构是经营财险业务还是寿险业务。如今,为了利用财险、寿险兼营的优势,国内很多保险公司都在着力进行保险控股集团的建设。

(2) 偿付能力的监管

偿付能力是指某人偿还债务的能力,是衡量其财务实力大小的一个重要因素,具体表现为是否有足够的资产来抵偿其负债。保险公司的偿付能力是指保险公司对保单持有人履行赔付义务的能力。狭义的偿付能力是指当实际总索赔额超出预期总索赔成本时,保险公司所具有的经济补偿能力,数值上等于认可资产减去认可负债。保险公司是通过分析以往大量风险的发生概率,依据一定的数理模型,计算出该类风险将来损失的平均值以确定该保单的纯保费(认可负债)。由于风险发生的随机性以及风险计算的技术误差,实际发生的损失额与预计的损失平均值之间通常有偏差,当前者大于后者时,该保险公司就面临着偿付能力问题。

许多国家都将偿付能力监管作为保险监管的首要目标:一是因为消费者购买保险的目的是在发生保险事故时,他们能得到经济上的保障,如果保险公司没有偿付能力,它就无法提供这个保障,这就失去了保险的本意;二是因为保险公司的风险最终表现在保单债务上,偿付能力就是保险公司偿还保单债务的能力。

我国保险公司偿付能力监管制度体系建设较银行业相对晚一些。2000年,原中国保监会颁布了《保险公司管理规定》,正式引入了"偿付能力额度"这一概念;2003年,原中国保监会颁布了《保险公司偿付能力额度及监管指标管理规定》;2008年,原中国保监会颁布了《保险公司偿付能力管理规定》。也就是说,直至2008年,我国才正式存在第一套针对保险公司偿付能力的监管制度(业界称为"偿一代")。

"偿一代"按照保费规模、赔款或准备金的一定比例确定资本要求,不能衡量保险公司的风险管理能力、资产结构、承保质量,为此,2012年3月29日,原中国保监会以保监发〔2012〕24号印发《中国第二代偿付能力监管制度体系建设规划》。历经4年的制度拟定、行业测试等环节,于2016年正式实施,其全称为中国风险导向的偿付能力体系(China Risk Oriented Solvency System,C-ROSS)。

"偿二代"相对"偿一代"而言,更加注重保险公司的风险大小及风险管理能力,整体监管框架可分为三个支柱。其中,第一个支柱为资本充足要求,第二个支柱为风险管理要求,第三个支柱为信息披露要求,分别从定量、定性、市场约束三个方面对保险公司的偿付能力进行监管。

"偿二代"的实施,构建了一套与美国RBC、欧盟SolvencyⅡ三足鼎立且具备中国特色的监管制度体系,强化了我国针对保险公司的监管能力及监管的科学性、全面性。

根据银保监会2021年修订的《保险公司偿付能力管理规定》,我国目前的偿付能力监管指标包括:① 核心偿付能力充足率,即核心资本与最低资本的比值,衡量保险公司高质量资本的充足状况;② 综合偿付能力充足率,即实际资本与最低资本的比值,衡量保险公司资本的总体充足状况;③ 风险综合评级,即对保险公司偿付能力综合风险的评价,衡量保险公司总体偿付能力风险的大小。对于这三个指标的要求,《保险公司偿付能力管理规定》第八条规定:"保险公司同时符合以下三项监管要求的,为偿付能力达标公司:① 核心偿付能力充足率不低于50%;② 综合偿付能力充足率不低于100%;③ 风险综合评级在B类及以上。不符合上述任意一项要求的,为偿付能力不达标公司。"

对于偿付能力不达标的保险公司,监管机构将采取相应的措施。《保险公司偿付能力管理规定》第二十六条规定:"对于核心偿付能力充足率低于50%或综合偿付能力充足率低于100%的保险公司,银保监会应当采取以下第①项至第④项的全部措施:① 监管谈话;② 要求保险公司提交预防偿付能力充足率恶化或完善风险管理的计划;③ 限制董事、监事、高级管理人员的薪酬水平;④ 限制向股东分红。"

(3) 费率和条款监管

保险条款是保险公司和投保人双方关于权利与义务的约定,是保险合同的核心内容。保险合同的基本条款包括保险标的、保险金额、保险费、保险责任、除外责任、保险期限和保险赔付等内容。对保险合同监管的目标是:对合同的自由原则进行适当的限制,消除保险合同当事人双方因订约地位不平等而可能产生的不利影响,保障社会公众的利益。

保险费率是保险公司用以计算保险费的标准,是保险产品的价格。费率的合理确定对于保险市场上的各方都具有重要意义。公平合理的费率能保证保险公司具有足够的偿付能力并获取合理的经济效益,不合理的费率对保险市场会产生很多负面的影响。因此,费率的监管目标是保证费率的充足性和适当性。

从世界范围看,保险费率及条款监管制度大体可以分为三种模式:以市场自律为主导的松散型模式、以政府监管部门为主导的严格型模式以及两者兼而有之的混合型模式。松散型模式指一般只规定保险公司有一定的接受检查和资料公开义务,而对其经营不直接进行干涉,以英国及中国香港地区为代表。严格型模式指国家颁布了完善的保险监管法律、法规,保险监管机构也有较强的权威,对保险公司的整个经营过程和全部经营活动进行具体而全面的监管(如统一保险市场的条款和费率),以改革之前的日本、德国为典型。混合型模式指以法律形式规定保险业的准入条件,规定保险公司从业遵守的准则,对某些方面的重大事项进行直接监管,以美国、韩国及中国台湾地区为代表。

与注重市场自律的监管模式相比,采用干预型监管模式的国家数量日益增多。一些原来在传统上比较注重市场自律的国家也开始强调国家干预,这种被强化的、强调外在干预的监管模式普遍遇到的问题是,如何健全这种庞大的外在权力的制约机制,以免权力失控对市场造成不应有的损害。

过度强调国家干预,往往不利于市场机制有效发挥作用,反而会阻碍本国、本地区保险市场的发展。20世纪70年代以来,伴随着凯恩斯主义逐渐为新古典主义所取代,各国在对待保险费率及条款的监管问题上,采取了逐步、逐点、分阶段的市场自由化进程。20世纪末期,随着经济全球化成为不可逆转的潮流,保险市场面临更为激烈的内外竞争,各国对保险费率和条款的监管出现了较为复杂的局面。一方面,政府需要保留适度对保险费率和条款最低限度的监控,以维护本国保险从业机构的利益,保证广大保户的利益,维持本国保险市场的稳定;另一方面,政府需要适度放开保险费率和条款的监管,以便于本国市场与国际市场接轨,培育本国保险从业机构的竞争力,从而在国际竞争中占据有利地位。因此,越来越多的国家选择混合型模式作为本国监管的方案,这些国家对保险费率和条款监管方案的选择、调整历程,实质上也是寻求最佳结合点的一种探索、试错过程。

我国监管部门在很长一段时间内主要通过制定与审批保险条款和费率对保险市场实施严格监管。1995 年《保险法》颁布后的一段时间里,监管部门在探索偿付能力监管的同时加强了保险条款监管。《保险法》(2018 年修订)第一百三十五条规定:"关系社会公众利益的保险险种、依法实行强制保险的险种和新开发的人寿保险险种等的保险条款和保险费率,应当报国务院保险监督管理机构批准。国务院保险监督管理机构审批时,应当遵循保护社会公众利益和防止不正当竞争的原则。其他保险险种的保险条款和保险费率,应当报保险监督管理机构备案。"

2003 年,车险条款和费率的市场化在全国展开,标志着财险条款和费率市场化改革迈出实质性的步伐。2005 年 11 月,中国保监会发布《财产保险公司保险条款和保险费率管理办法》,进一步规范了财险条款和费率的监管。2010 年,保监会进一步完善了《财产保险公司保险条款和保险费率管理办法》。

(4) 再保险业务监管

再保险(Reinsurance)也称分保或"保险的保险",指保险人将自己所承担的保险责任部分地转嫁给其他保险人承保的业务。再保险公司是指专门从事再保险业务、不直接向投保人签发保单的保险公司,是保险公司的保险公司。直保公司经营保险产品和服务,向客户出售的是一张张保单和互助保障的承诺。再保险公司从直保公司分入业务,无论是寿险公司的死亡率风险、发病率风险、长寿风险、投资风险,还是财险公司的财产损失风险、巨灾风险等,都是以公司资本为支撑向直保公司提供风险保障和服务。我国再保险市场起步较晚,与直保市场相比,主体较少,发展潜力较大,但与直保市场类似的是,再保险公司也处于激烈的市场竞争和日趋严格的监管态势下。

政府对再保险业务进行监管,有利于保险公司分散风险,保持经营稳定。监管方法主要有直接控制和间接限制两种。直接控制主要是通过建立国有再保险公司,限制外资保险公司和再保险公司进入市场,强制再保险分出和建立地区再保险集团等;间接限制主要有外汇管制,要求再保险公司提存各种准备金,规定再保险公司的纳税规则等。一般而言,保险业发达的国家,保险市场比较成熟完善,保险公司的自律能力比较强,所以,很少对再保险实行直接监管。相反,保险业比较落后的国家,保险公司实力不强,自我约束机制也不完善,国家为了控制保险公司的经营风险,防止保费外流,都对再保险业务作出了规定。

2010年4月12日,我国保监会办公会审议通过《再保险业务管理规定》,并于2015年进行了最新修改。《再保险业务管理规定》进一步规范了再保险业务的管理。例如第九条规定,再保险业务分为寿险再保险和非寿险再保险。保险人对寿险再保险和非寿险再保险应当单独列账、分别核算。第十一条规定,除航空航天保险、核保险、石油保险、信用保险外,直接保险公司办理合约分保或者临时分保的,应当符合下列规定:① 以比例再保险方式分出财产险直接保险业务时,每一危险单位分给同一家再保险接受人的比例,不得超过再保险分出人承保直接保险合同部分的保险金额或者责任限额的80%;② 每一临时分保合同分给投保人关联企业的保险金额或者责任限额,不得超过直接保险业务保险金额或者责任限额的20%。第十二条规定,保险人对危险单位的划分应当符合保监会的相关规定,并于每年3月31日之前,将危险单位的划分方法报保监会备案。第十六条规定,保险人和保险经纪人可以利用金融工具开发设计新型风险转移产品。保险人应当按照有关规定向保监会报告。

《保险法》(2018年修订)第一百零三条、一百零五条、一百三十九条规定,保险公司对每一危险单位,即对一次保险事故可能造成的最大损失范围所承担的责任,不得超过其实有资本金加公积金总和的10%;超过的部分应当办理再保险。保险公司应当按照国务院保险监督管理机构的规定办理再保险,并审慎选择再保险接受人。保险公司未依照本法规定提取或者结转各项责任准备金,或者未依照本法规定办理再保险,或者严重违反本法关于资金运用的规定的,由保险监督管理机构责令限期改正,并可以责令调整负责人及有关管理人员。

6.3.3 保险公司财务监管

承保业务和投资业务是现代保险业的两大支柱。在保险市场竞争日益激烈、巨灾事故频繁发生的情况下,资金运用对保险公司的保值增值、偿付能力的维持和增强具有十分重要的意义。因此,各国监管当局都把保险资金运用作为保险监管的重点。

根据《保险资金运用管理暂行办法》《保险机构投资者股票投资管理暂行办法》,保险资金的运用限于下列形式。

(1) 银行存款

保险资金办理银行存款的,应当选择符合下列条件的商业银行作为存款银行:资本充足率、净资产和拨备覆盖率等符合监管要求;治理结构规范、内控体系健全、经营业绩良好;最近三年未发现重大违法违规行为;连续三年信用评级在投资级别以上。

(2) 有价证券投资

保险机构投资者的股票投资限于下列品种:人民币普通股、可转换公司债券、基金等。保险机构投资者的股票投资可以采用下列方式:一级市场申购,包括市值配售、网上网下申购、以战略投资者身份参与配售等;二级市场交易。法规对保险机构投资者的投资比例也作了具体规定。保险机构投资者持有一家上市公司的股票不得达到该上市公司人民币普通股的30%。保险机构投资者投资股票的具体比例,由中国银保监会另行规定;保险资产管理公司不得运用自有资金进行股票投资。上市公司直接或者间接持有保险机构投资者10%以上股份的,保险机构投资者不得投资该上市公司或者其关联公司的股票。

保险资金投资证券投资基金的,其基金管理人应当符合下列条件:公司治理良好,净资产连续三年保持在人民币一亿元以上;依法履行合同,维护投资者的合法权益,最近三年没有不良记录;建立有效的证券投资基金和特定客户资产管理业务之间的防火墙机制;投资团队稳定,历史投资业绩良好,管理资产规模或者基金份额相对稳定。同时,投资同一投资基金的账面余额不超过该基金发行规模的20%。

(3) 不动产投资

保险资金投资的不动产,是指土地、建筑物及其他附着于土地上的定着物。保险资金可以投资基础设施类不动产、非基础设施类不动产及不动产相关金融产品。

保险公司投资不动产(不含自用性不动产),应当符合以下比例规定:投资不动产的账面余额,不高于本公司上季度末总资产的10%;投资不动产相关金融产品的账面余额,不高于本公司上季度末总资产的3%;投资不动产及不动产相关金融产品的账面余额,合计不高于本公司上季度末总资产的10%;投资单一不动产投资计划的账面余额,不高于该计划发行规模的50%;投资其他不动产相关金融产品的账面余额,不高于该产品发行规模的20%。

(4) 其他资金运用

近年来,随着中国金融市场的完善和监管水平的提高,对保险资金运用的限制有所放宽,国务院先后批准保险资金进入同业拆借市场,通过证券投资基金间接进入证券市场,直接进入股市投资,外汇资金进行境外运用,参与大型基础设施投资,投资于银行股权等。这些措施对增强保险公司的偿付能力、推动中国保险业的发展产生了积极的作用。

6.3.4 保险中介监管

保险中介(Insurance Intermediary)是指介于保险经营机构之间或保险经营机构与投保人之间,专门从事保险业务咨询与销售、风险管理与安排、价值衡量与评估、损失鉴定与理算等中介服务活动,并从中依法获取佣金或手续费的单位或个人。保险中介人的主体形式多样,主要包括保险代理人、保险经纪人和保险公估人等。此外,其他一些专业领域的单位或个人也可以从事某些特定的保险中介服务,如保险精算师事务所、事故调查机构和律师等。

对保险代理人的监管主要包括保险代理人资格监管、保险代理人业务监管和保险代理人财务监管。

(1) 保险代理人资格监管

世界保险业比较发达的国家和地区,都要求保险代理人必须向监管部门注册并得到许可方可从业。各国对保险代理人资格监管的主要内容有:一是要通过有关资格考试,二是要获得许可证和营业执照,三是要接受培训。我国对专业保险代理人、保险兼业代理人和个人保险代理人的资格条件分别作出了规定及要求。

① 专业保险代理人资格的监管。

专业保险代理人即保险代理公司。第一,政府确定了专业保险代理人的许可制度,即要取得经营保险代理业务许可证;第二,规定了专业保险代理人的组织形式为有限责任公司或股份有限公司;第三,规定了设立专业保险代理人的条件,如经营区域不限于注册地所在省、自治区、直辖市的保险专业代理公司,其注册资本不得少于人民币1 000万元等;第四,规定了专业保险代理人高级管理人员的任职资格,如大学专科以上学历、从事经济工作2年以上、诚实守信、品行良好等。

② 保险兼业代理人资格的监管。

第一,规定了保险兼业代理人许可制度,即要取得相关经营保险代理业务的许可证;第二,规定了保险兼业代理机构经营保险代理业务的资格条件。如有市场监督管理部门核发的营业执照,其主营业务依法须经批准的,应取得相关部门的业务许可;主业经营情况良好,最近2年内无重大行政处罚记录;有同主业相关的保险代理业务来源;有便民服务的营业场所或者销售渠道;具备必要的软硬件设施,保险业务信息系统与保险公司对接,业务、财务数据可独立于主营业务单独查询统计;有完善的保险代理业务管理制度和机制等。

保险兼业代理机构因严重失信行为被国家有关单位确定为失信联合惩戒对象,且应当在保险领域受到相应惩戒的,或者最近5年内具有其他严重失信不良记录的,不得经营保险代理业务。

③ 个人保险代理人资格的监管。

《保险代理人监管规定》对个人保险代理人的资格作了一系列要求,第三十六条规定:"保险公司应当委托品行良好的个人保险代理人。保险专业代理机构、保险兼业代理机构应当聘任品行良好的保险代理机构从业人员。保险公司、保险专业代理机构、保险兼业代理机构应当加强对个人保险代理人、保险代理机构从业人员招录工作的管理,制定规范统一的招录政策、标准和流程。有下列情形之一的,保险公司、保险专业代理机构、保险兼业代理机构不得聘任或者委托:a. 因贪污、受贿、侵占财产、挪用财产或者破坏社会主义市场经济秩序,被判处刑罚,执行期满未逾 5 年的;b. 被金融监管机构决定在一定期限内禁止进入金融行业,期限未满的;c. 因严重失信行为被国家有关单位确定为失信联合惩戒对象且应当在保险领域受到相应惩戒,或者最近 5 年内具有其他严重失信不良记录的;d. 法律、行政法规和国务院保险监督管理机构规定的其他情形。"

第三十七条规定:"个人保险代理人、保险代理机构从业人员应当具有从事保险代理业务所需的专业能力。保险公司、保险专业代理机构、保险兼业代理机构应当加强对个人保险代理人、保险代理机构从业人员的岗前培训和后续教育。培训内容至少应当包括业务知识、法律知识及职业道德。保险公司、保险专业代理机构、保险兼业代理机构可以委托保险中介行业自律组织或者其他机构组织培训。保险公司、保险专业代理机构、保险兼业代理机构应当建立完整的个人保险代理人、保险代理机构从业人员培训档案。"

(2) 保险代理人业务监管

① 业务范围。

《保险代理人监管规定》第四十一条规定:"保险专业代理机构可以经营下列全部或者部分业务:a. 代理销售保险产品;b. 代理收取保险费;c. 代理相关保险业务的损失勘查和理赔;d. 国务院保险监督管理机构规定的其他相关业务。"

第四十二条规定:"保险兼业代理机构可以经营本规定第四十一条规定的第 a、b 项业务及国务院保险监督管理机构批准的其他业务。保险公司兼营保险代理业务的,除同一保险集团内各保险子公司之间开展保险代理业务外,一家财产保险公司在一个会计年度内只能代理一家人身保险公司业务,一家人身保险公司在一个会计年度内只能代理一家财产保险公司业务。"

第四十四条规定:"保险专业代理机构及其从业人员、个人保险代理人不得销售非保险金融产品,经相关金融监管部门审批的非保险金融产品除外。保险专业代理机构及其从业人员、个人保险代理人销售符合条件的非保险金融产品前,应当具备相应的资质要求。"

② 经营活动。

《保险法》第一百二十五条规定,个人保险代理人在代为办理人寿保险业务时,不得同时接受两个以上保险人的委托。

为了有效地规范保险代理人的活动,使保险代理人能在公平竞争的环境中展开业务,各国都明确规定了保险代理人的业务经营原则。例如,我国《保险代理人监管规定》第四十三条规定:"保险代理人从事保险代理业务不得超出被代理保险公司的业务范围和经营区域;保险专业代理机构从事保险代理业务涉及异地共保、异地承保和统括保单,国务院保险监督管理机构另有规定的,从其规定。除国务院保险监督管理机构另有规定外,保险兼业代理机构不得在主业营业场所外另设代理网点。"

(3) 保险代理人财务监管

① 收入来源。

根据《保险法》对保险代理人的定义,保险代理人的收入来源于按代理业务收入的一定比例提取手续费或佣金,不允许向投保人或有关客户收取任何其他费用。《保险代理人监管规定》第七十五条规定:"保险代理人不得将保险佣金从代收的保险费中直接扣除。"

我国的保险代理人佣金制度在设计上采取了与保险代理人保费收入直接挂钩的形式,即佣金按保费收入的一定比例提取,一般分为首期佣金和续期佣金。现行的佣金制度第一年的佣金高达40%。这种方式虽然在一定程度上激发了代理人开拓市场的潜能,但是代理人也容易受到高回报的诱惑,误导消费者参与短期的保险行为,破坏了保险业的发展。续期佣金按后续年度所缴保费提取。一般而言,保险代理人能获得5%—10%的佣金,且续期佣金逐年递减,一般只提取3—5年。由于续期佣金总共加起来还没有首期佣金多,使代理人后期没有忧虑,这样做的后果就是之前的那些保单成了孤单,消费者得不到合理的服务,破坏了保险公司的声誉,影响了保险业的健康发展。

简而言之,保险代理人作为非直接民事责任主体,客观上有着很大的趋利动机,而保险代理人佣金制度作为影响保险业健康发展的重要因素,应该更多地从源头上去完善制度本身,这样才能进一步促进和保障保险业的快速、良性发展。

② 财务报告制度。

《保险法》第一百二十三条规定:"保险代理机构、保险经纪人应当有自己的经营场所,设立专门账簿记载保险代理业务或者经纪业务的收支情况,并接受保险监督管理机构的监督。"

《保险代理人监管规定》第四十八条规定:"保险专业代理机构、保险兼业代理机构应当建立专门账簿,记载保险代理业务收支情况。"第四十九条规定:"保险专业代理机构、保险兼业代理机构代收保险费的,应当开立独立的代收保险费账户进行结算。保险专业代理机构、保险兼业代理机构应当开立独立的佣金收取账户。保险专业代理机构、保险兼业代理机构开立、使用其他与经营保险代理业务有关银行账户的,应当符合国务院保险监督管理机构的规定。"

6.4 保险业系统重要性监管

系统重要性金融机构主要指能够引发系统性风险的机构,强调的是系统重要性金融机构在危机之中所产生的负面经济影响,它存在一些共同特征,如规模大、市场关联度高、业务复杂等。系统重要性保险机构是保险业内的系统重要性金融机构。

2013年,国际保险监督者委员会(International Association of Insurance Supervisors,IAIS)公布了《系统重要性保险机构:初步评估方法》和《系统重要性保险机构:政策措施》(征求意见稿),并于2016年进行修订,完善了系统重要性保险机构的评估监管框架。IAIS将全球系统重要性保险公司定义为:"若某保险机构由于自身规模、复杂度及关联性的存在,当其个体经营陷入困境或进入破产清算时,会严重干扰全球金融系统的正常秩序或者经济活动,这家保险机构则被认为是全球系统重要性保险机构。"

全球系统重要性保险机构(Global Systemically Important Insurers,G-SII)的评估流程大致可以分为三个阶段,分别是数据收集阶段、指标评估阶段和判断验证阶段,在这三个阶段中,最为主要的是指标评估阶段。次贷危机之后,为了应对系统性风险,IAIS根据《系统重要性金融机构评估指引》(2009),确定了包括中国平安保险集团在内的9家全球系统重要性保险机构。

金融稳定委员会(FSB)认为,在加强对系统重要性金融机构监管的过程中,要注意运用更审慎和更融合的方式,其宗旨在于规范监管者以及被监管者的行为,力求在保证金融稳定的前提下,使纳税人的损失最小化。IAIS根据FSB的提议,在2012年10月发表对系统重要性保险机构的监管措施和目标,主要包括三个方面:加强监管力度、制订有效的解决方式和吸收损失准备金比率的设置。

6.4.1 加强监管力度

首先,加强流动性管理,监管者应该要求系统重要性保险机构具有充足的流动性准备,特别是对于非传统非保险业务(Non-traditional Non-insurance activities and products，NINT)和跨国业务。为了使监管得到保证,监管者可以通过颁布确定的文件来规定在一般情况以及非正常条件下,对于被监管机构所需要的流动性指标。其中,流动性监管指标应包括常规的流动性监管、业务集中程度对流动性的影响、流动性对于公司评级的影响、对于资产负债流动性的考察等。

其次,加强系统性风险的结构性调整。为了减少系统重要性保险机构可能引发的系统性风险,应该将非传统非保险业务分离出来,传统的保险业务能够通过以往的监管措施得到一定的保证,而对非传统非保险业务,由于其重要性,要重点设计针对其的事前监管措施,而不能像传统的方法靠事后监管措施解决。

最后,加强业务限制,分为直接限制和间接限制,可以直接限制 G-SII 参与信用违约互换等业务;间接限制可以通过反向激励,例如,通过对特殊业务征收更高的吸收损失准备金。

6.4.2 制订有效的解决方式

在爆发系统性风险之后,为了保证金融系统的稳定和投资者的利益,FSB 认为,应当及时成立危机解决小组,提出具体的解决方案和恢复步骤。IAIS 认为,为了有效地解决保险业的系统性风险,可以参照 FSB 给出的针对系统重要性金融机构的措施。当前,IAIS 提出的有效措施主要是应对最低资本金不足、资产负债比例突破限制等情况,在以后的发展中,IAIS 还将把传统保险业务也囊括进来,更多地考虑在非正常情况下对于 G-SII 解决措施的探讨。

6.4.3 吸收损失准备金比率的设置

IAIS 认为,设置较高的吸收损失准备金比率有利于解决 G-SII 带来的系统性风险,因此,对于 G-SII 机构应该要求较高的吸收损失准备金比率。所以,IAIS 提出,不管 G-SII 有没有区分各项业务,对于 G-SII 整体来说较高的吸收损失准备金比率是必需的,同时,为了保证一定的公平性,IAIS 将会制订出平等的损失准备金率,包括特殊目的的损失准备金和集团损失准备金。

此外,IAIS 还提出设置特殊目的损失准备金的政策,直接指向 G-SII 的 NINT 业务,特殊目的损失准备金将要求被监管机构预留更多的资金以应对可能发生的风险,有利于 G-SII 解决在极端情况下可能爆发的系统性风险。特殊目的损失准备金只是考虑了单个分开业务以及单个金融机构,事实上,随着金融业发展的延伸,金融机构逐渐演变成为大型金融集团,因此,需要设定集团损失准备金,这样可以减少风险在传播过程中造成对其他相关业务的影响。

中国保险业监管的法律法规

课后习题

1. 简述保险业监管的必要性。
2. 保险业监管的目标有哪些?
3. 简述保险业的监管方式。
4. 保险业监管的途径有哪些?
5. 保险监管体系包含哪些内容?
6. 社会监督的主要方式是什么?其优势和缺陷有哪些?
7. 保险业监管的对象有哪些?对每个监管对象的监管内容包括什么?
8. 什么是系统重要性金融机构?
9. 简述系统重要性保险机构的监管措施。

第7章

证券业监管

随着经济的发展和居民财富的增加,我国以间接融资为主的金融结构也在随之变化,资本市场的重要性愈发突出。资本市场监管对资本市场充分有效发挥经济枢纽功能具有重要影响。在直接融资比重不断提升的情况下,构建与现代化资本市场发展相适应的监管体系,防范系统性金融风险,促进多层次资本市场健康发展,需要深化对资本市场发展规律的认识,不断加强和改进资本市场监管工作。

第7章 证券业监管

开篇案例 股市名嘴：汪建中

汪建中，1968年出生，安徽省怀宁县人。1989—2001年，先后就职于中国工商银行、中国国际航空公司和北京中投策投资顾问有限公司。

2001年8月，汪建中与前妻赵玉玲成立北京首放投资顾问有限公司（简称北京首放），汪建中任法人代表。2003年，汪建中开始频频在媒体上亮相。北京首放每周五在网络媒体和《上海证券报》《证券时报》等发布股评报告——"掘金报告"，向股民推荐下周即将上涨的牛股。2003年8月1日至11月13日，上证综合指数跌幅达10.7%，但这段时间内，北京首放共推荐了18只股票，所有的股票都在下一个交易日出现上涨行情，其中，涨停的有6只以上，涨幅在9%的有2只，其他股票最少的涨幅也在3%以上。这让汪建中戴上了"股神"的帽子。

2006年7月至2008年5月，汪建中使用本人及他人名义，开立了多个证券账户，采取先行买入相关证券，后利用公司名义在媒体对外推荐该证券，人为影响证券交易价格，并在信息公开后马上卖出相关证券。

2008年5月，证监会对汪建中、北京首放涉嫌操纵市场行为立案调查。2009年11月19日，北京市西城区人民法院执行了北京首放法人代表汪建中的2.5亿元罚没款。2011年8月3日，汪建中以操纵证券市场罪被判处有期徒刑7年，罚金1.25亿余元。

注：编者根据相关资料改写而成。

我国证券业的发展仍处于相对不成熟的阶段，存在诸多问题，如资本市场波动较大、股价操纵、证券欺诈、内幕交易等，严重阻碍了证券业的健康、良性发展。对证券业实施有效监管，不仅可以充分发挥证券业积累资金的功能，而且能为投资者提供充足的保护。本章介绍证券业监管的基本内容以及近些年监管方面的各项改革。

7.1 证券业监管概述

证券业监管是指监管主体通过一定的规则和程序，对证券市场参与者的行为进行规范和干预，并监督这些规则的执行。纵观全球金融市场，无论是新兴市场国家还是发达市场国家，都建立了较为完备的证券业监管制度，目的是通过对证券市场的引导和干预,防范市场失灵,抑制过度竞争,保持市场稳定和有序,有效地保护投资者的合法利益。具体而言,证券业监管包括对从业人员和中介机构的监管、对证券公司的监管、对证券发行的监管、对证券交易的监管以及对证券交易所的监管。目前,我国的证券业监管机构是中国证券监督管理委员会,简称证监会。

7.1.1 证券业监管的必要性

(1) 实现证券市场各项功能的需要

一个良好的证券市场除了具有充当资本供求的桥梁、发挥金融媒介这一基本功能之外,还具有进行产权复合和重组、优化资源配置、配合宏观调控的实施等一系列重要的国民经济服务功能。如果证券市场能够健康发展,它的融资功能就能得到正常的发挥,就能促进资本的有效配置,促进整个国民经济的健康发展。相反,如果证券市场由于缺乏监管而混乱无序,则不仅不能发挥它的基本功能,而且可能会对国民经济的发展起相反的作用,造成资源配置失误甚至可能导致整个国民经济的混乱。特别是证券市场发展到一定的程度以后,社会融资结构发生了重大的改变,实现了金融证券化。这时候,很多宏观经济指标(如经济增长、投资规模、物价指数、收入分配等)都与证券市场发生了密切的关系。在这种情况下,如果不对证券业实施必要的监管,后果是不堪设想的。

(2) 保护所有市场参与者正当权益的需要

证券市场的参与者包括证券筹资者、投资者及中介机构。他们之所以参与证券市场的发行、交易与投资活动,其共同目的是获得经济利益。如果证券市场因为缺乏监管而混乱无序、投机过度、价格信号严重扭曲,则广大投资者的正当权益就得不到保障。例如,如果不加强对收购控股的监管,则发行公司的正常利益就得不到保障;如果没有一定的佣金制度和保证金制度,则证券商的利益就缺乏保障。因此,对证券业进行系统、规范的管理,是保障证券市场参与者正当权益的需要。

(3) 防范证券市场所特有高风险的需要

由于证券产品本身的价格波动性和预期性,使得证券产品具有内在的高投机性和高风险性,再加上证券交易中普遍使用的信用手段,使得证券市场的投机性更加强烈,证券市场的风险性也进一步提高,其投机性和风险性就会迅速积累并快速向外扩散,很快就会超过市场所能承受的限制,从而酿成危机。因此,对证券业实施必要的监管,可以及时发现风险因素并将其控制在可以承受的范围之内,以避免证券市场发生危机。

(4) 证券市场良性循环和健康发展的需要

证券业监管遵循"公开、公平、公正"的原则。"三公"原则能为整个证券业的发展提供一个好的环境，以促进证券业的健康、可持续发展。

因此，对证券业实施监管，有利于防止不正当竞争和欺诈行为，保护广大投资者的合法利益；有利于规范各类市场主体的行为，进而维持市场稳定和健康发展；有利于维护证券发行与交易市场的正常秩序，发挥证券市场的融资功能，合理配置社会资源；有利于创造一个公平、公正、公开、有序的投资环境。

7.1.2 证券业监管的目标

证券业监管的目标是保护投资者利益、提高市场效率，即安全性目标和效率性目标。

安全性主要是指降低证券市场的系统性风险。证券市场的系统性风险一旦发生，有可能引发证券市场的危机。效率性不是指证券业监管本身的效率，而是指通过证券市场监管，实现证券市场的效率。证券市场效率分为资源配置效率、运行效率和信息效率，其中，资源配置效率占主要地位。

资源配置效率是指能否保证把有效的资源配置到资源利用效率最高的企业那里。在证券市场中，客观存在着影响资源配置效率的因素：其一，市场的公开程度，信息披露的内容、要求及执行程度，市场相关信息在市场内传播的范围、速度、密度和保真度，影响市场参与者能否容易地获得真实、准确、客观、完整的信息。其二，证券市场的发展程度及规范化程度和市场容量，决定了市场的参与热情和活跃程度。其三，市场的运行规则，包括规则是否完备、严密、稳定等，守规和执行成本，对规则及监管活动反应的灵敏程度。其四，进入市场的难易程度及竞争程度。

证券市场运行效率是指生产信息的效率和交易效率，后者包括证券的发行和交易。因为生产信息的效率难以估算，人们对运行效率的探讨主要集中在交易效率，即证券能否以最低的成本发行，能否以最短的时间、最低的交易成本为交易者完成一笔交易，它反映了证券市场的运行功能、组织功能的效率。

证券市场信息效率可以用有效市场假说来解释。如果证券价格会对所有能影响它的相关信息作出及时、快速的反应，市场即达到了有效状态。在有效率的证券市场中，证券价格既充分表现了它的预期收益，也体现了它的基本因素和风险因素，任何参与者都不可能通过这些信息买卖股票以获得超额收益。有效市场理论重点研究证券市场价格与信息利用之间的关系、投资者行为与信息的效率性的关系，认为不同的信息对价格影响的程度是不同的。

7.2 证券业监管的原则和模式

7.2.1 证券业监管的原则

为了达到证券监管的目标,证券业的有效监管必须遵循以下原则:

(1) 公开、公平、公正原则

"三公"原则是证券监管的最基本原则,它奠定了证券立法的基础,是各国证券监管的核心。

公开要求任何证券的发行和交易都必须真实、准确和完整地披露与证券发行和交易有关的各种重要信息,避免任何信息披露中的虚假陈述、重大误导和遗漏,以保证证券投资者对所投资证券有充分、全面和准确的了解。公开原则要求证券市场上的各种信息都要向市场参与者公开披露,任何市场参与者不得利用内幕信息从事市场活动,以有效地防止各种证券违法行为,维护证券市场的秩序。

公平可以分为社会公平和市场公平。证券市场上的公平主要是指市场公平,要求证券市场上的参与者一律平等,拥有平等的机会,不存在任何歧视或特殊待遇。机会平等和平等竞争是证券市场正常运行的前提,证券市场上的证券投资者千差万别,有机构投资者和个人投资者,有资金和信息上的强者和弱者。证券市场是各类不同投资者及其利益的结合,平等地保护各种投资者的利益并实现公平,是证券监管的重要目标。

公正原则是有效监管的生命,是监管者以法律框架实现市场所有参与者之间的平等与秩序的关键,包括立法公正、执法公正、仲裁公正。

(2) 诚信原则

证券监管者在制定和实施法律及规章制度时,要求证券市场的各类参与者必须遵守诚信原则。

市场筹资者应当真实、完整、及时、准确地进行信息披露,同等对待包括承销商在内的各中介机构;中介机构应当严格履行审慎调查义务,全面了解并提供有关信息,从对发行者和投资者负责的角度开展业务活动,不得有误导和欺诈行为,以公平竞争的方式参与证券发行,不得用非正常手段进行不正当竞争活动;市场投资者不能为谋取私利操纵市场或散布虚假信息,破坏正常的市场秩序。

(3) 依法管理原则

依法管理并非否定经济调控方式和行政管理方式在一定客观条件下的必要性,而是强调以法治市的管理原则。

依法管理有两层含义:一是要求证券法律、法规、制度的完善与具体;二是要求执法的严格和有力。一个无法可依、执法不严或以人治代替法治的证券市场,必然会出现动荡甚至危机。

(4) 政府监管与自律监管相结合的原则

证券监管机构要注重政府监管、自律管理和社会监督的有机结合,由此建立完整的证券市场监督管理系统。证券监管既包含政府行政机构实施的监管,也包括证券交易所、证券业协会等自我管理机构担负的一线监管。

证券市场自身的复杂性使许多问题(如职业道德问题)非政府监管所能解决,并且在政府监管难以发挥作用的领域,需要自律监管发挥独特的作用。自律组织通过自身的组织机构与行业管理,将国家制定的有关证券监管的法律、法规、方针、政策等落实到每个证券公司及其从业人员中去,通过其媒介作用,使证券监管机构与对证券市场的管理有机地结合起来。

即使在实行集中型证券监管的美国,自律监管也发挥着巨大的积极作用,甚至被视为证券监管的基石。而在自律型证券监管的英国,政府监管也正成为整个证券监管框架中不可缺少的部分。对于像中国这样的新兴证券市场而言,更应在强调政府集中、统一监管的同时加强自律组织的建设,充分发挥自律监管的功能。

7.2.2 证券业监管的模式

由于各国证券市场的发育程度不同,政府宏观调控的手段不同,各国证券市场的监管模式也有着不同的特点。按照监管主体的不同,可以把各国证券业监管模式分为集中监管模式、自律监管模式和中间监管模式三类。

(1) 集中监管模式

集中监管模式以美国、日本、韩国和新加坡等国为代表。由政府下属的部门或由直接隶属于立法机关的国家证券监管机构对证券市场进行集中、统一的监管,各种自律性组织只起到协助监管的作用。美国的证券交易委员会(SEC)是独立于其他国家机关的专职证券监管机构。

该体制强调设立全国性的证券监管机构负责监督、管理证券市场,例如,美国制定了《1933年证券法》和《1934年证券交易法》，日本制定了《1948年证券交易法》和《1951年证券投资信托法》，以此为核心构建了一系列证券专项立法并形成了完整的法规体系。

这种监管模式的主要优点是：首先，它制定了一套全国统一的全面的、综合性的法律制度，市场的所有参与者都要受到这些法律的监管，市场的所有活动都被纳入严格的法律规范，这样，证券行为有法可依，能有效地防止违法行为的发生，从而能高效、严格地发挥监管的作用，确保证券市场的稳定发展；其次，政府作为监管机构能超脱于市场参与者之外，因而提高了监管的权威性，能更严格、公正、有效地发挥监管的作用，更加注重保护投资者的利益；最后，通过全国性的证券监督管理机构统一监管，可以防止政出多门，减少不同监管机构之间的多方协调。这种监管模式也存在缺点。由于证券市场的复杂性、法律的滞后性，再加上监管机构又超脱于证券市场之外，不能及时明察证券市场的变化，可能导致监管脱离实际，监管成本高且缺乏效率。

（2）自律监管模式

自律监管模式以英国为典型代表，有两个显著的特点：一是通常没有制定直接的证券市场管理法规，而是通过一些间接的法规来制约证券市场的活动。英国在1986年以前没有关于证券监管的专门立法，主要由交易所的自我管理规定和《公司法》《反欺诈投资法》《公平交易法》等法规中的有关规定构成完整的证券法制监管体系；二是没有设立全国性的证券管理机构，而是以市场参与者的自我管理、自我约束为主。英国在1986年以前一直是由证券交易所和三个非政府管理机构——证券交易所协会、证券业理事会、企业收购和合并专门研究小组对证券市场进行管理。

这种监管模式的主要优点是：首先，它允许证券交易商参与制定和执行证券市场管理条例，并且鼓励证券交易商模范地遵守这些条例，这样的市场管理将更加有效；其次，由市场参与者制定监管法规，比政府制定证券法规具有更大的灵活性、针对性；最后，自律组织能够对市场违规行为迅速作出反应，并及时采取有效措施。

这种监管模式同样存在缺点：第一，没有专门的监管机构协调全国证券市场发展，区域市场之间很容易互相产生摩擦，导致不必要的混乱局面；第二，监管者的非超脱地位，使证券市场的公正原则难以得到充分体现；第三，缺少强有力的立法作后盾，监管手段软弱；第四，自律型组织通常将监管的重点放在市场的有效运转和保护交易所会员的利益上，对投资者往往不能提供充分的保障。

因此，不少原来实行自律管理的国家，开始向集中监管体制转变，例如，英国1986

年开始加强政府监管力量：第一次制定了对证券业进行直接管理的专门法律《金融服务法》，将自律管理体系纳入法律框架之中；成立了执行该法案的专门机构——证券投资委员会，负责对全国证券市场的监督。

(3) 中间监管模式

中间监管模式是介于集中型和自律型之间的一种模式，以德国、意大利、泰国为典型代表。该模式既强调集中统一的立法监管，又强调自律管理，有时候也被称为分级监管体制，包括二级监管和三级监管两种类型。二级监管是指中央政府和自律机构相结合的监管；三级监管是指中央、地方两级政府和自律机构相结合的监管。

以德国为例，商业银行拥有开展证券业务的权利，银行业与证券业呈现混业经营、混业管理的局面。因此，其证券业便通过中央银行对参与证券业务的商业银行的管理来实现监督，并没有对证券市场进行管理的专门机构。同样的原因，德国也没有一个规定证券市场监管体制、解释市场运行规则的法律实体，关于上市公司及股票发行和交易的规定，见于《公司法》《银行法》《投资公司法》《证券交易条例》和《证券交易所法》等相关法律法规中。但德国于1993年制定了《内幕交易法》和《持股信息新规则》，并于1994年成立了德国证监会，也表现出趋向集中立法体制的迹象。

从主要国家证券监管体制的现状来看，三种监管体制都能在一定程度上起到对证券市场的监管作用。三种模式的区别主要在于对政府监管和自律管理定位的不同，但在任何一种证券监管体制下，政府监管和自律管理都是缺一不可的。

7.3　对证券市场的监管

证券市场是一个高风险的公共市场，它在给投融资者带来机会的同时，也孕育着巨大的风险。因此，有必要对证券市场实施有效监管。所谓证券市场监管，是指为了保护证券市场参与者的合法权益，促进证券业持续健康地发展，维护证券市场运行的正常秩序，证券监督管理机构运用法律、经济以及必要的行政手段，对证券的募集、发行、交易等行为，证券投资中介机构的行为以及其他证券市场参与者的行为进行监督与管理。

证券市场监管是金融监督的重要组成部分，是国家证券主管机关或者证券监管执行机构根据证券法规，对证券发行和交易实施的监督与管理，以保障证券市场有序、高效地运行，保护投资者的利益，更好地发挥证券市场有效配置资源的作用。

7.3.1 对证券发行的监管

证券发行是指发行人以集资或调整股权结构为目的并交付相对人的单独法律行为。证券发行可以分成不同的种类。根据证券种类的不同,它可以分为股票发行、债券发行和证券投资基金发行;根据发行人的不同,它可以分为公司发行、金融机构发行和政府发行;根据发行对象范围的不同,它可以分为公募发行和私募发行;根据发行人是否委托证券公司承销,它可以分为直接发行和间接发行。

证券发行监管是指证券监管部门对证券发行的审查、控制和监管。对证券发行的管理,主要是对发行资格的审核。证券市场监管体系的核心是证券发行体制,它决定了证券市场的源头,决定了证券市场最核心的主体。我国已经施行的证券发行体制,可以分为审批制和核准制,其中,审批制分为额度管理和指标管理,核准制分为通道制和保荐制。

① 额度管理(1993—1995)。国务院证券管理部门根据国民经济发展需求及资本市场的实际情况,先确定融资总额度,然后根据各个省级行政区域和行业在国民经济发展中的地位和需要进一步分配总额度,再由省级政府或行业主管部门来选择和确定可以发行股票的企业(主要是国有企业)。这一阶段共有 200 多家企业发行,筹资 400 多亿元。

② 指标管理(1996—2000)。这一阶段实行"总量控制,限报家数"的做法,由国务院证券主管部门确定在一定时期内发行上市的企业家数,然后向省级政府和行业主管部门下达股票发行家数指标,省级政府或行业主管部门在上述指标内推荐预选企业,证券主管部门对符合条件的预选企业同意其上报发行股票正式申报材料并审核。这一阶段共有 700 多家企业发行,筹资 4 000 多亿元。

③ 通道制(2001 年 3 月—2004 年 12 月)。2001 年 3 月,新股发行正式实施以通道制为核心的核准制。所谓通道制,就是证券监管部门根据各券商的实力和以往业绩,直接确定其拥有的推荐申报通道数量,各券商根据其拥有的通道数量遴选拟上市公司,经相关审核程序通过后,向证监会推荐。这一阶段共有 200 多家企业发行,筹资 2 000 多亿元。2004 年 2 月,实施保荐制度,但通道制并未立即废止,每家券商仍需按通道报送企业,直至 2004 年 12 月 31 日彻底废止了通道制。2004 年 2—12 月为通道制与保荐制并存时期。

④ 保荐制(2004 年 2 月—2019 年 3 月)。2004 年 2 月,《证券发行上市保荐制度暂行办法》施行,2006 年 1 月,新《公司法》《证券法》重申了证券发行上市保荐制度。保荐制要求保荐人(券商)负责发行人的上市推荐和辅导,核实发行人文件中所载资料的真实性、准确性和完整性,协助发行人建立严格的信息披露制度,承担上市后持

续督导的责任,并将责任落实到保荐代表人身上。实施证券发行上市保荐制度,是深化发行审核制度改革的一项重大举措,是对证券发行上市建立市场约束机制的重要制度探索,将推动证券发行制度从核准制向注册制转变。

⑤ 注册制(2019年3月至今)。它是指对于发行人发行证券,监管机构不作实质性审查,仅对申请文件进行形式审查;发行人在申报申请文件以后的一定时期内,若没有被监管机构否定,即可以发行证券。注册制源自英国以信息披露为中心的监管理念,强调发行企业必须真实、完整、准确地披露信息。"阳光是最好的防腐剂,灯泡是最有效的警察"形象地说明了注册制的实质。

注册制要实现强制性信息披露,须通过以下主要手段。

第一个手段是询问。在申报材料审核中,对有疑问的、没有披露或披露不到位的,不断追问下去。需要明确信息披露"老三性"和审核"新三性"的关系。"老三性"即前述的真实性、准确性和完整性;"新三性"是指充分性、一致性和可理解性。"新三性"就是要通过建立数量模型,弄清系统内各种数字和因素之间的逻辑关系,审查财务信息之间、非财务信息之间、财务信息和非财务信息之间能否相互印证、相互支持。"新三性"是手段和方式,"老三性"是要达到的目的和结果。

第二个手段是现场检查。当发现有重大异常或疑问时,根据情况严重程度,启动"问题导向"的现场检查、核查或稽查。证监会和交易所建立专门的稽查队伍,到检查对象的生产、经营、管理场所及其他场所,查验披露的内容与真实情况是否相符。另外,也可采取随机抽取的方式,重点针对财务信息披露等事项开展。现场检查是将审核的"图上作业"和"实地侦查"相结合,特别是通过业务循环和会计信息系统穿行测试,可以有效地发现和弄清问题,对违法违规行为起到强大的震慑作用。

第三个手段是分清责任。进一步明确发行人是信息披露的第一责任人,因为信息来源是企业本身;保荐机构和其他中介机构承担连带责任,承担"看门人"的职责。中介服务机构可能会以企业欺骗它们为由状告企业,可它们依然负有尽职调查和反欺诈的义务。律师除对法律事项把关外,对财务问题也要把关。因为财务造假本身也是法律问题。曾有因公司财务造假骗取上市资格,而当事律师及其律师事务所受到处罚,律师事务所不服上诉而被法院驳回的案例。

第四个手段是公开信息,接受投资人、新闻媒体和社会公众的全面监督。很重要的是通过互联网手段,从申报、问答、补充、获准实行全过程电子化,每一个信息都存档留痕,为接受全面监督、识别企业提供了技术手段。

7.3.2 证券发行的保荐制度

保荐是指符合法定资格的证券机构推荐符合条件的公司公开发行和上市证券,

并对所推荐的证券及发行人所披露的信息提供规定的持续督促、指导和担保。

中国《证券发行上市保荐业务管理办法》(以下简称《保荐业务管理办法》)第十六条规定,保荐机构应当尽职推荐发行人证券发行上市。发行人证券上市后,保荐机构应当持续督导发行人履行规范运作、信守承诺、信息披露等义务。按照规定,保荐人的保荐职责有以下几个方面。

(1) 首次公开发行股票前的辅导

《保荐业务管理办法》第十八条规定:"保荐机构在推荐发行人首次公开发行股票并上市前,应当对发行人进行辅导。辅导内容包括,对发行人的董事、监事和高级管理人员,持有5%以上股份的股东和实际控制人(或者其法定代表人)进行系统的法规知识、证券市场知识培训,使其全面掌握发行上市、规范运作等方面的有关法律法规和规则,知悉信息披露和履行承诺等方面的责任和义务,树立进入证券市场的诚信意识、自律意识和法制意识,以及中国证监会规定的其他事项。"

(2) 推荐发行人证券上市

保荐机构享有审查、核查和判断的职责。证券在上市前要经过发行环节。前一部分辅导合格后,保荐机构方可推荐其股票上市。发行必须符合法律规定的条件,避免欺诈和鱼目混珠现象的发生,保证证券市场的稳定与安全。

《保荐业务管理办法》第十七条规定:"保荐机构推荐发行人证券发行上市,应当遵循诚实守信、勤勉尽责的原则,按照中国证监会对保荐机构尽职调查工作的要求,对发行人进行全面调查,充分了解发行人的经营状况及其面临的风险和问题。"

《证券法》第十条第二款规定,保荐人应当遵守业务规则和行业规范,诚实守信,勤勉尽责,对发行人的申请文件和信息披露资料进行审慎核查,督导发行人规范运作。

保荐机构在推荐上市过程中须做到独立和审慎。所谓独立,是指保荐机构应当独立于发行人及其控制股东以及其他中介机构开展保荐工作;所谓审慎,是指保荐机构不仅应全面了解发行人的各种相关情况,对发行人的发行条件进行合法性审查,而且还应本着诚实守信和勤勉尽责的职业准则,对发行人进行专业的合法、合规性审查。

(3) 持续督导职责

《保荐业务管理办法》第二十八条规定,保荐机构应当针对发行人的具体情况,确定证券发行上市后持续督导的内容,督导发行人履行有关上市公司规范运作、信守承诺和信息披露等义务,审阅信息披露文件及向中国证监会、证券交易所提交的其他文件,并承担下列工作:① 督导发行人有效执行并完善防止控股股东、实际控制人、其他关联方违规占用发行人资源的制度;② 督导发行人有效执行并完善防止其董事、监事、高级管理人员利用职务之便损害发行人利益的内控制度;③ 督导发行人有效执行并完善保障关联交易公允性和合规性的制度,并对关联交易发表意见;④ 持续关注发行人募集资金的专户存储、投资项目的实施等承诺事项;⑤ 持续关注发行人为他人提供担保等事项,并发表意见;⑥ 中国证监会、证券交易所规定及保荐协议约定的其他工作。

保荐机构持续督导的期间根据股票是在主板、创业板还是科创板上市而有所不同。《保荐业务管理办法》第二十九条规定:"首次公开发行股票并在主板上市的,持续督导的期间为证券上市当年剩余时间及其后 2 个完整会计年度;主板上市公司发行新股、可转换公司债券的,持续督导的期间为证券上市当年剩余时间及其后 1 个完整会计年度。首次公开发行股票并在创业板、科创板上市的,持续督导的期间为证券上市当年剩余时间及其后 3 个完整会计年度;创业板、科创板上市公司发行新股、可转换公司债券的,持续督导的期间为证券上市当年剩余时间及其后 2 个完整会计年度。首次公开发行股票并在创业板上市的,持续督导期内保荐机构应当自发行人披露年度报告、中期报告之日起 15 个工作日内在符合条件的媒体披露跟踪报告,对本办法第二十八条所涉及的事项,进行分析并发表独立意见。发行人临时报告披露的信息涉及募集资金、关联交易、委托理财、为他人提供担保等重大事项的,保荐机构应当自临时报告披露之日起 10 个工作日内进行分析并在符合条件的媒体发表独立意见。持续督导的期间自证券上市之日起计算。"

7.3.3 对证券交易的监管

(1) 对内幕交易的监管

内幕交易是内幕信息知情人和非法获取内幕信息的人,在内幕信息公开前买卖相关证券,或者泄露该信息,或者建议他人买卖相关证券的行为。内幕交易影响了市场的公平性和投资者的信心。

关于内幕信息的知情人员,《证券法》第五十一条规定:"证券交易内幕信息的知情人包括:① 发行人及其董事、监事、高级管理人员;② 持有公司百分之五以上股份的股东及其董事、监事、高级管理人员,公司的实际控制人及其董事、监事、高级管理人员;③ 发行人控股或者实际控制的公司及其董事、监事、高级管理人员;④ 由于所任公司职务或者因与公司业务往来可以获取公司有关内幕信息的人员;⑤ 上市公司收购人或者重大资产交易方及其控股股东、实际控制人、董事、监事和高级管理人员;

⑥ 因职务、工作可以获取内幕信息的证券交易场所、证券公司、证券登记结算机构、证券服务机构的有关人员；⑦ 因职责、工作可以获取内幕信息的证券监督管理机构工作人员；⑧ 因法定职责对证券的发行、交易或者对上市公司及其收购、重大资产交易进行管理可以获取内幕信息的有关主管部门、监管机构的工作人员；⑨ 国务院证券监督管理机构规定的可以获取内幕信息的其他人员。"

关于内幕信息，《证券法》第五十二条规定："证券交易活动中，涉及发行人的经营、财务或者对该发行人证券的市场价格有重大影响的尚未公开的信息，为内幕信息。"《证券法》第八十条第二款、第八十一条第二款具体列出了属于内幕信息的重大事件。

对于内幕交易的监管，《证券法》第五十三条规定："证券交易内幕信息的知情人和非法获取内幕信息的人，在内幕信息公开前，不得买卖该公司的证券，或者泄露该信息，或者建议他人买卖该证券。持有或者通过协议、其他安排与他人共同持有公司百分之五以上股份的自然人、法人、非法人组织收购上市公司的股份，本法另有规定的，适用其规定。内幕交易行为给投资者造成损失的，应当依法承担赔偿责任。"

证券内幕交易主要有三种类型：① 分红型内幕交易。分红是上市公司的经常性行为，而分红方式又对公司股价有着至关重要的影响，所以，分红型内幕交易是中国证券市场最常见的一种内幕交易。② 并购型内幕交易。当一家公司被另一家公司并购后，后者将会对前者进行资产置换与重组，前者公司的基本面将会发生重大变化。由于公司并购事件经常发生，因此，并购型内幕交易经常在中国证券市场发生。③ 重大事件内幕交易。由于这些重大事件对公司股价有着显著影响，因此，几乎每一起上市公司发生的重大事件都成了内幕人员牟利的工具。

(2) 对操纵市场的监管

操纵市场是指操纵主体滥用资金、持股或信息等方面的优势，以不正当手段人为地制造证券行情，不当影响证券交易价量，诱导其他投资者进行交易，进而为自己牟取利益、转嫁风险或达到其他非法目的的行为。

操纵市场大致可分为以下三种行为类型：第一，交易型操纵，本质是滥用资金和持股优势进行操纵。交易型操纵体现在行为人单纯地通过买卖股票完成对股价的拉升或打压，诱使其他投资者进行交易。在这类操纵中，行为人不采取任何行动来改变公司价值，也不通过散布虚假信息来改变股票价格，甚至与上市公司没有任何联系，只需进行单纯的买卖行为就有可能实施操纵。具体包括连续买卖、约定交易、对倒、虚假申报等。第二，信息型操纵，本质是滥用信息优势进行操纵，可分为两类。一类是上市公司滥用信息优势进行操纵，例如，控制上市公司的信息披露进行操纵市场的行为；另一类是其他主体滥用信息优势进行操纵，例如，利用虚假或者不确定的重大信息,诱导投资者进行证券交易;对证券、发行人公开作出评价、预测或者投资建议,并进行反向证券交易,实践中俗称为"蛊惑交易"和"抢帽子交易"。第三,技术型操纵,本质是滥用技术优势进行操纵。操纵行为人采用高频程序化手段自动生成或下达交易指令,引发股票价格大幅波动,从中获利。

对操纵市场行为的监管通常包括事前监管和事后监管。事前监管是指在发生操纵行为前,证券管理机构采取必要的经济、法律、行政手段以防止损害投资者利益的行为发生。事后监管是指证券管理机构对市场操纵者给予必要的处罚以及对受损害者的损害进行赔偿的行为。这主要包括两个方面:第一,市场受害者可以通过民事诉讼获得损害赔偿;第二,对操纵者进行处罚。

(3) 对欺诈行为的监管

欺诈行为是指证券商或证券交易所在接受客户委托证券买卖的过程中,以获取非法利益为目的,违反证券管理法规,在证券发行、交易及相关活动中从事欺诈客户、虚假陈述等行为。这主要表现为:① 违背客户的委托为其买卖证券;② 不在规定时间内向客户提供交易的书面确认文件;③ 挪用客户所委托买卖的证券或者客户账户上的资金;④ 私自买卖客户账户上的证券,或者假借客户的名义买卖证券;⑤ 为牟取佣金收入,诱使客户进行不必要的证券买卖;⑥ 其他违背客户真实意思表示、损害客户利益的行为。

为了禁止证券欺诈行为,《证券法》第九十三条规定:"发行人因欺诈发行、虚假陈述或者其他重大违法行为给投资者造成损失的,发行人的控股股东、实际控制人、相关的证券公司可以委托投资者保护机构,就赔偿事宜与受到损失的投资者达成协议,予以先行赔付。先行赔付后,可以依法向发行人以及其他连带责任人追偿。"

7.3.4 信息披露制度

信息披露制度又称公示制度,是指证券市场上的有关行为人在证券发行、上市、交易的过程中,必须将与证券有关的一切真实信息及时、准确、完整地对外公布的制度。它的目的是解决证券市场信息不对称的问题,提高证券市场的运行与监管效率。

信息披露的意义有以下四点:第一,保护投资者利益。这是信息披露制度最根本的目的。首先,信息披露制度有利于投资者作出科学的投资决策。其次,信息披露制度为投资者提供了均等获取信息和投资收益(或损失)的机会,以抑制过度投机、欺诈和内部交易行为,实现市场的公平理念。同时,信息披露制度规定,对证券欺诈、误导、虚假陈述等不法行为予以制裁,使受损者得到必要的经济补偿,也是对投资者合法权益的保护。第二,有利于上市公司改善经营管理。信息披露制度可置上市公司的经营管理于社会公众的监督之下,形成激励约束机制,使其在经营活动中不断自我约束、自我完善,以保护或增强其对投资的吸引力。第三,确保证券市场的稳健运行。证券监管机构通过对证券发行人披露的信息进行监督和检查,保证上市公司的质量。而且,由于信息披露制度的实施增加了上市公司内部管理和财务状况的透明度,证券监管机构可以根据所获得的信息,有针对性地对投资方向进行调控、引导,规范投资行为,及时发现和查处违规操作,保障证券市场的稳健发展。第四,有利于实现资源配置的有效性。证券市场的效率实现的关键因素之一就是市场信息的公开程度。信息系统越流畅,越能发挥市场机制的调节功能,使资金流向优质企业,资源配置也就越合理,也越能保证证券市场的高效运作。

上市公司信息披露的核心有两个方面:一是决策程序要合法合规;二是对外披露要及时、真实、准确、完整、公平。

具体而言,信息披露有以下五个基本要求:第一,真实性,披露信息的真实性是信息披露者最根本也是最重要的义务,要求上市公司披露的信息应当以客观事实或具有事实基础的判断和意见为依据,如实反映实际情况,不得有虚假记载;第二,准确性,要求上市公司在披露信息时,要客观实际,不得夸大其词,不得有误导性陈述;第三,完整性,上市公司在信息披露时,应当内容完整,文件齐备,格式符合规定要求,不得有重大遗漏;第四,及时性,要求公开发行证券的公司从发行到上市的持续经营活动期内,向投资者披露的资料应当是最及时的;第五,公平性,避免选择性披露,不同的投资人要在同一时间得到相同的信息。

公司向股东、实际控制人及其他第三方报送文件涉及未公开重大信息的,应当及时向监管机构报告,并依照相关规定披露。上市公司持续信息披露主要包括年度报告、中期报告、季度报告等定期信息披露和重要会议、重要事件等临时信息披露。此外,利润分配公告、配股公告、公司合并或分立、公司破产、解散和清算等信息也需要披露。

《证券法》第七十八条规定:"发行人及法律、行政法规和国务院证券监督管理机构规定的其他信息披露义务人,应当及时依法履行信息披露义务。信息披露义务人披露的信息,应当真实、准确、完整,简明清晰,通俗易懂,不得有虚假记载、误导性陈述或者重大遗漏。证券同时在境内境外公开发行、交易的,其信息披露义务人在境外披露的信息,应当在境内同时披露。"《证券法》第八十五条规定:"信息披露义务人未按照规定披露信息,或者公告的证券发行文件、定期报告、临时报告及其他信息披露资料存在虚假记载、误导性陈述或者重大遗漏,致使投资者在证券交易中遭受损失的,信息披露义务人应当承担赔偿责任;发行人的控股股东、实际控制人、董事、监事、高级管理人员和其他直接责任人员以及保荐人、承销的证券公司及其直接责任人员,应当与发行人承担连带赔偿责任,但是能够证明自己没有过错的除外。"

7.4 对相关主体的监管

7.4.1 对从业人员、中介机构的监管

(1) 对从业人员的监管

对证券从业人员的监管包括对其从业资格、道德风险的管理和竞业禁止。

① 从业资格管理。

《证券业从业人员资格管理办法》规定:"参加资格考试的人员,应当年满18周岁,具有高中以上文化程度和完全民事行为能力;参加考试的人员考试合格的,取得从业资格;取得从业资格的人员,符合下列条件的,可以通过机构申请执业证书:① 已被机构聘用;② 最近三年未受过刑事处罚;③ 不存在《中华人民共和国证券法》第一百二十六条规定的情形,即因违法行为或者违纪行为被开除的证券交易所、证券登记结算机构、证券公司的从业人员和被开除的国家机关工作人员不得招聘为证券公司的从业人员;④ 未被中国证监会认定为证券市场禁入者,或者已过禁入期的;⑤ 品行端正,具有良好的职业道德;⑥ 法律、行政法规和中国证监会规定的其他条件。"

② 道德风险管理。

信息经济学、制度经济学等均对道德风险有所界定。信息经济学认为,道德风险是签约双方由于目标不一致,因信息不对称而引起的对最优契约执行结果的偏离,换句话讲,道德风险行为就是当签约一方不完全承担风险后果时所采取的自身效用最大化的自私行为;制度经济学认为,道德风险是交易双方在交易协定签订后,其中一方利用多于一方的信息,有目的地损害另一方的利益而增加自己利益的行为。

从证券公司业务的角度来看,几乎每个业务都有道德风险点。例如投行业务,保荐代表人与上市公司合谋欺诈发行;未按照诚实守信、勤勉尽责的原则进行尽职调查和审慎核查,未客观公正地出具相关业务报告;虚假陈述或误导;为谋取个人利益进行或接受商业贿赂;利用敏感信息为自己或他人谋取不当利益;违规以自己或他人名义直接或间接持有客户股份等,都是道德风险的表现。经纪业务中分析师、基金、媒体共同欺诈中小投资者。为获取业绩报酬和分仓收入,提供有信息含量的报告,影响外部评选并提供特殊化服务。自营业务中利用自营账户的资金拉升资产管理业务的投资品种;利用未公开的信息进行股票内幕交易;采取激进投资策略实现投资收益最大化。资产管理业务中"老鼠仓"、利益输送、操纵市场、内幕交易、冒充公司名义非法集资、发行理财产品实施诈骗、不当承诺及违反产品销售适当性原则等,都是道德风险存在的地方。

③ 竞业禁止。

由于证券从业人员的地位特殊，为推动其集中精力于所在证券公司的职责，避免不正当竞争，国家机关工作人员和法律、行政法规规定的禁止在公司中兼职的其他人员，不得在证券公司中兼任职务。《证券公司董事、监事和高级管理人员任职资格监管办法》第三十七条规定："证券公司高管人员和分支机构负责人最多可以在证券公司参股的2家公司兼任董事、监事，但不得在上述公司兼任董事、监事以外的职务，不得在其他营利性机构兼职或者从事其他经营性活动。证券公司高管人员在证券公司全资或控股子公司兼职的，不受上述限制，但应当遵守中国证监会的有关规定。证券公司分支机构负责人不得兼任其他同类分支机构负责人。任何人员最多可以在2家证券公司担任独立董事。证券公司董事、监事、高管人员和分支机构负责人兼职的，应自有关情况发生之日起5日内向相关派出机构报告。"

(2) 对中介机构的监管

中介机构主要包括证券登记、托管、清算机构以及证券咨询机构、会计师事务所、律师事务所、资产评估机构等。

上市公司在证券市场中通过股票、债券等募集了大量的资金，而广大投资者往往分布在全国各地，其对公司经营和运作状况的了解最重要的途径就是公司通过正式渠道披露的各种信息，中介机构的参与就是为了确保所披露信息的准确、及时和完整。如果中介机构进行虚假陈述，会严重影响证券市场的正常运营，必须对其加强监管。

我国初步确立了中介机构承担民事法律责任的一般原则，并规定了处罚方式，对个人的处罚主要包括警告、暂停执业、吊销证书和认定为市场禁入者等；对专业机构的处罚包括罚款、责令停业等。例如，《期货交易管理条例》第七十六条规定："会计师事务所、律师事务所、资产评估机构等中介服务机构未勤勉尽责，所出具的文件有虚假记载、误导性陈述或者重大遗漏的，责令改正，没收业务收入，暂停或者撤销相关业务许可，并处业务收入1倍以上5倍以下的罚款。对直接负责的主管人员和其他直接责任人员给予警告，并处3万元以上10万元以下的罚款。"

对于申请证券、期货投资咨询从业资格的机构，要求具备以下条件：① 分别从事证券或者期货投资咨询业务的机构，有5名以上取得证券、期货投资咨询从业资格的专职人员，同时从事证券和期货投资咨询业务的机构，有10名以上取得证券、期货投资咨询从业资格的专职人员。其高级管理人员中，至少有1名取得证券或者期货投资咨询从业资格。② 有100万元人民币以上的注册资本。③ 有固定的业务场所和与业务相适应的通讯及其他信息传递设施。④ 有公司章程。⑤ 有健全的内部管理制度。⑥ 具备中国证监会要求的其他条件。

7.4.2 对证券公司的监管

证券公司作为证券市场运行的中枢,其运作规范和健康发展问题自然受到社会的广泛关注。

(1) 市场准入

我国证券公司的设立条件包括:① 有符合法律、行政法规规定的公司章程;② 主要股东及公司的实际控制人具有良好的财务状况和诚信记录,最近三年无重大违法违规记录;③ 有符合《证券法》规定的注册资本;④ 董事、监事、高级管理人员、从业人员符合《证券法》规定的条件;⑤ 有完善的风险管理与内部控制制度;⑥ 有合格的经营场所、业务设施和信息技术系统;⑦ 法律、行政法规和国务院证券监督管理机构规定的其他条件。

《证券法》比较全面地列举了证券公司的业务类型:① 证券经纪;② 证券投资咨询;③ 与证券交易、证券投资活动有关的财务顾问;④ 证券承销与保荐;⑤ 证券融资融券;⑥ 证券做市交易;⑦ 证券自营;⑧ 其他证券业务。按照审慎监管的原则,根据各项业务的风险程度,分类设定准入条件:第一,经营第①项至第③项业务的,注册资本最低限额为人民币5 000万元;第二,经营第④项至第⑧项业务之一的,注册资本最低限额为人民币1亿元;第三,经营第④项至第⑧项业务中两项以上的,注册资本最低限额为人民币5亿元。

(2) 内部控制

内部控制是指证券公司为实现经营目标,根据经营环境的变化,对证券公司经营管理过程中的风险进行识别、评价和管理的制度安排、组织体系和控制措施。

内部控制在证券公司管理中占有极其重要的地位。近年来,中国部分证券公司的倒闭并不是由外部因素造成的,而恰恰是证券公司自身的风险管理和内部控制制度欠缺或不健全所致。

① 内部控制制度。

完善证券公司内部控制制度有几项原则,包括:a. 健全性。做到事前、事中、事后控制相统一,不存在内部控制的空白或漏洞。b. 合理性。符合法律法规,同证券公司的规模、业务、风险、环境相适应,成本合理。c. 制衡性。部门岗位设置权责分明、相互牵制,前台业务运作与后台管理支持适当分离。d. 独立性。内部控制监督检查部门独立于其他部门。

"中国墙"(Chinese Wall)是指证券公司建立有效的内部控制和隔离制度,防止研究部、投资部与交易部互泄信息,引致内部交易和操纵市场的行为。采用"中国墙"的说法,意味着这种内部控制与隔离像中国的长城一样坚固。可以从三方面来理解"中国墙"制度的含义:第一,"中国墙"是在综合性证券公司内部设立的一种自律机制;第二,"中国墙"是一系列措施和程序的结合;第三,"中国墙"通过阻挡内幕信息的流动,达到防止内幕交易和解决利益冲突的目的。

一级市场与二级市场间的"中国墙"的相关规定如下:a. 研究员进入一级市市场的"过墙"程序:法律部、资本市场部、投行部和研究部会商议决定研究员何时"过墙";研究员一旦"过墙",不得发表任何与项目公司有关的评论和报告,不得与销售交易人员和其他研究员交流,防止"过墙"的研究员利用任何项目公司的内幕信息撰写二级市场投资报告;只有研究部的负责人可以"跨墙",协调研究部和投行部的工作。b. 研究员回到二级市场的程序:项目结束后,经过2—4周的"冷冻期"后,研究员方可回到二级市场;"冷冻期"的要求是为了给出充分的时间,使研究员接触的内幕信息释放到二级市场上,以此消除信息的不对称。

研究部与销售部之间的"中国墙"的相关规定有:a. 禁止研究员了解公司的自营仓位;b. 禁止交易员向研究部透露自营仓位的信息;c. 研究员不得提前将研究结果告知销售交易部;d. 禁止销售交易部事先得到将要发表的报告。

"中国墙"有两种功能:证券业务中的功能和证券法上的功能。在证券业务中,建起一道"中国墙"可以预防证券公司一个部门的人员所拥有的内幕信息被另一个部门的人员滥用;在证券法规中,如果证券公司内部设有严格的"中国墙"制度,而证券公司遭受从事内幕交易或者违反对客户的授信义务的指控,证券公司可以"中国墙"制度来抗辩。

建立"中国墙"有以下原则:a. 避免利益冲突;b. 严格分隔公开信息和内幕信息;c. 避免信息不对称;d. 研究部通常只能利用公开信息;e. 研究部永远对投资者负责。

② 内部控制制度的内容。

根据《证券公司内部控制指引》,中国对证券公司内部控制制度的主要内容要求如下:

a. 控制环境:主要包括证券公司所有权结构及实际控制人、法人治理结构、组织架构与决策程序、经理人员权利分配和承担责任的方式、经理人员的经营理念与风险意识、证券公司的经营战略与经营风格、员工的诚信和道德价值观、人力资源政策等。

b. 风险识别与评估:及时识别、确认证券公司在实现经营目标过程中的风险,并通过合理的制度安排和风险度量方法对经营环境持续变化所产生的风险及证券公司的承受能力进行适时评估。

c. 控制活动与措施:保证实现证券公司战略目标和经营目标的政策、程序,以及防范、化解风险的措施。这主要包括证券公司经营和管理中的授权与审批、复核与查证、业务规程与操作程序、岗位权限与职责分工、相互独立与制衡、应急与预防等措施。

d. 信息沟通与反馈：及时对各类信息进行记录、汇总、分析和处理，并进行有效的内外沟通和反馈。

e. 监督与评价：对控制环境、风险识别与评估、控制活动与措施、信息沟通与反馈的有效性进行检查、评价，发现内部控制设计和运行的缺陷并及时改进。

(3) 风险预警与监管

为准确地衡量并监管证券公司的风险状况，《证券公司风险控制指标管理办法》实行以净资本为核心的财务指标监管体系。净资本指标反映了净资产中的高流动性部分，表明证券公司可变现以满足支付需要和应对风险的资金数。

净资本的计算公式为：净资本＝净资产－金融产品投资的风险调整－应收项目的风险调整－其他流动资产项目的风险调整－长期资产的风险调整－或有负债的风险调整－/＋中国证监会认定或核准的其他调整项目。

计算净资本的目的是要求证券公司保持充足、易于变现的流动性资产，以满足紧急需要并抵御潜在的市场风险、信用风险、运营风险、结算风险等，保护客户资产的安全，在证券公司经营失败、破产关闭时，仍有部分资金用于处理公司的破产清算等事宜。

证监会对证券公司各项风险控制指标的标准有如下规定。

对各项业务的净资本要求为：a. 经营证券经纪业务，净资本不得低于人民币2 000万元；b. 经营证券承销与保荐、证券自营、证券资产管理、其他证券业务等业务之一的，净资本不得低于人民币5 000万元；c. 经营证券经纪业务，同时经营证券承销与保荐、证券自营、证券资产管理、其他证券业务等业务之一的，净资本不得低于人民币1亿元；d. 经营证券承销与保荐、证券自营、证券资产管理、其他证券业务中两项及两项以上的，净资本不得低于人民币2亿元。

对主要风险控制指标的要求为：a. 净资本与各项风险资本准备之和的比例不得低于100％；b. 净资本与净资产的比例不得低于40％；c. 净资本与负债的比例不得低于8％；d. 净资产与负债的比例不得低于20％；e. 流动资产与流动负债的比例不得低于100％。

证券公司经营证券经纪业务的，必须符合下列规定：a. 按托管客户的交易结算资金总额的2％计算风险准备；b. 净资本按营业部数量平均折算额（净资本/营业部家数）不得低于人民币500万元。

证券公司经营证券自营业务的，必须符合下列规定：a. 自营股票规模不得超过净资本的100％；b. 证券自营业务规模不得超过净资本的200％；c. 持有一种非债券类证券的成本不得超过净资本的30%;d. 持有一种证券的市值与该类证券总市值的比例不得超过5%,但因包销导致的情形和中国证监会另有规定的除外;e. 违反规定超比例自营的,在整改完成前应当将超比例部分按投资成本的100%计算风险准备。前款所称自营股票规模,是指证券公司持有的股票投资按成本价计算的总金额;证券自营业务规模,是指证券公司持有的股票投资和证券投资基金(不包括货币市场基金)投资按成本价计算的总金额。证券公司创设认购权证的,计算股票投资规模时,证券公司可以按股票投资成本减去出售认购权证净所得资金(不包括证券公司赎回认购权证所支出资金)后的金额计算。

证券公司经营证券承销业务的,必须符合下列规定:a. 证券公司承销股票的,应当按承担包销义务的承销金额的10%计算风险准备;b. 证券公司承销公司债券的,应当按承担包销义务的承销金额的5%计算风险准备;c. 证券公司承销政府债券的,应当按承担包销义务的承销金额的2%计算风险准备。计算承销金额时,承销团成员通过公司分包销的金额和战略投资者通过公司签订书面协议认购的金额不包括在内。证券公司同时承销多家发行人公开发行证券,发行期有交叉且发行尚未结束的,应当按照单项业务承销金额和对应比例计算风险准备。

证券公司经营证券资产管理业务的,必须符合下列规定:a. 按定向资产管理业务管理本金的2%计算风险准备;b. 按集合资产管理业务管理本金的1%计算风险准备;c. 按专项资产管理业务管理本金的0.5%计算风险准备。

证券公司为客户买卖证券提供融资融券服务的,必须符合下列规定:a. 对单一客户融资业务规模不得超过净资本的5%;b. 对单一客户融券业务规模不得超过净资本的5%;c. 接受单只担保股票的市值不得超过该股票总市值的20%;d. 按对客户融资业务规模的10%计算风险准备;e. 按对客户融券业务规模的10%计算风险准备。前款所称融资业务规模,是指对客户融出资金的本金合计;融券业务规模,是指对客户融出证券在融出日的市值合计。

(4) 客户资产存管

中国采用独立的客户资产存管制度,包括客户交易结算资金由商业银行存管、证券资产由结算公司集中存管、委托理财资产由第三方独立存管,从制度上维护客户资产安全,防止公司风险扩散为客户风险。2004年9月23日,证监会出台《创新试点类证券公司客户资金独立存管试行标准》,明确了客户资金的含义:客户资金是指客户托管并专户存放的,用于证券交易、结算的资金及其转化形态,包括以货币资金形式存在的客户交易结算资金及以股票、债券等形式存在的客户证券类资产。

(5) 监管评级及"白名单"制

证券公司的分类评价标准以风险管理能力为基础,主要依据是《证券公司风险管理能力评价指标与标准》。证券公司分类结果不是对证券公司资信状况及等级的评价,而是证券监管部门根据审慎监管的需要,以证券公司风险管理能力、持续合规状况为基础,结合公司业务发展状况,对证券公司进行的综合性评价,主要体现的是证券公司治理结构、内部控制、合规管理、风险管理以及风险控制指标等与其业务活动相适应的整体状况。

证监会对证券公司的分类评价自 2010 年每年进行 1 次(评价期为上年 5 月 1 日至本年 4 月 30 日),基准分为 100 分,根据各指标的表现情况给予相应的加分或减分,确定最终得分,评价结果从高到低分为 A(含 AAA 至 A 三个级别)、B(含 BBB 至 B 三个级别)、C(含 CCC 至 C 三个级别)、D、E 共五大类、11 个级别(评价结果于每年的 7—8 月对外公开)。被依法采取责令停业整顿、指定其他机构托管、接管、行政重组等风险处置措施的证券公司评分为 0 分,定为 E 类证券公司。评分低于 60 分的证券公司为 D 类证券公司。证券公司存在挪用客户资产、违规委托理财、财务信息虚假、恶意规避监管或股东虚假出资、抽逃出资等违法违规行为的,将分类结果下调 3 个级别;情节严重的,将分类结果直接认定为 D 类。未在规定日期之前上报自评结果的,将公司类别下调 1 个级别;未在确定分类结果期限之前上报自评结果的,直接认定为 D 类。五类评级结果相应的风险管理能力解释如表 7-1 所示。

表 7-1 证券公司评级结果

类别	说明
A类	风险管理能力在行业内最高,能较好地控制新业务、新产品方面的风险
B类	风险管理能力在行业内较高,在市场变化中能较好地控制业务空账的风险
C类	风险管理能力与其现有业务相匹配
D类	风险管理能力较低,潜在风险可能超过公司可承受范围
E类	潜在风险已经变为现实风险,已被采取风险处置措施

证券公司分类结果将作为证券公司申请增加业务种类、新设营业网点、发行上市等事项的审慎性条件,并将作为确定新业务、新产品试点范围和推广顺序的依据。同时,不同级别的证券公司缴纳证券投资者保护基金的比例也有所不同。

除每年一度的券商评价结果外,证监会自 2021 年起开始公布券商"白名单",即对公司治理、合规风控有效的券商实施"白名单"制度,从而在某种程度上豁免监管,对这些券商给予监管便利。例如,2021 年 5 月 28 日,证监会将首批 29 家券商纳入"白名单"(后续按月进行动态调整并公布名单),对纳入"白名单"的券商将采取更为呵护的监管态度。

证监会对纳入"白名单"的券商将会在以下几个方面给予政策倾斜:第一,能减则减。对纳入"白名单"的证券公司,取消发行永续次级债和为境外子公司发债提供担保承诺、为境外子公司增资或提供融资的监管意见书要求。第二,能简则简。简化部分监管意见书出具流程。首发、增发、配股、发行可转债、短期融资券、金融债券等申请,不再按既往程序征求派出机构、沪深交易所的意见,确认符合法定条件后直接出具监管意见书。第三,创新试点业务的公司须从白名单中产生,不受理未纳入白名单公司的创新试点类业务申请。未纳入白名单的证券公司,不适用监管意见书减免或简化程序,继续按现有流程申请各类监管意见书。

7.4.3 对证券交易所的监管

证券交易所是为证券集中交易提供场所和设施,组织和监督证券交易,实行自律管理的法人。从世界各国的情况看,证券交易所分为公司制的营利性法人和会员制的非营利性法人,我国的证券交易所属于后一种。

证券交易所的管理原则如下:

① 证券交易所必须向证券交易的行政主管机关办理注册登记,将其所有活动,包括会员注册、证券注册、证券交易数量及结构变化等情况,按期报送证券管理机关。

② 禁止证券交易所会员进行内幕交易。

③ 禁止采取欺诈、垄断、操纵和其他不法手段经营证券业务。

④ 证券交易所的成立必须取得行政主管机关的批准。证券交易所主管机关有权审查证券交易所的各项文件及活动的合法性。

⑤ 证券交易所的活动必须接受行政主管机关和自律组织的监督。行政主管机关虽不得干预证券交易所的业务,却有权对证券交易所进行定期和不定期检查,并要求其定期汇报规定的营业和财务报告。自律组织也有权根据自律组织的规范来监督证券交易所的活动。

7.4.4 对投资者的监管

在证券市场上,凡是出资购买股票、债券等有价证券的个人或机构,统称为证券投资者。证券投资者可以分为个人投资者和机构投资者。个人投资者即以自然人身份从事股票买卖的投资者,机构投资者则主要是指一些金融机构,包括银行、保险公司、信托公司、退休基金等组织。机构投资者的性质与个人投资者不同,在投资来源、投资目标、投资方向等方面都与个人投资者有很大的差别。因此,对个人投资者和机构投资者的监管政策是不同的。

我国法律对个人投资者的监管相对宽松,只在投资资格和投资途径等方面作出了规定。《证券法》第一百零六条规定:"投资者应当与证券公司签订证券交易委托协议,并在证券公司实名开立账户,以书面、电话、自助终端、网络等方式,委托该证券公司代其买卖证券。"

相比之下,对机构投资者的监管则比较严格。在证券市场,交易所负责对机构投资者的行为进行一线直接监管,中国结算公司负责从登记结算方面对机构投资者的活动进行监督,创建了独立完整的登记结算技术系统,建立了包括结算风险基金、清算交收备付金制度、待交收机制和交收风险监控制度在内的风险管理体系,来控制结算风险。证监会设置相应的监管部门对机构投资者进行各方面的监管:机构监管部负责拟订证券公司的实施细则,监管其业务活动,审核其高级管理人员的任职资格,并对境外的机构投资者进行审核;基金管理部是专门针对证券投资基金的监管部门,负责基金、基金管理公司、基金托管机构的审核、设立、高级管理人员任职资格的审核,并且与国家外汇管理局共同负责 QFII 的设立审核;稽查一局、二局按照各自的分工对机构投资者出现的违规行为进行具体的查处。三个部门互相配合,共同监管机构投资者,维护证券市场的有序运行。

中国证券业监管的法律法规

课后习题

1. 简述证券业监管的原则。
2. 简述证券业监管的目标。
3. 证券监管体制有哪几种?请分别简述。
4. 简述证券业监管的必要性和意义。
5. 证券市场的监管包括哪些方面?
6. 简述信息披露机制的意义。
7. 对证券从业人员的监管包括哪些方面?
8. 对证券公司的监管包括哪些方面?

第8章

信托业监管

信托,即"受人之托,代人理财"。现代信托制度起源于英国13世纪创立的用益设计(USE)。信托在历经几百年的历史筛选后,逐步成为当今各国财富管理和风险管理的共同制度选择,在各国金融体系中处于核心地位。目前,我国信托业在发展过程中经历了数次整顿。信托业是比较典型的强监管周期的行业。本章除了信托的相关概述以外,也会聚焦我国信托业的发展及监管现状,帮助读者更好地理解我国的信托业及其监管措施。

开篇案例　梅艳芳信托

2001年，梅艳芳在被诊断出身患癌症以后，经朋友建议，由香港某知名银行于2003年年末设立了家族信托来处理其名下不菲的资产，并将其母亲覃美金作为主要信托受益人之一。设立信托所考虑的重要因素之一，便是其母亲不善于理财并有赌博的不良嗜好，信托安排中规定，其母亲只可每月领取固定7万港币的生活费直至去世。这样的安排看上去天衣无缝，但让梅艳芳始料未及的，却是其母亲个人破产、贫困潦倒、信托资产严重受损难以为继的结局。

自梅艳芳撒手人寰后，覃美金便不断在法院挑战信托安排的有效性，声称其应该得到所有的遗产，不断控告信托公司、为其服务的诉讼律师甚至判决其失败的法官等，前后共打了十多个不同的官司，在首次开庭前已经四度更换律师团队。最终，覃美金因无力支付高昂的诉讼费用，被法院宣布破产。

破产后，覃美金仍然不懈地通过各类诉讼讨要生活费。由于请不起律师，其只能以90岁的高龄在法庭上为自己辩护。法官实在于心不忍，破天荒地判给已破产的覃美金一笔律师费，保障其得到充分的法律服务；2014年10月，覃美金因无力支付各类上诉所需要的保证金，请求香港终审法院豁免，但遭到上诉委员会的驳回；2015年1月初，覃美金再度入禀香港高等法院，请求法院多判给她一些生活费，以维持自己的住房租金和针灸治疗的医药费，法官驳回了她的请求。由于覃美金并没有大量资产支付律师费，所有的费用几乎都来自其从信托收益中的"透支"，最终无力支付的时候，便只能宣告个人破产，沦落到穷困潦倒的生活状态，信托所管理的资产也因此大幅缩水。

注：编者根据相关资料改写而成。

信托是一种经历了创新的古老金融制度，最早开始于罗马，现代信托制度起源于英国。信托于20世纪初传入我国，中华人民共和国成立初期，受计划经济体制等客观条件限制，信托机构很快退出市场。改革开放后，中国国际信托投资公司于1979年10月成立，标志着我国信托业正式重启。

8.1　信托业监管概述

现代信托制度起源于英国13世纪创立的用益设计（USE），即委托人将自己所有的财产(一般是不动产)转移到受托人名下管理,约定受托人将所得收益和财物交由委托人指定的受益人。从本质上说,用益设计是一种委托人通过受托人转移财产的行为。为解决用益设计的缺陷,即财产受让人不遵守约定时,受益人在普通法院得不到救济,英国于15世纪初在衡平法的基础上确定了完整的用益制度规定,信托概念正式纳入英国法律系统。英国于1925年以《财产法》废除了《用益法》(1535),信托与用益的区别不复存在而统一于信托的概念中。现代信托制度得以最终确立。

信托在美国、日本得到了发展,以其灵活的制度安排,横跨资本市场、货币市场的巨大优势,迅速成为各国经济增长的动力,成为与银行、保险、证券并举的金融业四大支柱之一。信托业的发展对一国金融业的发展和金融结构的完善起到了重要作用。

信托,即"受人之托,代人理财",是指信托投资机构作为受托人,按照委托人的要求或指明的特定目的,收受、管理或运用资金及其他资产的金融业务。信托的构成要素主要包括信托行为、信托主体以及信托客体。

8.1.1 信托的基本特征

信托的基本特征有以下三个:

① 实现财产权利与利益相分离。信托是以财产为中心设计的一种财产转移与管理制度。信托财产所有权最大的特点为信托财产的所有权在受托人与受益人之间进行分离。一方面,受托人享有信托财产所有权的名义,像真正的所有权人一样管理和处分信托财产;另一方面,受托人的这种财产所有权又受到严格限制,受托人必须妥善管理和处分信托财产,并将由此获得的全部信托收益交由委托人指定的受益人。

② 实现财产独立和破产隔离。信托财产的独立性是指,一旦信托成立,信托财产就从委托人、受托人和受益人的固有财产中分离出来,成为一种独立的财产。信托财产的独立性使得信托超然于各方当事人的固有财产之外,其出发点是维护信托财产的安全,确保信托目的得以圆满实现。一是信托财产独立于委托人未设立信托的其他财产;二是信托财产独立于受托人的固有财产;三是信托财产独立于受益人的固有财产;四是信托财产原则上不得强制执行。

③ 实现财产管理的长期性和稳定性。信托关系具有连续性的特点,不会因为意外事件的出现而终止。信托关系的连续性使其成为一种具有长期性和稳定性的财产转移和财产管理制度。一是信托关系不因委托人的欠缺而影响其存续。信托设立后,受托人拥有信托财产的所有权名义并对信托财产加以管理处分,即使委托人因某种原因不复存在,信托关系也不会因此而终止。二是信托关系不因受托人欠缺而影响其存续。信托设立后,受托人即使因死亡、解散、破产、丧失行为能力、辞职、解职或其他不得已事由而终止其处理信托事务的职务,信托关系也不会因此而消亡。

8.1.2 信托的职能

作为一类金融业务,信托具有如下职能:

① 财产管理。指受委托人之托,信托机构为之经营、管理或处置财产的职能,即"为人管业,代人理财",这是信托的基本职能。

② 融通资金。信托作为金融业的一个重要组成部分,生而具有调剂资金余缺的职能,同时,还可为国家发展生产和加快建设筹措长期、稳定的资金。

③ 沟通和协调经济关系。信托业务具有多边经济关系,受托人作为委托人与受益人的中介,是天然的横向经济联系的桥梁和纽带。通过信托业务的办理,受托人可以与经营各方建立相互信任的关系,为经营者提供可靠的经济信息,为委托人的财产寻找投资场所,从而加强了横向经济联系和沟通。

④ 社会投资。这是指信托机构通过开展信托业务来参与社会投资活动的职能,只有当信托机构拥有投资权并且投资方式适当时,其财产管理职能才有基础。

⑤ 服务社会公益事业。这是指信托机构可以为欲捐款者或资助社会公益事业的委托人服务,以实现其特定目的的职能。

我国目前共有 72 家信托公司,其中,4 家为高风险信托公司,68 家为正常经营的信托公司。从信托公司注册地分布看,广西、海南、宁夏三省(自治区)没有信托公司,其余各省(自治区、直辖市)均注册有信托公司。注册在北京、上海、广东、浙江、江苏等经济发达地区的信托公司较多,其中,北京 11 家,上海 7 家,广东 5 家(包括深圳 2 家),浙江 5 家(包括宁波 1 家),江苏 4 家,其余省(自治区、直辖市)的信托公司分布较为分散,基本维持在 1—2 家。从信托公司的股权结构看,在 68 家正常经营的信托公司中,金融机构控股 8 家,央企控股 18 家,地方政府及国企控股 25 家,民营企业控股 17 家。

8.2 信托业监管的必要性

金融监管源于金融业的内在不稳定性以及经营过程中存在的巨大风险,信托业作为金融业的一个分支也是如此。广义的信托业监管包括以特定监管机构为主体的政府监管、信托行业协会的自律规范、社会媒体的监督和信托机构的内部控制;狭义的信托业监管是指一个国家或地区的金融监管当局依据法律赋予的权力,依法对管辖范围内的信托经营主体及其所从事的信托业务活动进行监督、管理和约束,以维护信托业的稳定发展和正常秩序。对信托业进行监管的必要性有以下几点:

① 信托业信息失灵。在信托公司发展及其业务中,信息失灵既可以表现为信息不完全,又有可能表现为信息供应不充分,还有可能是人为地故意隐瞒事实、掩盖事实或提供虚假信息。这种信息的不完备性和不对称性构成了信托业监管的主要原因。信托业监管的目的在于消除监管者与被监管者之间、被监管者与投资者之间及监管者与公众之间的信息不对称因素,通过法律的规定及严格的法律实践来保证信息流通环节的畅通、信息传播的速度及确立信息的认证程序等。

② 信托业的内在脆弱性。信托业的脆弱性主要是由于金融行为的有限理性决定的。在实践中,金融行为的有限理性具体表现为:一是寻租行为。寻租行为是指经营管理者利用手中的权力或职务便利,为使自身效用最大化而使组织利益最大化的目标受损的行为。二是投机行为。信托公司的业务本身就是"受人之托,代人理财",信托财产往往投资于证券、实业或者信托贷款,尽管其投资行为依靠的是投资专家的理性分析,但不可回避其投机成分。如果投机过度,形成"泡沫经济"则会对信托业本身的发展乃至整个金融市场的发展造成严重危害,对国民经济造成巨大冲击。三是信托产品的创新性。由于我国信托业起步较晚,信托产品的创新成为这几年信托业发展的主流,过于盲目的创新则会导致原来的信托制度越来越脆弱,可以说信托产品的创新是信托业具有脆弱性的催化剂。

③ 信托产品的公共产品特性。一个有效的信托体系可以被近似地看作公共产品。这一属性也导致了信托公司会尽可能少地提供信息。不考虑故意欺骗性因素,信托公司的信息披露一方面会使委托人掌握更多的项目进展信息,披露越多,被抓住犯错误的概率就越大;另一方面会使得其他信托机构更方便地评估其投资行为的价值,从而产生了搭便车的行为。因此,信托公司缺乏信息披露的动力。

④ 信托业的效率性。信托业的效率价值同样决定了监管存在的必要性。效率来源于充分的竞争,一方面,竞争会导致市场的无序;另一方面,竞争的实现离不开"优胜劣汰"机制。问题是,由于信托机构个体对整个信托体系有很强的外部性,被淘汰的信托公司的支付困难很可能通过由信息不完备导致的恐慌心理传导到整个信托体系。信托制度的效率性和稳定性之间的悖论决定了信托业监管的必要性。

⑤ 信托业的风险性。信托市场作为市场经济的组成部分,其存续和发展的过程就是不断竞争的过程,而风险无时无刻不存在于市场竞争之中。防范和化解风险成为稳定信托市场、促进信托业发展的关键。信托业面临的风险包括市场风险、信用风险、流动性风险、操作风险和道德风险等。信托业风险引发的信托市场功能扭曲,形成政府对信托市场活动及其主体行为进行监管的客观需要,也为我国信托监管制度体系的建立奠定了基础。信托的运作特点是灵活性和创新性,这也伴随着相应的风险,因此,需要监管来克服市场机制所孕育的风险,用以保证信托功能的充分实现和经济效益的增进。

8.3 信托业监管的模式

现代信托制度起源于英国,英美法系各国均有主要以判例法为存在形式的信托法。其中,英国的信托法 600 年历史早已完善定型,美国的信托法则几乎是整体移植英国信托法的产物,其他各国的信托法则为这两国的信托法所衍生。在大陆法系,日本、韩国和我国台湾地区有作为单行法存在的信托法。通常,信托法包括信托行为法和信托业法两部分,有些国家统一立法,有些国家分别立法。全球范围内信托业监管的主要模式包括两种:双层多头监管和集中监管。

8.3.1 双层多头监管

双层多头监管模式的典型代表是美国。美国信托业监管体系包括三部分,即信托立法、央行的监管和行业自律。由于法制及政府和央行的监管比较完善,美国的信托业行业自律组织的作用相对较弱。

美国立法体制的特点以及经营信托业务的金融机构的注册机关不同,因此,美国信托业监管是双层多头型。"双层"是指监管机关和立法依据都可以分为联邦和州两个层次;"多头"是指信托机构受多个监管主体监管,其中,联邦监管机关主要是通货管理署、联邦储备银行、联邦存款保险公司等,州监管机关主要是各州的通货管理署、州银行管理机构等。

美国的信托法是州法,纽约州等州已相继出台了全面调整信托关系的信托法典或单行的成文信托法。与各州信托立法的发展相适应,在美国统一各州法制的运动中,信托法也是一个重要的内容。美国的统一各州法律委员会自 1960 年以来先后拟定了 9 个关于信托以及与之有直接联系的成文法草案。美国国会也相继颁布了 4 个成文信托特别法,其中,除 1933 年的《统一信托收据法》(The Uniform Receipt of Trusts Act)于 1952 年废止外,1906 年《信托公司准备法》(Trust Company Reserve Law)、1939 年的《信托契约法》(Trust Indenture Act)和 1940 年的《投资公司法》(The Investment Company Law)都沿用至今或经修订后至今仍然适用。另外,美国的信托立法具有很强的针对性和可行性,如 1940 年的《投资公司法》就是针对投资基金问题进行的立法。这保证了信托多方面功能的发挥,对美国的金融发展起到了积极作用。

与美国的信托法分为联邦法规和州法规两个体系相对应,美国信托业的监管也分为两级。美国信托业受联邦和州的双重监管,各级监管机构是国会和州立法机构通过国家相关法律及各州的银行法授权产生的。所有信托机构都应接受监管机构定期和不定期的检查,检查内容包括信托账户设立、信托业务运行、信托部门投资策略等。

美国的信托业机构主要是兼营信托业务的银行以及兼营银行业务的信托公司。信托机构受联邦一级和州一级的双重监管,同时也受联邦储备体系的监管。美国联邦一级的监管机构有财政部的通货管理署、联邦储备银行、联邦存款保险公司,州一级的监管机构有各州的通货管理署、州银行管理机构等。具体分工为:国民银行及华盛顿特区的某些银行的监管机构为通货管理署,作为联邦储备体系会员银行的州立银行接受州银行管理机构和联邦储备体系董事会通过联邦储备银行进行的监管,非联邦储备体系会员银行的州立银行接受来自州银行管理机构和联邦存款保险公司的监管,信托公司则处于州银行管理机构的监管之下。

由于存在国民银行、州立银行以及信托公司的区别,各级监管机构在审批信托权方面遵循的程序有所不同。国民银行欲从事信托业务,首先要向通货管理署提交申请,由后者根据《国民银行的信托权和信托投资基金》进行审查。只有在符合该条例且与当地法律不冲突的情况下,通货管理署才会批准国民银行的申请。州立银行则需要取得州政府管理机构的许可,如果是联邦储备体系会员,还需要得到联邦储备体系董事会的许可,才能取得信托权。而且,所有的信托机构都应接受政府管理机构定期和事先不通知的检查。

8.3.2 集中监管

对信托业实行集中监管的典型代表是日本。日本于20世纪初从美国引入信托制度。1905年制定的《附担保公司债信托法》被视为日本正式在法律上引入信托制度。1922年,日本颁布《信托业法》。2004年,日本对《信托业法》进行修订,扩大了受托主体范围,但信托银行仍占据最主要的地位。2006年,日本修订《信托法》,对新的信托类型进一步认可。其后,贷款信托逐步退出市场,投资信托、金钱信托、年金信托、家族信托等快速发展,呈现融资功能与财产管理功能并重、多种信托产品并存的特点。

截至2019年3月末,日本信托业受托资产规模共计1 272.88万亿日元(约合77.48万亿元人民币)。根据受托人不同的管理方式,信托业务可划分为资产运用型信托(Asset Management Business)、事务管理型信托(Asset Administration Business)和资产流动化信托(Asset Liquidation Business)三种类型。目前,日本信托市场上占据主流地位的仍然是传统的信托产品,如投资信托、金钱信托、年金信托、资产流动化信托,占比约90%;教育资金赠予信托、婚育支持信托、遗嘱代管信托等创新产品占比约10%。

日本信托业监管的职权高度统一。日本行使信托监管职能的部门为日本金融厅和地方财务局。金融厅负责监管信托银行和兼营信托业务的都市银行,下设综合政策局、企划市场局和监督局。综合政策局主要负责制定金融政策与战略方针、把握金融系统整体风险以及调研市场动向;企划市场局主要负责金融制度的规划和立项等;监督局负责对银行业、信托业、保险业和证券业实施分类监管。对信托机构的监管主要涉及监督局以下部门:总务科负责金融监督事务指南的制定;银行第一科负责涉及《信托业法》《兼营法》《贷款信托法》有关事项的监管;证券科负责涉及《投资信托法》有关事项的监管。此外,经金融厅长官授权,由地方财务局对兼营信托业务的地方银行、信托公司、信托合同代理店实施监管。

日本制定了较为完善的信托法律体系。一是信托关系基本法。由《信托法》规定信托的基本规则,阐明信托法律,界定信托关系,规范受托人义务。二是信托业者规制法。由《信托业法》《兼营法》等规范受托人受托行为和业务规则。三是信托产品特别法。针对具体信托产品,由《贷款信托法》《投资信托法》《资产流动化法》《确定给付企业年金法》等特别法为信托的灵活运用和信托产品创新提供法律保障。四是配套制度相关法。由《金融商品交易法》实现金融商品交易行为在横向上的统一规制。此外,就信托财产登记和税制管理,也分别制定了相关法律。

日本在加强信托业政府监管的同时,也注重发挥信托业协会的自律管理职能。早在1919年,日本就创立了信托业协会,并在1926年发展为法人组织。信托业协会致力于信托观念的普及和业务推广,研究和改进信托事业的理论和实践,促进了信托业者相互间的交往和合作。信托业协会还创办了《信托》杂志来普及信托观念,举办信托讲习会并利用各种新闻媒体来宣传信托制度。信托业协会不仅促进了信托业的发展,而且对信托业的监督管理起到了积极作用。

8.4 我国的信托业监管

8.4.1 发展历程

(1) 探索发展阶段:1979—2001年《信托法》颁布实施之前

国家出于改革高度集中的传统金融体制的需要,将信托机构作为国家银行的补充机构,引入金融体系中。信托公司在开办之初,主要功能定位是类同于银行的融资功能,从指导思想、行业管理和实务经营上,都使用了办银行的方法办信托机构,用管信贷的方法管信托业务,从而使信托机构具有强烈的银行色彩。在探索时期,信托机构还成了金融混业经营的改革试验田。

1979年,中国银行总部成立信托咨询部;同年,中国国际信托投资公司在北京成立。由于中国信托业的出现并非市场需求,而是政府在经济体制改革和筹集建设资金等多种需求下的一种措施,因此,信托机构的设立需要行政性审批。

1980年,国务院和中国人民银行《关于积极开办信托业务的通知》的文件把审批地方性信托机构的权限下放到与省级政府有隶属关系的中国人民银行省级分行。至此,在中国信托业形成初期,形成了中央和地方分别审批的两级监管体制。

(2) 初步规范发展阶段：2001—2007年"新两规"颁布之前

由于我国信托业早期发展定位不清,导致信托业成为我国经济发展中的一股无序力量,积累了不少风险,信托业作为中国金融混业经营改革的试验田,从产生之初便与"整顿"密切相关,截至2007年"一法两规"出台,先后经历了五次整顿。

① 第一次整顿。1982年,国务院发出《关于整顿国内信托投资业务和加强更新改造资金管理的通知》,重点为机构整顿,停办地方信托公司,非银行金融信托机构被清理,信托业务由中国人民银行或其指定的专业银行办理。

② 第二次整顿。1985年,中国人民银行颁布《金融信托投资机构资金管理暂行办法》,1986年,国务院和中国人民银行分别颁布《银行管理条例》和《金融信托投资机构管理暂行规定》,重点为明确信托公司的经营范围、资金来源和机构设置等,并首次在法律上确定了信托业在中国金融体系中的地位,确定了中国人民银行对信托机构的管理和领导。

③ 第三次整顿。1988年,中国人民银行发出《关于暂停审批各类非银行金融机构的紧急通知》,1989年,国务院发出《关于进一步清理整顿金融性公司的通知》。重点是将信托公司的审批权统一收至中国人民银行总行,并由中国人民银行负责信托机构的组织、核查和验收。

④ 第四次整顿。1993年,中国人民银行发出《关于严格金融机构审批的通知》,要求包括信托公司在内的金融机构的设立均需中国人民银行批准并核发经营金融业务许可证。1995年,国务院出台《中国人民银行关于中国工商银行等4家银行与所属信托投资公司脱钩的意见》,此后相继颁布《商业银行法》和《证券法》,明确了银信分离和证信分离的原则。

⑤ 第五次整顿。1999年1月11日,广东国际信托投资公司向广东省高级人民法院申请破产。广东国际信托投资公司资不抵债已高达146.94亿元。这宗破产案不仅成为中华人民共和国成立以来第一宗非银行机构破产案,更是迄今为止中国最大的破产案。为使信托业回归"受人之托,代人理财"的本质,我国开始进行自1979年信托业产生以来最为全面和严厉的整顿。

首先是对信托机构的整顿,经过一系列的关闭、整合,信托公司数量下降到60家以下。对信托机构逐个验收,为符合条件的信托公司重新办理登记手续,同时关闭高风险机构,包括2004年8月停业整顿新疆金新信托,2005年5月停业整顿宁夏伊斯兰信托,7月停业整顿青海庆泰信托,12月停业整顿浙江金信信托,2006年10月停业整顿泛亚信托等。

其次是颁布了若干监管法规,其中最重要的是2001年颁布的《信托法》、2007年颁布的《信托投资公司管理办法》和《信托投资公司资金信托管理暂行办法》(业界称为"旧两规"),即"一法两规"。"一法两规"为中国信托业监管的规范化发展奠定了基础。2003年,银监会成立,信托业的监管部门由中国人民银行调整为银监会;2005年,中国信托业协会成立,中国的信托业拥有了行业自律组织。这为中国信托业监管更加规范化发展提供了有力保障。

信托行业在经历了此次整顿之后,对于如约兑付尤为重视,这种态度也体现在其行业规章中。2004年,原银监会发布《关于进一步规范集合资金信托业务有关问题的通知》,其中第十七条规定:"信托投资公司出现集合信托计划到期结束时无法按信托合同的约定向信托受益人交付信托财产情形的,其注册地银监局应当在获知该情形发生之日起,即刻要求该公司停止办理新的集合资金业务,并要求其提交风险处置预案。"也就是说,如果一个集合信托计划到期无法交付财产,即可停止办理新的信托业务。第二十条的规定更为严格:"对连续两个到期集合信托计划的信托本金出现损失且应由信托投资公司承担责任的,应立即下达书面通知,暂停其集合资金信托业务资格两年,并实施严格的整改措施。"也就是说,连续两个到期的集合信托若本金出现损失,如果信托公司有责任,不论什么样的责任、责任是否严重,信托业务都将立即暂停两年。虽然该条文已于2007年废止,但是为了避免资金链崩溃引发连锁反应,信托公司一般都会选择主动兑付已发生违约的信托产品。因此,当产生信托业的刚性兑付问题(信托产品到期)时,信托公司必须向投资者分配投资本金以及预期的收益,如果信托资产出现风险、本身没有足够的现金价值,信托公司或者其相关方必须对该信托进行"兜底"处理。

刚性兑付的弊端也是显而易见的。刚性兑付无疑破坏了风险与收益相匹配的市场规律。在刚性兑付的承诺下,将引发大量资金涌入高风险投资领域。一方面,这种非正常的资金流入将扰乱资源的配置方式,减少了实业发展所需资金的获取渠道;另一方面,大量的资金其实增加了市场的泡沫,从而使金融市场出现系统性风险。

(3) 快速发展阶段:2007年原银监会颁布"新两规"后至2017年

2007年,原银监会重新制定并颁发实施了《信托公司管理办法》《集合资金信托计划管理办法》(业界称为"新两规"),进一步明确了信托公司"受人之托,代人理财"

的定位。在修订《信托公司管理办法》时,按照"受人之托,代人理财"的信托义务,把信托投资公司的"投资"取消,就叫信托公司,并对之前的实业投资全部进行清理。在修订《信托公司集合资金信托计划管理办法》时,针对当时信托委托人主要是中低收入群体,提出并定义了合格投资者的概念(也就是现在的高净值人群),规定合格投资者门槛为个人或家庭金融资产总计超过 100 万元。

信托业的信托资产从 2007 年末的 0.94 万亿元增长至 2017 年末的 26.25 万亿元,累计增长 27 倍,管理的资产规模超过了保险业、证券业和基金业,在 2013 年一跃成为我国第二大金融子业。同时,信托公司的盈利模式也从前一阶段的固有业务收入为主向信托业务收入为主转型,成为资产管理领域的领军者。

2010 年 8 月颁布实施的《信托公司净资本管理办法》在很大程度上突破了以往监管手段"头痛医头、脚痛医脚"的局限,在防范兑付风险、引导主动管理发展、从信托公司角度遏制银信合作三个层面,通过净资本与风险资本管理,引导信托业向信托本源方向发展。在这一阶段,银监会基本建立起对信托业"一法三规"(业界称为"新一法两规")的监管制度框架,提高了对信托的认识,明确了信托业发展理念。

(4) 回归本源转型发展阶段:2017 年至今

2017 年,原银监会部署开展了深入整治银行业市场乱象系列工作。2018 年 4 月,中国人民银行、银保监会、证监会、国家外汇管理局联合发布《关于规范金融机构资产管理业务的指导意见》(简称《资管新规》),旨在规范金融机构资产管理业务,统一同类资产管理产品监管标准,有效防范和控制金融风险。

《资管新规》发布后,不仅重申了资产管理业务中由委托人自担投资风险并获得收益,且明确禁止金融机构进行刚性兑付,并反面列举了此前信托公司常用的刚兑手法。同时,对于金融机构仍采取刚性兑付的,监管部门将相应地采取惩罚措施。一改此前监管机关虽明面禁止刚兑但实际执行时往往默认信托公司以"打擦边球"的方式进行刚兑的态度。

8.4.2 信托业监管的现状

我国金融监管体制目前采用分业经营、分业监管的模式。信托公司是由银保监会以及各地银保监局负责监管。近几年经过逐步完善法律、法规建设,基本形成了现代信托监管体系的框架。我国信托监管的模式是以政府监管为主,行业自律为辅。

(1) 监管依据

为使信托机构定位更加清晰,信托业务更加回归信托本质,同时促进中国信托业良性发展。2007年,证监会在"一法两规"的基础上重新修订并颁布了《信托公司管理办法》和《信托公司集合资金信托计划管理办法》,形成"新一法两规"。这也成为现阶段中国信托业监管的最重要依据,此外,还包括陆续出台的一些通知、办法、指引等。

(2) 监管内容

信托业监管的内容包括对信托机构(信托公司)的监管和对信托业务的监管两部分。根据2007年3月1日起施行的《信托公司管理办法》,信托公司所从事的信托业务是指以营业和收取报酬为目的,以委托人身份承诺信托和处理信托事务的经营行为。中国银监会对信托公司及其业务活动实施监督管理。

① 对信托机构的监管。

第一,设立。设立信托公司,应当采取有限责任公司或者股份有限公司的形式,经银保监会批准,并领取金融许可证。未经银保监会批准,任何单位和个人不得经营信托业务,任何经营单位不得在其名称中使用"信托公司"字样。

设立信托公司,须具备如下条件:有符合《公司法》和银保监会规定的公司章程;有具备银保监会规定的入股资格的股东;具有最低限额的注册资本,即3亿元人民币或等值的可自由兑换货币,注册资本为实缴货币资本;有具备银保监会规定任职资格的董事、高级管理人员和与其业务相适应的信托从业人员,银保监会对信托公司的董事、高级管理人员实行任职资格审查制度;具有健全的组织机构、信托业务操作规程和风险控制制度;有符合要求的营业场所、安全防范措施和与业务有关的其他设施。此外,信托公司设立分支机构须经银保监会批准。

第二,经营。信托公司管理运用或者处分信托财产,须维护受益人的最大利益。信托公司对委托人、受益人以及所处理信托事务的情况和资料负有依法保密的义务。信托公司应当妥善保存处理信托事务的完整记录,定期向委托人、受益人报告信托财产及其管理运用、处分及收支的情况。委托人、受益人有权向信托公司了解对其信托财产的管理运用、处分及收支情况,并要求信托公司说明。

信托公司应当将信托财产与其固有财产分别管理、分别记账,并将不同委托人的信托财产分别管理、分别记账。信托公司应当依法建账,对信托业务与非信托业务分别核算,并对每项信托业务单独核算。

信托公司开展信托业务时,不得有下列行为:利用受托人地位谋取不当利益;将信托财产挪用于非信托目的的用途;承诺信托财产不受损失或者保证最低收益;以信托财产提供担保。信托公司开展关联交易,应以公平的市场价格进行,逐笔向银保监会事前报告,并按照有关规定进行信息披露。

第三,变更。信托公司有下列情形之一的,应当经银保监会批准:变更名称;变更注册资本;变更公司住所;改变组织形式;调整业务范围;更换董事或高级管理人员;变更股东或者调整股权结构,但持有上市公司流通股份未达到公司总股份5%的除外;修改公司章程;合并或者分立;银保监会规定的其他情形。

第四,终止。信托公司出现分立、合并或者公司章程规定的解散事由,申请解散的,经银保监会批准后解散,并依法组织清算组进行清算;信托公司不能清偿到期债务,且资产不足以清偿债务或明显缺乏清偿能力的,经银保监会同意,可向人民法院提出破产申请,银保监会也可直接提出对该信托公司进行重整或破产清算的申请;信托公司终止时,其管理信托事务的职责同时终止,清算组应当妥善保管信托财产,做出处理信托事务的报告并向新受托人办理信托财产的移交。

② 对信托业务的监管。

第一,范围。信托公司可以申请经营下列部分或全部本外币业务:资金信托;动产信托;不动产信托;有价证券信托;其他财产或财产权信托;作为投资基金或者基金管理公司的发起人从事投资基金业务;经营企业资产的重组、并购及项目融资、公司理财、财务顾问等业务;受托经营国务院有关部门批准的证券承销业务;办理居间、咨询、资信调查等业务;代保管及保管箱业务。此外,信托公司可以根据《信托法》等法律法规的有关规定开展公益信托活动。

第二,信托设立。以信托合同形式设立信托时,合同应载明以下事项:信托目的;委托人、受托人的姓名或者名称、住所;受益人或者受益人范围;信托财产的范围、种类及状况;信托当事人的权利义务;信托财产管理中风险的揭示和承担;信托财产的管理方式和受托人的经营权限;信托利益的计算,向受益人交付信托利益的形式、方法;信托公司报酬的计算及支付;信托财产税费的承担和其他费用的核算;信托期限和信托的终止;信托终止时信托财产的归属;信托事务的报告;信托当事人的违约责任及纠纷解决方式;新受托人的选任方式;信托当事人认为需要载明的其他事项。以信托合同以外的其他书面文件设立信托时,书面文件的载明事项按照有关法律法规的规定执行。

(3) 监管方式

与其他金融机构监管方式基本一样,目前,我国信托业监管仍以非现场和现场检查为主,其他监管方式为辅。具体监管方式见图8-1。

其中,中国信托业协会的自律监管作用体现在以下三个方面:

第一,信托业协会有助于政府监管部门对信托公司进行监督,加强与主管机构及信托公司之间的业务执法和信息交流,落实行业发展规划;

第二,信托业协会可以促进同行业之间的业务交流,建立标准化信托品种的行业标准,树立信托公司的对外形象,组织研究建立信托业的配套制度,以实现信托业的整体提高;

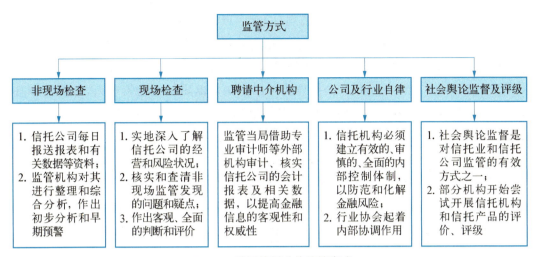

图 8-1 我国信托业的监管方式

第三,信托业协会有助于向社会普及信托知识,组织信托从业人员的培训,承担对信托从业人员资格考试和注册上岗制度的执行。

(4) 监管组织体系

第一,信托业监管规制建设与监管执行的职责分工。银保监会信托部负责信托监管规制建设和监管机制设计;银保监会信托部以及属地银保监局负责信托业机构的监督管理。银保监会信托部直接监管信托保障基金公司和信托登记公司;信托公司实际控制人变更引起的股权变更准入审批;信托行业风险分析及风险提示;提出现场检查机构立项建议,开展现场调查;开展信托公司监管评级复评;指导风险处置工作。属地银保监局负责属地信托公司的法人监管,负责市场准入审批、日常持续监管(非现场监测和现场检查)、属地风险机构处置等。

第二,"一体三翼"监管运行体系。"一体"是指银保监会及其派出机构对信托业的监管工作。"三翼"包括:银保监会协调中国信托业协会[①]发挥的行业自律作用;中国信托业保障基金有限责任公司[②]运营信托业保障基金发挥的行业保障机制作用;中国信托登记有限责任公司[③]建设信托产品登记和交易流转机制发挥的市场约束作用。

中国信托业协会(China Trustee Association)成立于 2005 年 5 月,是全国性信托业自律组织,是经原中国银行业监督管理委员会同意并在中华人民共和国民政部登记注册的非营利性社会团体法人,接受业务主管单位中国银保监会和社团登记管理机关民政部的指导、监督和管理。

---

① 可参考:http://www.xtxh.net/。
② 可参考:http://www.ctpf.com.cn/。
③ 可参考:http://www.chinatrc.com.cn/。

中国信托业保障基金有限责任公司（China Trust Protection Fund Co., Ltd.）是经国务院同意，中国银保监会批准设立的银行业金融机构。公司由中国信托业协会联合13家经营稳健、实力雄厚的信托公司出资设立，于2015年1月16日获发营业执照，注册资本115亿元人民币。公司作为中国信托业保障基金的管理人，负责保障基金的筹集、管理和使用。公司的主要任务和目标是：按照市场化原则，预防、化解和处置信托业风险，促进信托业持续健康发展。公司的经营范围主要包括：受托管理保障基金；参与托管和关闭清算信托公司；通过融资、注资等方式向信托公司提供流动性支持；收购、受托经营信托公司的固有财产和信托财产，并进行管理、投资和处置；同业拆借、同业借款和向其他金融机构融资，经批准发行金融债券；买卖政府债券、中央银行债券（票据）、金融债券和货币市场基金；国务院银行业监督管理机构批准的其他业务。

中国信托登记有限责任公司（简称中国信登）是由中国银保监会直接监督管理、提供信托业基础服务的会管非银行金融机构，于2016年12月26日对外宣告成立。中国信登的注册地为中国（上海）自由贸易试验区，注册资本30亿元人民币，由中央国债登记结算有限责任公司控股，中国信托业协会、中国信托业保障基金有限责任公司、国内18家信托公司等共同参股。中国信登定位为我国信托业的信托产品及其信托受益权登记与信息统计平台、信托产品发行与交易平台、信托业监管信息服务平台，并以市场化方式运作，坚持依法合规和稳健经营的原则，忠实履行监管部门赋予的信托登记和其他相关职能。中国信登的主要业务有：集合信托计划发行公示；信托产品及其信托受益权登记；信托产品发行、交易、转让、结算等服务；信托受益权账户的设立和管理；信托产品及其权益的估值、评价、查询、咨询等相关服务；信托产品权属纠纷的查询和举证；提供其他不需要办理法定权属登记的信托财产的登记服务等。

课后习题

1. 简述对信托业进行监管的必要性。
2. 目前，全球范围内的信托业监管模式主要包括哪几种？请分别进行简述。
3. 试述我国信托业的监管现状。

第9章

其他机构监管

除银行业、保险业、证券业和信托业外,其他类型的金融机构也在一国金融体系中扮演着重要角色。本章主要讲述了金融租赁业、担保业、财务公司、非银支付机构和金融控股公司这五大类金融机构的监管。

开篇案例　中国华融未来路在何方

中国华融资产管理股份有限公司（下称中国华融）成立于1999年11月1日，是为国有银行改革和国有企业改革脱困而成立的四大金融资产管理公司之一，曾对口接收处置中国工商银行的不良资产。

截至2020年6月末，中国华融第一大股东为财政部，持股61.41%；社保基金为第二大股东，持股6.34%，其余股东持股均在5%以下。2021年8月29日晚间，中国华融迟到四个多月的年报出炉。年报显示，中国华融2020年实现收入760.08亿元，归属于母公司股东的净利润为—1 029.03亿元。从各业务分部资产减值情况来看，不良资产经营分部确认397.26亿元，金融服务分部确认117.16亿元，资产管理和投资分部确认563.14亿元。资产管理和投资分部成为亏损的主要来源，2020年该分部收入总额为—115亿元。中国华融甩卖辅业资产，还分别与中信集团、中保投资、人寿资产、中国信达、远洋资本五家机构签署了投资框架协议，拟通过增发计划引入战略投资。

2009年1月，赖小民任中国华融资产管理公司党委副书记、总裁等职，2012年9月起任中国华融资产管理股份有限公司党委书记、董事长。2021年1月5日，天津市第二中级人民法院判处赖小民死刑。2021年1月29日上午，天津市第二中级人民法院依照法定程序对赖小民执行了死刑。

注：编者根据相关资料编写而成。

除了银行、保险、证券、信托这四大金融业态以外，金融租赁、财务公司、金融控股公司、担保公司等金融业态在经济中承担着不同的功能。支付行业发展迅猛，现金使用率大大降低，因此，支付机构也逐步纳入监管之中。以上各行业的特征不同，与此相对应的监管模式和监管内容也不尽相同。针对不同行业，我国相继出台了相关法律规范进行约束。通过对不同金融行业实施监管，可以实现对金融更加全方位的监管。

9.1　金融租赁业监管

金融租赁是一种通过短时间、低成本、特定程序把资金和设备紧密结合起来的资金融通方式。具体而言，当企业需要添置某些技术设备而又缺乏资金时，由某金融租赁公司代其购进或租入所需设备,然后再出租给承租对象使用的一种租赁方式。

"金融租赁"和"融资租赁"均来自同一英文词汇"Financial Lease"的翻译。在我国,因金融监管体系的特性以及对租赁内涵的认识不同,才产生了差异。金融租赁公司和融资租赁公司有四点区别:一是机构性质不同。融资租赁公司是一般工商企业,金融租赁公司是金融机构。二是商事属性不同。融资租赁公司的注册资本是认缴制,金融租赁公司的注册资本是实缴制,先证后照。三是业务性质不同。融资租赁公司的资金来源除了资本金以外主要是银行借款,其与商业银行是一般企业和商业银行的关系。金融租赁公司的资金来源除资本金外,还能吸收股东存款、同业拆借、同业借款、发行金融债券等,融资成本低,资金吸纳能力强,其与商业银行属于金融同业的关系。四是监管主体不同。融资租赁公司由地方政府监管,金融租赁公司由银保监会依据《中华人民共和国银行业监督管理法》实施监管。

租赁分为经营性租赁和融资性租赁。满足以下一项或数项标准的租赁,应当被认定为融资租赁,否则,为经营性租赁:① 在租赁期届满时,租赁资产的所有权转移给承租人。② 承租人有购买租赁资产的选择权,所订立的购价预计将远低于行使选择权时租赁资产的公允价值,因而在租赁开始日就可以合理确定承租人将会行使这种选择权。③ 租赁期占租赁资产尚可使用年限的大部分。如果租赁资产在开始租赁前已使用年限超过该资产全新时可使用年限的大部分,则该项标准不适用。④ 就承租人而言,租赁开始日最低租赁付款额的现值几乎相当于租赁开始日租赁资产原账面价值;就出租人而言,租赁开始日最低租赁收款额的现值几乎相当于租赁开始日租赁资产原账面价值。如果租赁资产在开始租赁前已使用年限超过该资产全新时可使用年限的大部分,则该项标准不适用。⑤ 租赁资产性质特殊,如果不作较大修整,只有承租人才能使用。

金融租赁发展至今,有如下几种基本形式:① 商业租赁。这是最基本、最典型的租赁形式,即由出租人自行筹措资金向供货厂商购买设备,然后直接租赁给承租人。此方式租赁期较长,一般为3—5年,大型设备可达10—20年。② 转租赁。这是指标的物为同一物件的多次租赁,在这一形式下,存在两份租赁合同,第二份合同受第一份合同的约束,包括租期、退租条件、最终承租人的能力要求等。③ 出售回租。这是指承租人将自有物件出售给出租人,然后再从出租人处租回,一般发生在企业需要某种设备但资金不足的情况下。④ 杠杆租赁。出租人在购买拟出租设备时,以该设备的第一抵押权、租赁合同及租金收益权、保险权益作为抵押,向银行等机构借入大部分购买设备所需的资金。银行等贷款人提供贷款时对出租人无追索权,其还款保证在于设备本身和租赁费、保险费。如果承租人违约,被清偿的资产仅限于租赁资产,不涉及出租人的其他资产。⑤ 厂商租赁。这是指设备的制造商或经销商作为出租人对所生产或经销的设备购买者提供租赁融资服务。

9.1.1 金融租赁业监管模式

每个国家对金融租赁行业的监管所采用的模式都不尽相同。即使同一个国家，在不同的时期所采用的监管模式也不相同。从监管机构的角度出发，我们可将对金融租赁业的监管分为市场约束模式、多头监管模式以及统一监管模式。

(1) 市场约束模式

美国是金融租赁的发源地，自 1952 年世界第一家金融租赁公司在美国成立以来，美国的金融租赁业无论在交易量还是市场渗透率方面都处于遥遥领先的地位，占据了全球一半左右的租赁市场，所以，对美国金融租赁业的研究有着深远的意义。

美国对金融租赁业采取的是市场约束的监管模式，即不实施强制性的官方监管，而是依靠市场机制自行调节。租赁公司除了经营租赁业务以外，还可以从事房地产业务、贷款业务、发行商业票据及其他金融业务，业务范围很广。其具体表现为不设立市场准入的审批程序、不设立最低资本金限制等。因此，美国经营金融租赁业务的机构呈现多元化。

(2) 多头监管模式

多头监管是指由两个或两个以上的监管机构对金融租赁行业进行的监管。多头监管模式有以下优点：第一，协调多元化的金融交易主体，并且实现交易的均衡；第二，最大化所有金融市场参与者的利益以及降低市场交易费用；第三，有利于金融系统的稳定发展以及经济的快速发展。

采用这种监管模式的国家通常是出于国家权力集中和各机构权力制衡的需要。当然，多头监管也存在一些缺陷，如会导致监管的真空和监管的盲区、重叠监管等问题。

(3) 统一监管模式

统一监管是由统一的机构采用统一的标准体系对金融进行监管，其他部门没有这个权力和职能。实行统一监管模式的，目前有英国、意大利、瑞典、瑞士等国家。统一化的监管机构对系统风险、审慎监管和金融机构的行为进行监管，顺应了国际金融混业化经营的发展趋势，具有以下几个优点。第一，便于在统一的基础上监管各金融集团。由统一监管带来的金融集团的发展，可以增强本国金融行业在国际上的竞争力。第二，能够更好地对影响整个金融体系的问题进行监管，并作出快速的反应。第三，使统一监管的培育和实施能够在整个金融体系中进行，降低监管套利。第四，加强监管者的责任。第五，更好地利用资源，充分利用规模经济和范围经济的优势。

当然，统一监管也存在缺陷。首先，在由多头监管向统一监管转移的一段时期中，可能会导致监管效率低下。如果在转型中出现问题，则会导致监管的混乱。这对监管当局来说是得不偿失的。其次，统一监管部门会因无法识别银行、证券以及保险业的各自特征而破坏整个监管过程的效率。最后，由统一监管所获得的规模经济可能并不是很明显。

9.1.2 我国金融租赁业监管

20世纪90年代之前的中国金融租赁业一直处于自发模仿阶段，与之相适应的租赁规范并未出台，没有统一的行业标准，在会计制度上也没有明确的规定，税收标准也不统一。直到90年代末，才出现了与金融租赁相关的法律法规。

1999年颁布实施的《中华人民共和国合同法》第一次对融资租赁作出了专章规定。《合同法》对融资租赁合同采用形式、合同内容作出了明确规定，但并没有明确租赁双方的权利和义务，也没有涉及与金融租赁业务相关的投资主体、市场准入、行业监管等问题，租赁双方的纠纷和利益问题的解决仍然不能得到法律的有效保障。

目前，《金融租赁法》尚未正式出台，监管主要依据银保监会于2006年12月28日通过、2007年3月1日起施行并于2014年3月13日修订的《金融租赁公司管理办法》，这次修订重点对准入条件、业务范围、经营规则和监督管理等内容进行了修订完善。

(1) 对金融租赁机构的监管

设立、申请设立金融租赁公司应具备下列条件：

① 具有符合本办法规定的出资人。主要出资人为中国境内外注册的具有独立法人资格的商业银行的应具备：满足所在国家或地区监管当局的审慎监管要求；最近1年年末资产不低于800亿元人民币或等值的自由兑换货币；最近2年连续盈利；遵守注册地法律法规，最近2年内未发生重大案件或重大违法违规行为；具有良好的公司治理结构、内部控制机制和健全的风险管理制度；入股资金为自有资金，不得以委托资金、债务资金等非自有资金入股；承诺5年内不转让所持有的金融租赁公司股权、不将所持有的金融租赁公司股权进行质押或设立信托，并在拟设公司章程中载明。主要出资人为中国境内外注册的租赁公司的应具备：最近1年年末资产不低于100亿元人民币或等值的自由兑换货币；最近2年连续盈利；遵守注册地法律法规，最近2年内未发生重大案件或重大违法违规行为；入股资金为自有资金，不得以委托资金、债务资金等非自有资金入股；承诺5年内不转让所持有的金融租赁公司股权、不将所持有的金融租赁公司股权进行质押或设立信托，并在拟设公司章程中载明。

主要出资人为在中国境内注册的、主营业务为制造适合融资租赁交易产品的大型企业的应具备：最近 1 年的营业收入不低于 50 亿元人民币或等值的自由兑换货币；最近 2 年连续盈利；最近 1 年年末净资产率不低于 30%；主营业务销售收入占全部营业收入的 80% 以上；信用记录良好；遵守注册地法律法规，最近 2 年内未发生重大案件或重大违法违规行为；入股资金为自有资金，不得以委托资金、债务资金等非自有资金入股；承诺 5 年内不转让所持有的金融租赁公司股权，不将所持有的金融租赁公司股权进行质押或设立信托，并在拟设公司章程中载明。

② 具有符合《金融租赁公司管理办法》规定的最低限额注册资本，金融租赁公司的最低注册资本为 1 亿元人民币或等值的自由兑换货币，注册资本为实缴货币资本。银保监会根据融资租赁业发展的需要，可以调整金融租赁公司的最低注册资本限额。

③ 具有符合《公司法》和《金融租赁公司管理办法》规定的章程。

④ 具有符合银保监会规定的任职资格条件的董事、高级管理人员和熟悉金融租赁业务的合格从业人员。

⑤ 具有完善的公司治理、内部控制、业务操作、风险防范等制度。

⑥ 具有合格的营业场所、安全防范措施和与业务有关的其他设施。

⑦ 银保监会规定的其他条件。

金融租赁公司的设立需经过筹建和开业两个阶段。

申请筹建时，需要向银保监会提交的文件包括：a. 筹建申请书；b. 可行性研究报告，公司开业后 3 年的资产负债规模和盈利预测等内容；c. 拟设立金融租赁公司的章程（草案）；d. 出资人的基本情况，包括出资人名称、法定代表人；e. 出资人最近 2 年经有资质的中介机构审计的年度审计报告；f. 银保监会要求提交的其他文件。

筹建工作完成之后，应向银保监会提出开业申请，并提交以下文件：a. 筹建工作报告和开业申请书；b. 境内有资质的中介机构出具的验资证明，工商行政管理机关出具的对拟设金融租赁公司名称的预核准登记书；c. 股东名册及其出资额、出资比例；d. 金融租赁公司章程；e. 拟任高级管理人员名单、详细履历及任职资格证明材料；f. 拟办业务规章制度和风险控制制度；g. 营业场所和其他与业务有关的设施的资料；h. 银保监会要求的其他文件。

变更：金融租赁公司在变更名称、改变组织形式、调整业务范围、变更注册资本、变更股权、修改章程、变更注册地或营业地址、变更董事及高级管理人员、合并与终止及银保监会规定的其他变更事项时，需要经过银保监会的批准。

金融租赁公司有以下情况之一的，经银保监会批准后可解散：a. 公司章程规定的营业期限届满或者公司章程规定的其他解散事由出现；b. 股东（大）会决议解散；c. 因公司合并或者分立需要解散；d. 依法被吊销营业执照、责令关闭或者被撤销；e. 其他法定事由。

有以下情形之一的，经银保监会批准后可向法院申请破产：a. 不能支付到期债务,自愿或其债权人要求申请破产的;b. 因解散或被撤销而清算,清算组发现该金融租赁公司财产不足以清偿债务,应当申请破产的。金融租赁公司不能清偿到期债务,并且资产不足以清偿全部债务或者明显缺乏清偿能力的,银保监会可以向法院提出对该金融租赁公司进行重整或者破产清算的申请。金融租赁公司已经或者可能发生信用危机,严重影响客户合法权益的,银保监会依法对其实行托管或者督促其重组,问题严重的,有权予以撤销。

(2) 对金融租赁业务的监管

① 经营范围。

经银保监会批准,金融租赁公司可经营的本外币业务包括:a. 融资租赁业务;b. 转让和受让融资租赁资产;c. 固定收益类证券投资业务;d. 接受承租人的租赁保证金;e. 吸收非银行股东 3 个月(含)以上的定期存款;f. 同业拆借;g. 向金融机构借款;h. 境外外汇借款;i. 租赁物品残值变卖及处理业务;j. 经济咨询;k. 银保监会批准的其他业务。此外,金融租赁公司不得吸收银行股东的存款,业务中涉及外汇管理事项的,须遵守国家外汇管理的有关规定。

② 经营指标。

金融租赁公司须遵循以下监管指标:a. 资本充足率。金融租赁公司资本净额与风险加权资产的比重不得低于银保监会的最低监管要求。b. 单一客户融资集中度。金融租赁公司对单一承租人的融资余额不得超过资本净额的 30%。c. 单一集团客户融资集中度。金融租赁公司对单一集团的全部融资租赁业务余额不得超过资本净额的 50%。d. 单一客户关联度。金融租赁公司对一个关联方的融资余额不得超过金融租赁公司资本净额的 30%。e. 全部关联度。金融租赁公司对全部关联方的全部金融租赁业务余额不得超过资本净额的 50%。f. 单一股东关联度。对单一股东及其全部关联方的融资余额不得超过该股东在金融租赁公司的出资额,且应同时满足《金融租赁公司管理办法》对单一客户关联度的规定。g. 同业拆借比例。金融租赁公司同业拆入资金余额不得超过其资本净额的 100%。

③ 风险及财务。

金融租赁公司应实行风险资产五级分类制度;金融租赁公司应当按照有关规定制定呆账准备制度,及时足额计提呆账准备,否则,不得进行利润分配;金融租赁公司应在每会计年度结束后 4 个月内向银保监会或其派出机构报送前一会计年度的关联交易情况报告,内容包括关联方、交易类型、交易金额及标的、交易价格及定价方式、交易收益与损失、关联方在交易中所占权益的性质及比重等;金融租赁公司应建立定期外部审计制度,并在每个会计年度结束后的 4 个月内,将经法定代表人签名确认的年度审计报告报送银保监会及其派出机构。

9.2 担保业监管

担保是通过债项增级以促进企业融资的重要手段。

9.2.1 担保业务概述

担保业务包括直保和再担保,其中,直保包括融资担保和非融资担保。在《融资担保公司监督管理条例》中,融资担保是指担保人为被担保人借款、发行债券等债务融资提供担保的行为,根据担保标的可分为借款类担保、发行债券担保和其他融资担保[1]。非融资担保则主要包括诉讼保全担保、履约担保等[2]。

再担保是指为担保人设立的担保,其基本运作模式是原担保人以缴付再担保费为代价将部分担保风险责任转移给再担保人。再担保[3]包括承担连带责任的比例再担保和一般保证责任再担保。

担保公司按照主营业务及定位可分为一般融资担保公司、信用增进公司与再担保公司。

融资担保公司是指依法设立、经营融资担保业务的有限责任公司或者股份有限公司。其从事的融资担保业务中,服务小微企业和"三农"等普惠领域的业务具有准公共产品属性,其他融资担保业务则遵循市场规律。

信用增进公司以保证、信用衍生工具、结构化金融产品等形式提供专业化信用增进服务,信用增进对象包括债券、贷款、结构化金融产品等[4]。信用增进公司与一般融资担保公司存在部分业务的重合,如发行债券担保业务及信用保护工具业务[5]。为实现融资担保业务监管全覆盖,2019年10月,《融资担保公司监督管理补充规定》出台,将未取得融资担保业务经营许可证但实际上经营融资担保业务的信用增进公司纳入融资担保业务监管。

再担保公司一般是由中央或省级财政出资,为政策性融资担保业务提供风险分担、信用增进服务的政策性金融机构[6]。2015年以来,为促进融资担保行业加快发展,从而破解小微企业和"三农"融资难、融资贵的问题,国家大力推进再担保体系建

---

[1] 可参考:http://www.gov.cn/xinwen/2018-04/23/content_5285225.htm#1。
[2] 可参考:http://www.gd.gov.cn/zwgk/wjk/zcfgk/content/post_2532454.html。
[3] 可参考:https://www.ahguaranty.com/ywzl/zdb/index.html。
[4] 可参考:https://www.cfstc.org/jinbiaowei/2929436/2969274/index.html。
[5] 可参考:http://bond.szse.cn/disclosure/bizinfo/institution/index.html。
[6] 可参考:http://www.creditnb.com.cn/static/article/157.html。

设。再担保公司作为国家融资担保基金、省级再担保机构、辖内融资担保机构形成的三层组织体系中的一环,承担较多的政策功能。

上述分类的依据是公司定位与主营业务,这也是三种公司的主要区别。实际上,符合一定条件的担保公司可以兼营其他业务,现有的担保公司也有不少同时开展融资担保、非融资担保及再担保业务。

9.2.2 担保行业的发展阶段

国内的担保公司从无到有,大致经历了四个发展阶段。

第一阶段:起步探索阶段(1993—1998)。1993年,国家经贸委和财政部共同发起并经国务院批准,第一家全国性专业担保公司——中国经济技术投资担保有限公司正式成立。1994年8月,《关于印发金融机构管理规定的通知》[1]明确将信用担保公司纳入金融机构范围,由中国人民银行作为监管机构。截至2021年6月29日,尚有担保存续债的47家专业担保公司中,在该阶段成立的仅有3家,中国担保行业处于起步探索阶段。

第二阶段:基础构建阶段(1999—2008)。1999年6月,《关于建立中小企业信用担保体系试点的指导意见》[2]明确了中小企业信用担保的性质、指导原则和体系架构等内容;2003年12月,《关于加强对商业银行开展融资类担保业务风险管理的通知》[3]首次提出对商业银行的融资类担保业务风险进行管理。在这一阶段,担保行业监管主体呈现多元化,财政部、发改委、银监会、证监会等机构分别对涉及自身监管领域的担保业务进行监管。尚有担保存续债的47家专业担保公司中,在该阶段新成立的共有15家,中国担保行业初步发展起来,监管体系的基础逐步构建,但仍缺少统一的监管主体。

第三阶段:持续发展阶段(2009—2012)。2009年2月,《关于进一步明确融资性担保业务监管职责的通知》[4]提出,建立融资性担保业务监管部际联席会议作为最高监管机构,同时明确了中央与地方的二元监管体系。2010年3月,银监会等七部委发布的《融资性担保公司管理暂行办法》[5]对融资性担保公司的设立条件、业务范围、经营规则等内容提出要求,初步建立起担保行业的监管体系。随后发布的八项配套措施在公司治理、内部控制和信息披露等方面对监管体系进一步完善。尚有担保存续

---

[1] 可参考:http://www.pbc.gov.cn/bangongting/135485/135495/135615/2879076/index.html。
[2] 可参考:http://credit.dg.gov.cn/zygx_dgxy/article/show.do?id=8a1141c6492e126f0149320bed800010。
[3] 可参考:http://www.cbirc.gov.cn/cn/view/pages/govermentDetail.html?docId=262526&itemId=861&generaltype=1。
[4] 可参考:http://www.gov.cn/zhengce/content/2009-02/09/content_1680.htm。
[5] 可参考:http://www.gov.cn/zhengce/2016-05/24/content_5076321.htm。

债的 47 家担保公司中,在这一阶段新成立的总计 15 家,担保行业逐步构建起系统化监管体系,担保公司数量呈现井喷式增长。

第四阶段:规范整顿阶段(2013 年至今)。这一阶段初期,多家担保公司爆发信用风险事件。2013 年 12 月,《关于清理规范非融资性担保公司的通知》[1]要求各区域对辖区内非融资性担保公司进行集中清理规范,严守风险底线。通过一系列整顿措施,该阶段新增担保公司数量有所下降,尚有担保存续债的 47 家担保公司中新成立的总计 14 家,年均成立不足 2 家。

9.2.3 担保行业的主要监管框架

融资担保业的监管机构经历了数次变更,从最初的中国人民银行、国家经贸委、国家发改委到现阶段的融资性担保业务监管部际联席会议制度。联席会议制度在 2009 年建立,中央层面由银监会(现银保监会)牵头,发改委、工业和信息化部、财政部、商务部、中国人民银行、工商总局、国务院法制办等部门参加,实施融资性担保业务的监督管理,防范化解融资担保风险,地方层面则遵循"谁审批设立、谁负责监管"的要求,确立融资性担保机构的审批与监管部门;非融资性担保公司的监管则尚待明确。融资性担保业务由于自身高风险、高资本的业务属性,其监管力度较非融资性担保业务更为严格。

在 2008 年及之前,担保行业的监管主体不够明确,总体而言缺少系统化的监管体系。1999 年 6 月,国家经贸委发布《关于建立中小企业信用担保体系试点的指导意见》,对中小企业信用担保体系进行规范,并提出试点工作的具体步骤。此后一段期间的政策涉及范围较广,包含中小企业融资担保机构、商业银行融资担保业务、企业债担保风险等。

2009 年,《关于进一步明确融资性担保业务监管职责的通知》(下称《通知》)明确了融资担保业务的中央和地方双重监管体系,非融资性担保公司的监管则仍未确定。虽然《通知》没有对担保公司的治理体系、风险控制、信息披露等内容作出具体规定,但仍然构建起了担保行业初步的监管框架。

2010 年的《融资性担保公司管理暂行办法》[2](下称《暂行办法》)明确了融资性担保公司的设立条件、业务范围、经营规则和风险控制等内容,弥补了原有监管框架的空白,担保行业逐步迈入规范运作、科学发展的阶段。2010 年 4—11 月间提出的 8 项配套措施进一步对融资担保机构的信用担保资金管理、风险事件、许可证管理、内部

---

[1] 可参考:http://www.mofcom.gov.cn/article/h/redht/201401/20140100452879.shtml。
[2] 可参考:http://www.gov.cn/gzdt/2010-05/12/content_1604388.htm。

控制、公司治理、信息披露等内容作出规定。

2017年8月，国务院颁布的《融资担保公司监督管理条例》①在《暂行办法》的基础上对业务界定、注册资本、担保责任余额的计量方法、放大倍数、集中度和违规处罚等内容进行调整，相较于《暂行办法》更为具体。注册资本要求不低于人民币2 000万元且为实缴货币资本。对同一被担保人的担保责任余额与融资担保公司净资产的比例不得超过10%，对同一被担保人及其关联方的担保责任余额与融资担保公司净资产的比例不得超过15%。

2018年4月，银保监会发布《关于印发融资担保公司监督管理条例四项配套制度的通知》②，对《条例》中融资担保业务风险权重、放大倍数、集中度等进行修改，并按资产流动性和安全性将融资担保公司的主要资产划分为Ⅰ、Ⅱ、Ⅲ级。

2019年10月，银保监会发布的《关于印发融资担保公司监督管理补充规定的通知》③，进一步将未取得融资性担保业务经营许可证但实际上经营融资担保业务的住房置业担保公司、信用增进公司等机构纳入监管范围，并对融资担保业务风险权重、借款类担保责任余额的计算方法等内容进行细化调整，担保行业的监管体系进一步优化。

9.3　财务公司监管

财务公司又称金融公司，是为企业技术改造、新产品开发及产品销售提供金融服务，以中长期金融业务为主的非银行机构。由于各国经济发展水平、金融体系以及金融制度的差异，对财务公司的定义和功能定位各不相同。除了德国、英国、中国香港外，大部分国家或地区的财务公司不能吸收公众存款。即使是德国、英国等财务公司可以吸收公众存款的少数国家，财务公司的资金来源也大量依赖于从其他金融机构的借款。

2006年12月28日，中国原银监会修订的《企业集团财务公司管理办法》开始施行，其中，将中国的财务公司定义为：以加强企业集团资金集中管理和提高企业集团资金使用效率为目的，为企业集团成员单位提供财务管理服务的非银行金融机构。根据中国原银监会对财务公司的定义可以看出，中国财务公司是依附于企业集团，服务于企业集团，为企业集团提供金融服务、内部结算等业务的企业集团内部组织，因此，中国的财务公司全称为企业集团财务公司。

---

① 可参考：http://www.gov.cn/zhengce/2020-12/27/content_5574459.htm。
② 可参考：http://www.gov.cn/zhengce/zhengceku/2019-11/11/content_5450817.htm。
③ 可参考：http://www.gov.cn/zhengce/zhengceku/2019-12/03/content_5458097.htm。

9.3.1 财务公司监管的必要性

财务公司在我国经济发展过程中承担如下职能：第一，准银行职能。我国企业集团财务公司的本质定位为"内部银行"，即从事集团内部的转账结算、存贷款业务等，同时，财务公司所从事的这类业务可以通过方式上的创新降低财务费用并提高业务的效率。第二，资金集中管理职能。作为集团内部的资金集中管理平台，财务公司可以从全局的角度监控集团各成员单位的经营状况、财务状况、资金流向等信息，通过对成员单位现金流向、现金流动性风险等指标的监控与分析，可有效地反映各企业的经营实质性变化。从管控的角度看，实现资金的集中管理还与企业的全面预算、绩效考核等多项管理措施密切相关，为企业集团开展全面预算、绩效考核等工作提供科学、有效的数据支持。第三，融资职能。对于企业集团而言，其财务公司作为一个经营法人，可以通过自身的专业地位获取资金，扮演融资平台的角色。如财务公司可以进入银行间同业拆借市场获取短期资金，也可以根据自身的经营情况发行财务公司的金融债券获取中长期资金，从而强化企业集团的融资能力。第四，金融中介职能。财务公司的金融中介职能主要包括对集团及其成员单位办理财务和融资顾问咨询、保险代理及其他咨询业务。财务公司承担金融中介职能，可利用自身的优势调动金融资源，从而提升为企业集团服务的能力。

从上述职能可以看出，财务公司作为中国产融结合的产物，是一类特殊的金融机构，所面临的风险除了市场风险、流动性风险、经营性风险、操作性风险等一系列一般金融机构所面临的风险外，还有体制性风险，即由于财务公司与企业集团的依附关系，其发展会受到企业集团运行状况的影响。同时，经过多年发展，中国的财务公司已经呈现出混业经营的特征。因此，在中国目前市场还不是很成熟的情况下，对财务公司的监管是必要的。

9.3.2 美、德对财务公司的监管

(1) 美国

美国的财务公司有附属型和独立型两种。附属型财务公司是指由母公司提供资本，隶属于母公司的财务公司。附属型财务公司进一步细分为外部型和内部型两种：内部型财务公司主要为促进母公司产品销售而对经销商或最终用户融资，如通用汽车财务公司；外部型财务公司所从事的业务则更为广泛，可以与母公司产品有关，也可以从事与母公司产品完全不相关的业务，如通用电气财务公司。独立型财务公司是指资

本由个人或零售商提供,归出资人所拥有的财务公司,出资人可以是个人也可以是银行。

目前,美国的大型财务公司主要集中在制造产业,这些财务公司成立之初的定位是从事销售、消费金融服务。

由于美国不允许财务公司吸收存款,因此,财务公司不会直接对社会产生很大影响,对其监管也相对宽松,采取的是业务监管,没有专门的监管法规和监管部门,而主要受州及联邦法律就某一个具体的业务种类的管制,如证券发行的单向法律监管等。这也为美国的财务公司营造了宽松的发展环境,虽然不能吸收公众存款,但这并不影响其业务范围向综合化、多元化方向发展,很多财务公司在从事传统业务外,还积极拓展了信用卡和保险等新业务。

(2) 德国监管模式

德国金融业实行的是混业经营,一家金融机构只要领取了执照,就可以开展金融业的所有业务。如果一家机构从欧盟内的其他国家取得了银行业执照,在德国设立分支机构时就无须批准。德国的金融机构分类较为简单,除了银行,其他金融机构都可以归为金融服务机构,财务公司就属于金融服务机构。

财务公司又可分为两类:一类是大企业投资的,领取银行业执照。在社会上运作的主要是汽车银行,如大众、宝马等;另一类是只在集团内运作,不对第三方发生借贷关系,因此不受银行业的监督,如西门子金融服务集团,但这类财务公司在从事某种特定业务时需要得到管理部门的批准。

德国对财务公司的监管则依据这两种类型分别加以对待。对于仅服务于企业集团内部的采取积极扶持的态度,这类财务公司的设立无须经政府监管部门的审批,这主要是由于这类财务公司带来的风险仅在集团内部传导,而不会过度影响公众,造成对金融市场的破坏;同时,由于德国的金融业监管整体水平较高,对于与企业集团及其内部财务公司发生交易的其他金融主体,又有着较高的监管要求,也就相当于给由内部财务公司带来的金融风险设置了有效的防火墙。对于服务于社会公众的财务公司,则采取审慎的态度,机构设立须经过监管部门的准入审批,应具备的条件包括:充足的资本;至少2位具有2年银行从业经验的总经理,熟练运用德语,并在本地(欧盟内)运作;令人信服的3年业务计划,包括如何进行管理;银行必须实行资本公司(股份有限公司)的形式;"全执照"允许开展所有银行业务,"部分执照"只能做规定的部分业务,其经营的业务品种也要经过逐一审批,从而维护金融市场的稳定。

9.3.3 我国对财务公司的监管

目前,财务公司作为非银行金融机构由银保监会按照"分类监管、区别对待、扶优

限 劣"的基本原则负责监管,监管的主要依据是 2004 年 9 月 1 日起施行的《企业集团财务公司管理办法》(2016 年进行了修订,以下简称《办法》)。

(1) 对财务公司机构的监管

① 设立。申请设立财务公司应具备如下条件。a. 财务公司母公司满足条件:符合国家的产业政策;申请前 1 年,母公司的注册资本金不低于 8 亿元人民币;申请前 1 年,按规定并表核算的成员单位资产总额不低于 50 亿元人民币,净资产率不低于 30%;申请前连续 2 年,按规定并表核算的成员单位营业收入总额每年不低于 40 亿元人民币,税前利润总额每年不低于 2 亿元人民币。b. 确属集中管理企业集团资金的需要,经合理预测能够达到一定的业务规模。c. 有符合《公司法》和本《办法》规定的章程。d. 有符合本《办法》规定的最低限额注册资本金 1 亿元人民币,且应当是实缴的人民币或者等值的可自由兑换货币;经营外汇业务的财务公司,其注册资本金中应当包括不低于 500 万美元或者等值的可自由兑换货币。e. 有符合银保监会规定的任职资格的董事、高级管理人员和规定比例的从业人员,在风险管理、资金集约管理等关键岗位上有合格的专门人才。f. 在法人治理、内部控制、业务操作、风险防范等方面具有完善的制度。g. 有符合要求的营业场所、安全防范措施和其他设施。h. 银保监会规定的其他条件。设立财务公司应当经过筹建和开业两个阶段。

申请筹建财务公司,应当由母公司向银保监会提出申请,并提交下列文件、资料:a. 申请书,其内容应当包括拟设财务公司名称、所在地、注册资本、股东、股权结构、业务范围等。b. 可行性研究报告,其内容包括母公司及其他成员单位整体的生产经营状况、现金流量分析、在同行业中所处的地位以及中长期发展规划;设立财务公司的宗旨、作用及其业务量预测;经有资质的会计师事务所审计的最近 2 年的合并资产负债表、损益表及现金流量表。c. 成员单位名册及有关部门出具的相关证明资料。d. 企业集团登记证、申请人和其他出资人的营业执照复印件及出资保证。e. 设立外资财务公司的,须提供外资投资性公司及其投资企业的外商投资企业批准证书。f. 母公司法定代表人签署的确认上述资料真实性的证明文件。g. 银保监会要求提交的其他文件、资料。

财务公司筹建工作应在收到银保监会批准文件后 3 个月内完成,并向银保监会提出开业申请,须提交的材料包括:a. 财务公司章程草案;b. 财务公司经营方针和计划;c. 财务公司股东名册及其出资额、出资比例;d. 法定验资机构出具的对财务公司股东出资的验资证明;e. 拟任职的董事、高级管理人员的名单、详细履历及任职资格证明材料;f. 从业人员中拟从事风险管理、资金集中管理的人员的名单、详细履历;g. 从业人员中从事金融、财务工作 5 年及 5 年以上有关人员的证明材料;h. 财务公司业务规章及风险防范制度;i. 财务公司营业场所及其他与业务有关的设施的资料;j. 银保监会要求提交的其他文件、资料。财务公司的开业申请经银保监会核准后,由银保监会颁发金融许可证并予以公告。财务公司凭金融许可证到工商行政管理机关办理注册登记,领取企业法人营业执照后方可开业。

② 变更。财务公司在变更名称、调整业务范围、变更注册资本、变更股东或调整股权结构、修改章程、更换董事或高级管理人员、变更营业场所及银保监会规定的其他变更事项时,需要经过银保监会的批准。

③ 整顿。财务公司出现下列情形之一的,银保监会可以责令其进行整顿:a. 出现严重的支付危机;b. 当年亏损超过注册资本金的30%或者连续3年亏损超过注册资本金的10%;c. 严重违反国家法律、行政法规或者有关规章。整顿时间最长不超过1年,期间应当暂停经营部分或者全部业务。财务公司已经或者可能发生支付危机,严重影响债权人利益和金融秩序的稳定时,银保监会可以依法对财务公司实行接管或者促成其机构重组。

④ 终止。财务公司出现下列情况时,经银保监会核准后,予以解散:a. 组建财务公司的企业集团解散,财务公司不能实现合并或改组;b. 章程中规定的解散事由出现;c. 股东会议决定解散;d. 财务公司因分立或者合并不需存在的。财务公司有违法经营、经营管理不善等情形,不予撤销将严重危害金融秩序、损害公众利益的,银保监会有权予以撤销。财务公司解散或者被撤销时,母公司应当依法成立清算组,按照法定程序进行清算,并由银保监会公告。银保监会可以直接委派清算组成员并监督清算过程,清算组在清算中发现财务公司的资产不足以清偿其债务时,应当立即停止清算,并向银保监会报告,经银保监会核准,依法向人民法院申请该财务公司破产。

(2) 对财务公司业务的监管

① 范围。财务公司可以经营下列业务:a. 对成员单位办理财务和融资顾问、信用鉴证及相关的咨询、代理业务;b. 协助成员单位实现交易款项的收付;c. 经批准的保险代理业务;d. 对成员单位提供担保;e. 办理成员单位之间的委托贷款及委托投资;f. 对成员单位办理票据承兑与贴现;g. 办理成员单位之间的内部转账结算及相应的结算、清算方案设计;h. 吸收成员单位的存款;i. 对成员单位办理贷款及融资租赁;j. 从事同业拆借;k. 银保监会批准的其他业务。

② 资产负债比例。财务公司经营业务应满足如下对资产负债比例的要求:a. 资本充足率不得低于10%;b. 拆入资金余额不得高于资本总额;c. 担保余额不得高于资本总额;d. 短期证券投资与资本总额的比例不得高于40%;e. 长期投资与资本总额的比例不得高于30%;f. 自有固定资产与资本总额的比例不得高于20%。

③ 风险及财务。财务公司应当分别设立对董事会负责的风险管理、业务稽核部门,制订对各项业务的风险控制和业务稽核制度,每年定期向董事会报告工作,并向银保监会报告。财务公司董事会应当每年委托具有资格的中介机构对公司上一年度

的经营活动进行审计，并于每年的 4 月 15 日前将经董事长签名确认的年度审计报告报送银保监会。财务公司应当按规定向银保监会报送资产负债表、损益表、现金流量表、非现场监管指标考核表及银保监会要求报送的其他报表，并于每一会计年度终了后的 1 个月内报送上一年度财务报表和资料。

9.4 非银支付机构监管

非银支付机构，即取得中国人民银行颁发的《支付业务许可证》、提供支付服务的非金融机构，也称第三方支付机构，其提供的支付服务通常被称为第三方支付服务。近年来，非银支付机构的业务创新和拓展速度惊人，在金融体系乃至国民经济中都发挥着越来越重要的作用，新技术和新商业模式带来的潜在风险也对其监管提出了更高的要求。

9.4.1 非银支付机构监管的必要性

金融的内生脆弱性及其表现的外部性、信息不对称、自然垄断等问题，构成金融监管的原因。从非银支付的性质来看，虽然在支付模式上有较大的创新，但显然并未改变金融市场失灵的问题，这构成非银支付监管必要性的重要依据。

① 非银支付只是使各种金融功能的实现方式发生了变化，但并未改变实现这些金融功能过程中产生的市场失灵问题。例如，非银支付产业的网络经济业态特点使其具有显著的外部性，其作为准金融机构的天然脆弱性和对社会经济的溢出效应未发生改变，并可能随着非银支付规模的迅速增长及应用领域的延伸而被逐步放大，由此引发的备付金挪用风险、操作风险、洗钱风险以及损害消费者利益风险等，将会外溢到经济金融活动的其他领域并造成负面影响；又如，非银支付系统是技术密集、资金密集、大型复杂、网络化的体系，具有显著的规模效应和一定程度的自然垄断特性；再如，非银支付作为电子商务的信用中介，承载了信息传递的重要作用。但现实中，经济行为的债权债务链上存在多个环节的信息不完全和不对称，非银支付平台提供的信息传递渠道并不一定是畅通的，甚至可能对市场信息造成扭曲，从而加剧信息不对称或不完全信息导致的道德风险和逆向选择问题。

② 非银支付的垄断问题比传统金融业更突出。非银支付作为我国支付结算系统的有益补充，也同时具备了支付系统的基本特征，支付系统作为金融基础设施具有显著的规模效应和一定程度的自然垄断特性。因此，非银支付行业的垄断问题比银行、证券等传统金融行业更突出，国内外的实际情况也证实了这一点，如国外的贝宝

（PayPal）以及国内的支付宝都占据了非银支付行业的领军地位。非银支付的行业集中度较高，风险的集中暴露也更容易引发"大而不能倒"的问题和系统性风险的产生，因此，必须对非银支付施以适当的监管。

③ 非银支付各金融功能风险之间的交叉感染。非银支付具有混合金融功能，各种金融功能在实现过程中均会出现一定的风险，但这些风险并不是简单地叠加于非银支付平台，即风险之间并不仅仅是简单的线性组合，还存在风险之间的交叉感染。非银支付实现某种金融功能而产生的风险，很可能会引发另一种功能对应的风险，并且两者还有相互加强的趋势。例如，非银支付在实现其支付结算功能时，若多次出现系统故障或错误，一旦对保证其发行的虚拟货币得以正常流通的支付体系产生信任危机，人们将不再愿意持有这种虚拟货币，因此，支付结算功能的风险将会影响非银支付的货币发行功能。正是由于非银支付具有多种金融功能，并处于金融、网络技术和电子商务的交叉领域，因此容易出现不同领域风险之间的交叉感染。

④ 非银支付独特的技术安全问题增加了金融体系运行的不确定性。网络信息技术的发展，使处理每笔金融业务的时间大大缩短，与此同时，每天通过信息系统与网络进行的交易量越来越大。客户只需接入互联网进入非银支付网页，就能在几秒钟之内将数以百万元的资金在金融体系中实现转移。这不仅增加了非银支付的影响力，而且增加了非银支付经营环境的不确定性。信息网络技术在增强了非银支付机构业务处理能力的同时，也带来了许多潜在的危机，扩大了系统性风险发生的可能。随着计算机网络广泛深入地应用于非银支付的各项业务，金融信息的安全与保密将直接影响整个社会经济活动的正常运行。如何防止网络犯罪及避免国际金融风险的传播和扩散，就成为金融市场和整个经济健康发展的重要前提。所以，在网络经济时代不仅需要金融监管，而且金融监管的意义会更大。

9.4.2 支付机构监管模式

（1）欧盟的监管模式

欧盟对非银支付机构采取的是机构监管的方式，非银支付服务提供者被分为电子货币机构和支付机构两大类进行监管，支付机构又按其所经营的具体业务种类被细分为三种。电子货币机构可以从事电子货币发行和提供所有其他支付业务，而支付机构可以从事一种或多种支付业务，但不能发行电子货币。

欧盟对电子货币机构和支付机构这两类第三方支付服务提供者的监管形成了"较低准入门槛＋管好客户沉淀资金＋持续经营资质管理"三者结合的监管方式。总体较低的准入门槛使得中小规模的支付服务商更有可能加入支付体系中来，随着业务规模、经营范围的扩大或者自身风险的增加,其将从属于更加严格的监管。

(2) 美国的监管模式

美国对非银支付监管采取的是"观望政策",避免对非银行机构参与零售支付服务进行过早管制,这与美国信奉自由市场经济、金融市场高度发达等特点有关。到目前为止,美国尚未对非银支付进行专门的立法监管,但由于非银支付服务在美国被视为货币服务(Money Service Businesses,MSB),属于金融服务,适用金融领域实行的功能性监管,因此,非银支付在联邦和州层面均受到了不同程度的监管。

在联邦层面,对非银支付服务的监管主要针对两个方面:一是反洗钱、反欺诈;二是对消费者的利益进行保护。在州层面,关于非银支付服务的市场准入、审慎经营等方面的监管由美国各州法律决定。

9.4.3 中国的监管现状

(1) 监管依据

目前,我国将第三方支付企业定性为非金融机构,由中国人民银行负责对其进行监管,监管的主要依据是中国人民银行出台的部门规章《非金融机构支付服务管理办法》(2010)、《非金融机构支付服务管理办法实施细则》(2010)、《支付机构预付卡业务管理办法》(2012)、《银行卡收单业务管理办法》(2013)、《非银行支付机构网络支付业务管理办法》(2015)、《非银行支付机构重大事项报告管理办法》(2021)等法律法规。中国人民银行将非银支付行业的业态整体上分为三大类,即网络支付、预付卡发行与受理、银行卡收单,并分别设定监管要求。

2011年5月,中国人民银行推动成立了中国支付清算行业协会,要求所有的支付机构必须加入,形成了强制监管与行业自律相结合的监管格局。

2021年1月20日,中国人民银行发布《非银行支付机构条例(征求意见稿)》并正式对外征求意见。新规共设六个章节,除"总则"及"附则"外,分别从"设立、变更与终止""支付业务规则""监督与管理"以及"法律责任"四个维度对非银支付机构的设立变更以及业务运营的合规边界作了系统性的规制。监管机关在未来进行业态划分时,将完全放弃基于"技术"和"介质"的界定和划分标准,而将从功能主义的角度出发,针对非银支付机构向用户提供的功能具体是"具有储值功能的账户的运营"抑或仅仅是针对"特定的交易项下的支付业务处理",对业态作了简明的"二分"。

(2) 监管模式

目前,我国对非银支付服务实行机构监管模式,中国人民银行通过要求从事支付业务的非银机构取得经营许可并对其业务活动进行审慎监管等方式实现对非银支付服务的监管。

(3) 主要监管措施

我国目前的非银支付监管框架对支付机构的要求较为严厉。考虑到保证技术安全和预防金融犯罪在第三方支付监管中的核心地位,现行监管框架对支付机构的技术安全认证、反洗钱义务作出了严格要求。现行监管框架对支付机构市场准入、备付金管理、持续经营资质等方面也作出了较为严格的规定。

第一,较高的准入门槛。支付机构拟在全国从事支付业务的,注册资本最低限额为1亿元人民币;支付机构拟在省内从事支付业务的,注册资本最低限额为3 000万元人民币。此外,还要求申请人的主要出资人(指拥有申请人实际控制权的出资人)和所有持有申请人10%以上股权的出资人,必须符合以下条件:连续为金融机构或电子商务活动提供信息处理支持服务2年以上;连续盈利2年以上;近3年内未因利用支付业务实施违法犯罪受罚。

第二,严格监管客户备付金。2013年6月出台的《支付机构客户备付金存管办法》进一步规定了备付金存管银行的资质及其对支付机构备付金的协助监管义务,同时规定支付机构可以单位定期存款、单位通知存款、协定存款等形式存放客户备付金,但存放期限不得超过12个月。支付机构应当按季计提风险准备金,风险准备金按照所有备付金银行账户利息总额的一定比例计提(10%或更高)。

第三,对支付机构进行持续动态监管。一是要求支付机构的实缴货币资本与客户备付金日均余额的比例不得低于10%;二是规定如支付机构累计亏损超过实缴货币资本的50%,或者出现重大经营风险、重大违法违规行为,中国人民银行有权责令其停止办理全部或部分支付业务;三是规定支付机构应向中国人民银行报送财务报告等资料,接受中国人民银行定期或不定期的现场检查;四是规定支付机构如出现业务类型或主要出资人等重大事项变更应报中国人民银行批准;五是规定《支付业务许可证》的有效期为5年,到期后须重新向中国人民银行申请经营许可。

9.5 金融控股公司监管

金融控股公司监管属于机构监管,即对金融控股公司这一类金融组织进行监管。2020年9月13日,国务院颁发了《关于实施金融控股公司准入管理的决定》(国发〔2020〕12号)。同日,中国人民银行下发了《金融控股公司监督管理试行办法》(中国人民银行令〔2020〕第4号)(简称《试行办法》)。两个文件对金融控股公司给出了一致且明确的定义：依法设立，控股或实际控制两个或两个以上不同类型的金融机构，自身仅开展股权投资管理、不直接从事商业性经营活动的有限责任公司或股份有限公司。

针对上述定义，我们可梳理出三点关键信息。一是"控股或者实际控制"。控股和实际控制是会计概念，在《企业会计准则第33号——合并财务报表》中有明确的认定标准，而《试行办法》对"控股或者实际控制"统称为"实质控制"，并在会计准则的基础上进行了细化认定。最核心的本质是金融控股公司能够控制被投资方的重大决策和生产经营活动。二是"两个或两个以上不同类型金融机构"。金融机构的类型包括商业银行（不含村镇银行）、金融租赁公司、信托公司、金融资产管理公司、证券公司、公募基金管理公司、期货公司、人身保险公司、财产保险公司、再保险公司、保险资产管理公司以及国务院金融管理部门认定的其他机构。三是"仅开展股权投资管理、不直接从事商业性经营活动"。即金融控股公司不直接从事经营，对于现阶段存在的银行系金融控股集团、保险系金融控股集团，不属于金融控股公司监管探索阶段的重点监管对象，主要原因在于这两类金融控股集团目前已经有相应的监管部门进行监管，在金融控股公司监管的初期阶段，主要针对在生产经营活动中存在监管漏洞的情况，如互联网公司主导的金融控股集团、产业资本主导的金融控股集团等。

9.5.1 各国的金融控股公司监管

美国和日本的金融控股公司一般仅进行股权管理、所有金融业务都有子公司负责；英国和欧盟的金融控股公司除进行股权管理外，一般还会直接从事银行、证券、保险等具体金融业务（见表9-1）。

表9-1 美、日等国（地区）对金融控股公司的监管

美国	(1) 银行控股公司受《银行控股公司法》约束，且银行控股公司若开展金融综合经营，必须转换为金融控股公司； (2) 从监管架构来看，美联储对金融控股公司进行监管，子公司则分别受货币监理署、证券交易委员会和州保险厅等监管
日本	(1) 金融控股公司受《金融控股公司解禁整备法》和《银行控股公司创设特例法》约束； (2) 从监管架构来看，统一由金融厅监管。
韩国	(1) 金融控股公司是指控制一家以上金融机构，资产总额达到1 000亿韩元以上，取得金融委员会许可的公司，受《金融控股公司法》约束； (2) 从监管架构来看，统一由金融委员会及其执行机构监管。
英国和欧盟	主要采用金融集团的概念，在《金融集团监管原则》中将金融集团定义为一组处于共同制下的公司，其专门或主要业务明显包括至少两种不同的金融服务（银行、证券和保险），受《金融集团监管指令》约束。

总体来看,世界主要国家和国际组织对金融控股公司的监管主要集中在以下五个方面:一是牌照与市场准入。从国际监管经验看,金融控股公司的监管重点是严把市场准入关,这不仅体现在金融机构要满足相关要求,也体现在对于金融牌照的准入监管——持牌经营是先决条件。二是对资本充足率与杠杆率的监管。资本充足率和杠杆率是金融控股公司稳健经营的关键指标,也是2008年国际金融危机后世界各国和国际组织关注的焦点。这方面的要求包括:制定和完善资本管理政策,实行定期审查制度;对于资本充足率的评估和计量要考虑到双重或多重杠杆效应,以及集团范畴的风险轮廓(鲁政委和陈昊,2018);金融集团的流动性要能满足整个集团在正常和特殊情况下的资金需求等。三是对风险防范与风险集中度的监管。风险集中度与金融控股公司的战略定位、业务范畴、行为规则、辐射区域的经济结构特征有关,因此,金融控股公司要设定风险集中的数量限额,建立健全风险管理制度和内部控制机制。金融集团内部也要制定适宜的风险容忍度和风险偏好政策,就主要风险来源展开集团范围的风险压力测试和情景分析。四是对关联交易的监管。关联交易是金融控股公司内部风险传染、子公司间利益冲突的来源之一,因此,要明确界定关联交易的范围,完善关联交易的信息披露制度,加强各个监管机构之间的沟通交流。五是对公司治理结构的监管。公司治理结构是指公司的董事会、股东会、监事会和经营层之间的监督制衡、激励约束和协调运转的制度安排。对公司治理结构的监管主要包括:保证金融控股公司组织结构透明度;鼓励采取事业部制;禁止过度集权或过度分权的组织结构。

9.5.2 我国的金融控股公司监管

国内第一家金融控股公司是2002年12月5日挂牌的中信控股有限责任公司。从成立背景来看,当时中信集团实际上已经拥有了证券、银行、信托、租赁、期货、基金、保险等多个金融牌照。2002年获批成立金融控股公司试点的还有光大集团和平安集团。但是在当时,如何监管金融控股公司,还没有形成系统的方案。

2006年,原银监会、原保监会、原证监会联合出台了一个备忘录,提出按照"分业经营、分业监管"的原则,对金融控股公司内的相关机构、业务进行监管,对于集团公司则依据主要业务性质,归属相应的监管部门。备忘录解决了监管重复和监管空白的问题,但是对非金融企业控股金融机构的情形,未作出实质性监管。从当时的实践来看,实质上的金融控股集团不仅仅有三家试点企业,还有银行成立金融控股集团的情况、实体企业控股多种业态金融企业的情况以及地方金融办或国资委控股多家金融企业的情况。

2008年,金融业"十一五"规划中提出,稳步推进金融业综合经营试点,旨在鼓励金融机构发挥综合经营的优势,提供跨市场、跨品种金融业务,促进金融资源的配置效率。2008年后,以复星集团、海航集团为代表的金融控股公司相继成立。

2012年,金融业"十二五"规划中提出,要继续积极稳妥地推进金融业综合经营试点。各金融集团开始着力推进集团内金融业务的多元化、综合化,在分业经营与分业监管体系下,通过集团内的综合化经营和协同发展,谋求集团内各种业态的融合发展。这一时期,以百度、阿里、腾讯、京东为代表的互联网企业,通过组建金控平台获取各类金融业务牌照。

2012年之后,综合发展和分业监管之间的矛盾开始凸显。一方面,金融控股集团内部各个业态的业务创新加强,且集团内协同加强;另一方面,分业监管客观存在,针对相似的金融业务,监管尺度不完全一致。这样导致的一个结果是,跨市场套利时有发生,且资金流向监管困难,客观上存在监管的断点、盲点。

在这种背景下,2017年7月,在全国第五次金融工作会议上,一个新的跨市场、跨部门、更高层级的金融监管协调机构应运而生——国务院金融稳定发展委员会(简称"金稳委")。自此,监管的思路、监管的协调、监管的机构都在发生变化。从监管思路上来说,在既定分业监管的基础上,加强行为监管和功能监管。从监管协调上来看,一方面是成立了监管协调机构,另一方面是创设了监管协调工具——金融业务综合统计。2018年4月,国务院办公厅发布《关于全面推进金融业综合统计工作的意见》,全面部署金融业综合统计工作。金融综合统计实现了金融信息的互联互通和信息共享,为综合监管奠定了基础。从监管机构上来说,更高层级的金稳委成立,原银监会和原保监会合并成立银保监会,朝着综合监管迈出了一大步。

2017年以来,尽管金融管理部门在统筹协调监管方面发生了巨大的变化,但是在金融控股公司的机构监管方面还是没有出台制度性文件。2020年9月,国务院下发的《国务院关于实施金融控股公司准入管理的决定》和中国人民银行颁布的《金融控股公司监督管理试行办法》,弥补了这一监管制度层面的空白,系统性地阐述了金融控股公司的准入标准、股东要求、公司治理、并表管理、关联交易等各个方面。

第一,准入标准。申请设立金融控股公司,需要满足下列四种情形之一:一是实质控制的金融机构(含商业银行),总资产不少于5 000亿元;二是实质控制的金融机构(不含商业银行),总资产不少于1 000亿元或受托管理资产不少于5 000亿元;三是实质控制的金融机构(含商业银行)不满足第一条,但剔除商业银行后满足第二条;四是中国人民银行按照宏观审慎监管要求认为需要设立金融控股公司。

第二,股东要求。一是控股股东是非金融企业法人或自然人;二是非金融企业自身盈利状况要达到一定要求,且主业突出,不盲目向金融扩张;三是针对控股股东,针对金融控股公司实缴资本不低于50亿元,占比不低于直接所控股公司注册资本总和的50%;四是股东必须以自有资金投资,以确保资金来源的真实可靠。

第三,公司治理。金融控股公司在设立之初的一个重要目的,就是通过金融控股公司与所控金融机构之间以及所控金融机构相互之间的业务协同,实现集团内部共享客户信息、销售团队、信息系统、运营后台、营业场所等各项金融资源。金融控股公司不得滥用实质控制权,干预所控股机构的正常独立自主经营,损害所控股机构以及其相关利益人的合法权益。金融控股公司滥用实质控制权或采取不正当干预行为导致所控股机构发生损失的,应当对该损失承担责任。

第四,并表管理。并表管理主要实现两个方面的功能:一是准确地计量金融控股公司集团整体的风险情况;二是准确地计量金融控股公司集团的资本充足情况。金融企业开展金融业务,必须要有相应的资本作为支撑,一家银行投放 100 亿元企业信用贷款,不考虑风险缓释措施,最低需要 8.5 亿元资本,作为对预期之外的损失的准备。对于金融控股公司来讲,同样也是如此,这就需要清楚地知道:哪些企业纳入并表管理的口径?如何对这些企业的信用风险、流动性风险以及操作风险进行管理和计量?对于集团内各企业的资本缺口以及整个集团的资本缺口,如何进行规划?等等。

第五,关联交易。金融控股公司集团内的关联交易,一方面可能会通过各种手段隐匿关联交易和资金的真实去向,规避监管,实现不当利益输送、损害投资者权益;另一方面,母子公司之间、各子公司之间通常还会存在关联担保、关联租赁、关联资产转让等金融连接,集团企业内部的大量股权、资本、财务、担保等关联交易,会成为推动企业内部风险加快传导的路径。

从整个金融监管架构来看,国务院设立金融稳定发展委员会负责金融稳定、发展和监管协调;中国人民银行作为宏观审慎监管的重要机构,在我国金融体系中主要发挥制定和执行货币政策、维护金融稳定、开展宏观审慎管理等。2020 年 9 月,国务院《关于实施金融控股公司准入管理的决定》明确授权中国人民银行对金融控股公司开展市场准入管理并组织实施监管。2018 年 4 月,中国银监会和保监会合并。合并后的银保监会和证监会连同其下属派出机构、交易所、行业协会、会管公司等机构,专职各自微观行业监管,保证金融市场稳定,保护投资者(金融消费者)的合法权益。经过监管架构的调整,有效整合监管资源,特别是对金融控股公司这类特殊的治理体系和较为复杂的股权结构机构的监管效率得到明显提升。一方面,明确金融控股公司(集团)层面监管机构——中国人民银行的相关政策,保证监管有的放矢;另一方面,银保监会和证监会协同监管,特别是银保监会合并大大减低了由分业监管带来的标准不一现象发生的概率,提高了监管质量和效率。

课后习题

1. 金融租赁具有哪几种基本形式?
2. 简述金融租赁监管的必要性。

3. 世界各国的金融租赁业监管模式有何异同？
4. 财务公司在我国的经济发展过程中承担着怎样的职能？
5. 简述中国财务公司监管的原则和具体内容。
6. 简述我国目前对金融资产管理公司的监管存在哪些问题。
7. 简述对支付机构进行监管的必要性。
8. 简述目前各国对支付机构的监管模式。
9. 世界各国主要从哪几个方面对金融控股公司进行监管？
10. 我国目前对金融控股公司的监管存在哪些不足？

第10章

金融科技与监管科技

2008年全球金融危机后的监管变化和技术发展正在改变金融市场、服务和机构的性质。现代金融离不开金融科技,现代监管也离不开监管科技。目前,金融科技与监管科技的发展呈螺旋式上升趋势,但总体上监管科技的发展滞后于金融科技。本章主要介绍了金融科技以及监管科技的相关内容。

开篇案例　蚂蚁金服被暂缓上市

号称"全球史上最大规模IPO"的蚂蚁金服上市案,在2020年11月无预警暂缓。若上市成功,它将融资约2 300亿元人民币。

在过去十年间,蚂蚁集团已发展成小额贷款和购买保险及投资产品的主流平台,例如,首年就吸引一亿用户的"相互保",利用区块链和人工智能进行医疗索赔、付款和分析记录。又如,蚂蚁金服旗下的余额增值服务和活期资金管理服务产品——余额宝,在2017年已经成为全球最大的货币市场基金。

蚂蚁金服现已成为信贷主要供应商,为消费者和小型企业提供贷款。从盈利模式来看,蚂蚁花呗主要通过商户的收单费和手续费来获取收益。收单费按照每笔交易金额的百分比向商户收取;手续费则是用户由于分期还款或逾期还款产生的费用。蚂蚁借呗实质上是现金贷,主要通过收取利息来获得收益。芝麻信用更多的是辅助作用,为使用花呗和借呗的用户提供信用参考,以帮助其获取更高的额度。

蚂蚁金服提供所谓"准确的分析工具"——可以快速评估申请人的信誉,再转交给银行:借钱的是银行,还钱的是消费者,蚂蚁金服赚取服务费,银行承担风险。截至2020年6月底,通过蚂蚁集团平台发放的贷款余额为2.15万亿元人民币,其中的80%为个人贷款。只有2%的资金是由蚂蚁的自有资金提供的,其余的则是由银行或资产支持证券提供的。由此造成了风险表面由蚂蚁集团控制,但实际风险由银行承担的局面。

该事件集中体现了我国现有监管模式对金融科技监管的滞后,以及现有监管指标对于金融科技公司的不适用以及相应监管标准的缺失。

注:编者根据相关资料改写而成。

金融科技一词为"Financial Technology"合并后的缩写。金融科技在促进金融业效率提高的同时,也放大了金融业面临的各种风险,包括业务风险、技术风险、网络风险和数据风险等。金融科技被认为是影响未来金融业务模式的最重要因素之一。中国金融科技已经成为金融经济体系的重要组成部分。但同时,金融科技也引发了新的风险问题,给金融监管带来新的挑战,监管机构也面临如何在提高金融效率与防控金融风险之间实现平衡的问题。

10.1 金融科技

10.1.1 金融科技的定义与分类

(1) 国际定义与分类

20世纪80年代,经济全球化带来金融自由化,衍生出大量金融服务需求,驱使传统金融机构设立信息技术部门,加快银行卡、ATM、证券无纸化交易等服务的普及,实现金融服务与电子信息技术的初步融合。1993年,花旗银行意识到科技对于金融的重要性,发起一项名为"Financial Service Technology Consortium"的研究课题,首次将科技与金融两词结合起来。由此,西方国家将涉及电子、计算机、互联网和通信等技术的金融应用统称为金融科技。2008年,世界金融危机爆发,造成监管环境全面收紧,加剧中小企业的贷款融资难题。互联网、云计算及大数据等技术的衍变,为初创企业获得金融服务降低了门槛,金融科技迅速在美国及欧洲等国发展起来。随后,各国际组织和主权国家纷纷提出相关概念(见表10-1)。迄今为止,国际上尚未就金融科技的概念界定达成一致。从国际组织及主权国家对金融科技的定义来看,金融科技是技术驱动的金融创新,即以技术为手段,推动金融发展提质增效。

表10-1 主要国际组织和主权国家关于金融科技的概念界定

机构名称	相关定义
国际货币基金组织(IMF)和世界银行集团(WBG)	一种有可能催生新商业模式、应用场景、生产流程和产品,从而推动金融服务转型的先进技术
经合组织(OECD)	数字科技在金融服务上的创新应用,包括分布式账本、大数据、物联网、云计算、人工智能、生物识别技术等
国际证监会组织(IOSCO)	多种可能使金融行业产生变革的创新商业模式和新兴技术
美国全国经济委员会(NEC)	以金融科技涵盖不同种类的技术创新,这些技术创新影响各种各样的金融活动,包括支付、投资管理、资本筹集、存款和贷款、保险、监管合规以及金融服务领域内的其他金融活动
英国金融行为监管局(FCA)	创新公司利用新技术对现有金融服务公司进行去中介化,为消费者提供更好的产品或更便捷的服务
新加坡金融管理局(MAS)	通过使用科技设计新的金融服务和产品,能够解决金融行业问题或测试创新过程中的监管风险

资料来源:各国际组织和主权国家官网整理,2021.

2016年3月，金融稳定理事会(FSB)发布了《金融科技的描述与分析框架报告》，第一次在国际组织层面作出初步定义：金融科技是指通过技术手段推动金融创新，形成对金融市场、金融机构及金融服务供给产生重大影响的新业务模式、新技术应用以及新流程和新产品等。目前，该概念已成为全球共识。同时，金融稳定理事会按照经济功能对金融科技业务进行分类，主要包括支付结算、存贷款与资本筹集、市场设施、投资管理以及保险五类（见表10-2）。

表10-2 按照经济功能进行的金融科技业务分类

经济功能	具体领域
支付结算	零售类/批发类支付
	金融市场基础设施
存贷款与资本筹集	存贷款
	资本筹集
市场设施	跨行业通用服务
	技术基础设施
投资管理	智能投顾
	电子交易
保险	可穿戴设备
	智能合约

资料来源：FSB. Financial Stability Implications from Fintech, 2016；转引自：政策研究局金融科技研究课题组. 我国金融科技发展与监管思考, 中国银行保险监督管理委员会工作论文, 2018(10).

(2) 中国的定义与分类

金融科技在中国的发展最早可以追溯到1993年。1993年，《中华人民共和国科学技术进步法》颁布，中国科技金融促进会成立，标志着金融科技在中国的诞生。回顾中国金融科技发展史，大体可以分为以下三个阶段：

① 金融科技1.0时代(1993—2004)，即以政策为主导，资本扶持金融科技技术发展。1993年，国务院在《有关金融体制改革的决定》中提出"加快金融电子化建设"，中国金融信息化被提上日程，逐步关注金融服务与电子信息技术的融合，致力于提高金融业务效率，降低传统机构的运营成本。

② 金融科技2.0时代(2005—2015)，各金融机构开始大规模地进行互联网战略布局。2013—2015年，中国互联网金融发展达到顶峰，不断释放互联网红利，极大地丰富了金融服务的触及范围和应用场景，P2P、第三方支付、互联网银行等新业态不

断涌现。2015年,中国监管机构发布了《关于促进互联网金融健康发展的指导意见》,将金融科技的概念涵盖在互联网金融领域内,用于描述金融服务领域的新技术。按照指导意见,互联网金融的主要业务包括互联网支付、线上贷款、股权众筹、网上基金销售、网上保险服务、互联网消费金融等。此外,还包括针对金融科技企业制定税收优惠政策,如降低税率、政府补贴等。

③ 金融科技3.0时代(2016年至今),互联网金融的概念被金融科技取代,中国金融科技接轨国际,进入高速发展阶段。2015年,以"e租宝"为代表的集资诈骗事件频发,互联网金融日渐式微,金融科技的概念逐步推广开来。2016年8月,《"十三五"国家科技创新规划》首次将金融科技产业纳入国家政策,明确提出要促进科技金融产品和服务创新,建设国家科技金融创新中心。2017年5月,中国人民银行成立了金融科技委员会,旨在切实做好中国金融科技发展战略规划与政策指引,引导新技术在金融领域的正确使用。2019年10月,中国人民银行印发首份规范金融科技发展的顶层文件《金融科技发展规划(2019—2021年)》,参考金融稳定理事会的定义,指出"金融科技是运用现代科技成果改造或创新金融产品、经营模式、业务流程等,推动金融发展提质增效",强调金融科技是金融转型升级的新引擎,是金融服务实体经济的新途径,是促进普惠金融发展的新机遇,是防范化解金融风险的新利器。

人工智能、大数据、云计算、区块链技术等底层技术逐渐渗透到投资决策、风险定价、资产配置等环节,涵盖支付、融资、投资、保险和基础设施等五大领域,不断催生出新的跨界融合产物,深刻改变着金融服务方式和逻辑(见图10-1)。

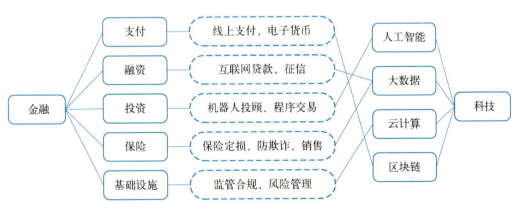

图 10-1 金融科技与底层技术融合的框架图

资料来源:中国金融科技报告,2020.

(3) 定义综述

中外金融科技的定义适用语境存在较大差别。国际组织及相关主权国家的定义主体主要为金融科技初创型企业,包含移动支付、财务管理、网贷等业务。中国在明确金融科技概念之前,经历过与互联网金融概念并行发展的阶段,参与主体多为非金融持牌的互联网企业,存在业务运作不规范、风险管理不到位、监管适用不恰当或不充分等问题,也引发了一些监管套利风险与消费者保护风险。因此,国内政策及监管机构所倡导的金融科技,更多围绕科技对金融业务的辅助和优化,紧紧遵循金融行业规则、现行法律和监管的要求。同时,金融科技产品或服务的提供者也应归属于合规经营的金融机构。

从金融科技的定义来看,金融科技的本质仍是金融,尚未改变金融的风险属性。一方面,金融科技天然地带有技术的特性,即短周期、迭代升级快的特点,因此是一种"破坏性创新";另一方面,金融科技创新化、虚拟化、多元化等特点,改变了金融业的风险特征,向金融监管提出了新的挑战。当科技驱动金融创新活动时,金融创新活动呈现指数跃迁式发展,金融科技不仅带来与传统金融相似的业务、网络、技术等多重交叉风险,还会带来技术黑箱、算法共振、算法歧视、第三方依赖、责任边界模糊等新型风险隐患,风险传染速度更快、波及面更广、隐蔽性更强、溢出效应更大。此外,金融科技服务了大量的长尾客户,其跨界、混业、跨区域、集团化经营特征明显,却长期游离在金融监管之外,一旦出现风险,其影响范围及社会危害将远超传统金融。

10.1.2 金融科技发展的现状

(1) 国际金融科技发展的现状

① 投资情况。

在全球金融深化的背景下,科技与金融服务的融合持续加深。2018年以来,全球金融科技保持强劲发展的态势,风险投资、科技并购、科技成长型股权投资等业态多点开花。从全球金融科技的投资总额看,2021年上半年,金融科技投资实现2 456宗交易,总金额达980亿美元。相较于2020年下半年的870亿美元,金融科技反弹趋势明显(见图10-2)。其中,全球风险投资实现2 040宗交易,风险投资额超520亿美元,接近2018年全年的投资额(540亿美元);金融科技并购实现353宗交易,投资超40亿美元;科技成长型股权投资实现63宗交易,几乎达到2020年全年交易总量(86宗)[①]。

2020年,在全球新冠疫情的影响下,金融科技在经历了连续四个季度的下滑后,

---

① The Pulse of Fintech H1 2021,KPMG,2021.

第 10 章 金融科技与监管科技 185

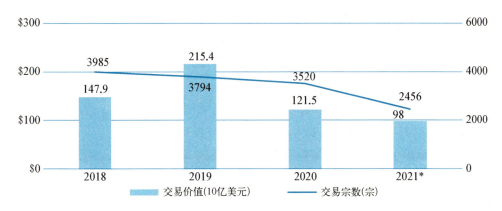

图 10-2 2018—2021 年*全球金融科技投资总额

资料来源：The Pulse of Fintech H1 2021，KPMG，2021.

注：2021 年*表示 2021 年上半年；数据包括风投、私募和并购投资，因统计口径和方法的变化，每年报告数值不一致，本书取 2021 上半年版本的数据。

投资活动在 2020 年第四季度同比增长了 11%[①]。2018—2020 年，全球金融科技的后期融资交易占比持续上升（见图 10-3）。对比早期资本对于金融科技的跑马圈地，投资者如今更着眼于标的科技企业的长远发展潜力，逐步从早期融资阶段转向中后期融资阶段，表明金融科技投融资市场趋于稳健，投资者更倾向于成熟企业，关注目标企业的产品研发内容、商业管理模式、法律操作合规等具体内容，投资决策更为理性，市场化规模初步形成。

图 10-3 2018—2020 年风险投资者参与金融科技公司早期融资与后期融资交易数占比

资料来源：Capgemini Financial Services Analysis，CB Insights，2021.

注：早期交易包含种子基金和 A 类基金交易，后期交易包含 B-E+类基金交易。

---

① World FinTech Report 2021，Capgemini Research Institute & Efma，2021.

从全球各地区的风险投资情况来看,美洲金融科技投资最多(见图10-4)。2021年上半年,美洲地区的金融科技投资总额达514亿美元,其中,美国独占421亿美元,占美洲地区投资总额的82%、全球投资总额的43%。欧洲、中东与非洲地区的金融投资总额为391亿美元,占全球投资额的40%。与此同时,亚太地区金融科技投资额大幅增长,从2020年下半年的45亿美元增至2021年上半年的75亿美元,占全球投资额的7.65%,以印度尼西亚、印度为代表的东南亚金融科技公司成为投资热点,投资复苏态势强劲。但相较于2018年的投资峰期,亚太地区的金融科技投资潜力仍有待开发[1]。

② 应用情况。

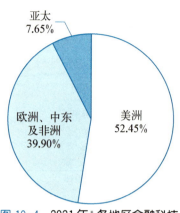

图 10-4 2021 年* 各地区金融科技投资占比(%)

资料来源:The Pulse of Fintech H1 2021, KPMG, 2021.

注:2021 年* 表示 2021 年上半年。

融资市场的结构完善助力金融科技应用的落地,数字货币、开放银行、数字银行等新应用陆续实践。

a. 央行数字货币(CBDC)层面,世界各经济体研究试点加速。国际清算银行、国际货币基金组织和世界银行联合倡导推动央行数字货币的发展,警惕数字货币被大型科技公司利用并操纵市场。2020 年,国际清算银行在《关于央行数字货币的后续调查》中指出,全球参与调查的中央银行中约 80% 已开展了 CBDC 的相关工作,其中,40% 已从概念研究转向试验阶段,另有 10% 已经开展试点[2]。根据 Atlantic Council(美国大西洋理事会,美国智库)的统计数据显示,全球目前已有 5 个国家(巴哈马、圣基茨和尼维斯、安提瓜和巴布达、圣卢西亚、格林纳达)正式推出央行 CBDC,其中,巴哈马推出的 Sand Dollar 是第一个广泛使用的 CBDC(见表 10-3)。

表 10-3 各国 CBDC 进展统计

国家/地区名称	主 要 内 容
已推出 CBDC 的国家	
巴哈马	2020 年 10 月,全球首个推出 CBDC 的国家,名为 Sand Dollar,仅限国内使用,旨在提高支付速度、效率和安全性;降低金融服务的成本并建立跨年龄和不同地位的包容性;加强对洗钱、伪造和其他金融欺诈的监管
安提瓜和巴布达	2021 年 4 月,东加勒比中央银行启动 CBDC 项目,名为 DCash,将覆盖四个国家,允许跨境支付,公众可实现纸币、硬币与 CBDC 的自由兑换,旨在到 2025 年将现金使用率降低至 25%
圣基茨和尼维斯	
圣卢西亚	
格林纳达	

---

[1] The Pulse of Fintech H1 2021, KPMG, 2021.

[2] Impending arrival — a sequel to the survey on central bank digital currency, BIS, 2020.

续表

国家/地区名称	主要内容
正在试点 CBDC 的国家	
新兴经济体	
柬埔寨	2021年6月,柬埔寨央行正式推出CBDC"Bakong"的试行计划,旨在促进电子支付,从而有助于促进社会福利并防止新冠病毒传播
印度	2021年8月,印度储备银行宣布将推行数字卢比项目,正在评估CBDC的使用范围、基础技术和验证机制
委内瑞拉	2021年8月6日,委内瑞拉中央银行宣布将在10月推出CBDC,旨在帮助政府实现经济现代化和重建
发达国家/地区	
新加坡	2016年11月,新加坡金融监管局推出Ubin测试,开展6个阶段的项目测试,旨在研究分布式账本技术在清算结算交易场景的应用
加拿大	2017年4月,加拿大银行推出Jasper项目,发行CAD-coin,旨在探索使用DLT进行大额支付、清算、结算的可行性
欧洲	2020年7月,欧洲央行宣布将研究数字欧元作为一项工作重点,旨在开发保护用户隐私的CBDC支付系统并发布基于R3的"欧洲链",尚处于论证与小范围试点阶段
日本	2020年12月,日本央行宣布将在2023年前推出CBDC,开展货币基本功能、企业和消费者广泛使用等试验

资料来源:Ready, steady, go? — Results of the third BIS survey on central bank digital currency. BIS,2021.

对比发达国家与新兴市场国家数字货币的发展情况,国际清算银行 2021 年发布的《国际清算银行关于央行数字货币的第三次调查结果》显示,新兴市场国家的央行数字货币研发进度快于发达国家[①]。截至目前,柬埔寨、乌拉圭、委内瑞拉等新兴市场国家正在积极开展 CBDC 项目试点与应用测试。反观发达国家,美联储当前尚未就 CBDC 发行作出明确表态,欧洲央行仍处于研发测试阶段,仅有新加坡、加拿大、日本等国试点进展较快。究其原因,主要有以下两个方面:一是 CBDC 有效地解决了新兴市场国家经济内患问题,如货币流通受阻、汇率大幅波动、货币流向追踪、通货膨胀严重等;二是欧美等发达国家对 CBDC 监管持谨慎态度,担心央行数字货币可能引发的金融脱媒、挤兑风险等问题,进而放缓研发试点速度。

b. 开放银行层面,试点模式两极化。开放银行肇始于英国,是指经客户授权,银行通过应用程序编程接口(API)向第三方机构共享客户银行账户、交易数据的一种业务模式,旨在共建开放的泛银行生态系统,实现金融服务的全覆盖。面对高净值客户的饱和,加之长尾客户的难以触达,传统银行亟需从线下物理网点转向线上应用场

---

① Ready, steady, go? — Results of the third BIS survey on central bank digital currency, BIS, 2021.

景。应用程序编程接口的迅速发展带来数据共享的便利,以金融云服务商、硬件/数据库服务商等作为底层基础设施,金融科技公司、互联网巨头、传统IT技术服务商等作为软件集成、数据等服务的提供者,第三方开放银行平台作为商业银行与行业场景平台的连接器,实现了与客户金融需求的垂直链接(见图10-5)。开放银行不仅能够转变现有银行获客服务模式、延伸金融应用场景、开发竞争新优势,还能通过数据共享、产品创新等方式与金融科技合作企业开拓新业务、发掘新增长点。因此,开放银行的实践应用能够实现银行、客户与第三方机构的多方共赢,打破传统银行信息壁垒,共同推进新一轮全球经济市场的发展。

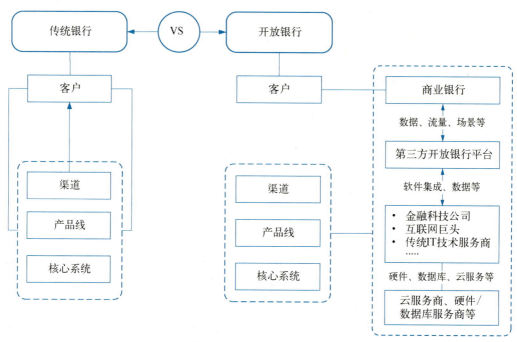

图 10-5 传统银行与开放银行获客模式的比较

资料来源:中信建投证券研究发展部,2020.

目前,世界各地对开放银行的监管态度与实行政策各有不同,已有30多个国家/地区正在考虑采纳开放银行模式[①]。从驱动模式来看,主要分为以下两种:

一是自下而上的市场驱动型,即市场自发运行,自我开发技术规范。美国是典型的市场驱动型国家。政府只需从全局规划出发对外发布原则性指南,而共享标准、技术规范等内容均由市场自行开发制定。消费者金融保护局负责开放银行的市场行为监管,尚未制定明确的发展规划,且没有强制所有银行开放。从已出台的监管法律来看,美国的整体监管环境较为宽松,数据隐私保护力度一般,例如,2010年出台的《多

---

① 资料来源:中国人民大学金融科技研究所.开放银行全球监管报告,2021.

德-弗兰克法案》明确规定,用户或者用户授权的机构有权获取该用户在金融机构的金融交易数据,为金融数据共享提供法律依据,但并未说明具体的开放银行监管标准。

二是自上而下的监管驱动型,即制度先行,依赖监管法规规范运行。欧盟和英国是典型的代表地区。2015年,欧盟颁布《支付服务修订法案(第二版)》(PSD 2),由欧盟委员会担任监管机构,对欧盟成员国和欧洲经济区进行金融科技活动监管。PSD 2强制规定银行开放,旨在促进欧洲支付服务和客户分销渠道的创新,推动向以客户为中心的服务转型。在该法规的背景下,欧洲进一步加大对客户数据隐私的保护力度,严格规定API数据共享流程。2018年,欧盟发布《通用数据保护条例》(*General Data Protection Regulation*,GDPR),强化对客户信息使用知情权、数据使用协议理解权、数据"被遗忘权"的保护。在欧盟新规的监管推动下,英国加快开放银行发展步伐。2016年3月,英国财政部牵头开放银行工作组对外发布《开放银行标准框架》,详细制定了严格数据标准、API标准、安全标准和治理模型。英国市场竞争委员会作为监管机构,负责全国范围内的开放银行监管,强制规定银行开放并统一API参数。根据《开放银行标准框架》,英国对于客户数据隐私保护力度较强,例如,获得第三方提供商实时访问权限的中小企业营业额须达到650万英镑。因此,欧盟和英国依赖监管条例促进银行业的开放与合作,改变市场竞争格局,倒逼传统银行创新升级,以满足用户多元化的需求。

新加坡和中国香港地区正积极布局开放银行,跟紧国际发展的趋势。2016年11月,新加坡金融管理局联合新加坡银行协会发布《API指导手册》(*Finance-as-a-Service: API Playbook*,Playbook),提供了API的选择、设计、使用环节最佳指导以及相应的数据和安全标准建议。2018年,新加坡监管局搭建应用程序接口平台,促进亚太地区金融机构和金融科技创新公司的跨境合作和发展,逐步完善开放银行生态体系,以加快银行无界化变革。与新加坡支持开放银行发展的态度相类似,中国香港金融监管局采取跟随策略,借鉴其他地区的实践经验分类别、分阶段地推进功能服务与数据的开放。2018年7月,香港颁布API框架,提供政策指导和行业发展方向指引,并向第三方提供多组金融数据和重要资讯,尚处于产品服务开放阶段。

开放银行典型国家或地区的进展统计见表10-4。

表10-4 开放银行典型国家或地区进展统计

驱动模式	国家/地区	监管机构	开放规划	典型案例
市场驱动型	美国	消费者金融保护局	暂无明确规划	摩根大通已在司库服务(Treasury Services)中转向开放银行;花旗银行启动全球API开发者中心,允许开发人员调用花旗银行多个类别的API

续表

驱动模式	国家/地区	监管机构	开放规划	典型案例
监管驱动型	欧盟	欧盟委员会	出台《支付服务修订法案(第二版)》(PSD 2),要求各国在2018年1月前将PSD2转化为法律,欧盟公司技术合规期限为2019年9月	Tink账户聚合平台,通过API接口为科技公司和初创企业等第三方提供开发金融服务和产品所必需的数据和技术支持
	英国	英国市场竞争委员会	按标准规范制定、低敏感数据、只读模式交易数据和读写模式数据的顺序分四阶段进行	英国推动全国最大的九家银行业机构成立开放银行实施组织(OBIE),制定API规范、数据规范等开放银行标准
	新加坡	新加坡金融监管局	暂无明确规划	APIX平台,开放架构的API市场和沙盒平台
	中国香港	中国香港金融管理局	四阶段分布进行,前两个阶段开放产品信息,后两个阶段开放数据	JETCO APIX,成立API集合平台

资料来源:中国人民大学金融科技研究所.开放银行全球金融监管报告,2021.

c. 数字银行层面,全球数量快速上涨。区别于传统银行的实体网点经营模式,数字银行不设立实体网点,以互联网科技为支撑,提供与应用场景深度结合的存贷款、支付、转账等金融服务。根据管理咨询公司Deloitte发布的 *Digital Banking Maturity 2020*,在新冠疫情的影响下,318家调查样本银行中有60%的银行倒闭或缩短营业时间,11%的银行关闭开户服务,6%的银行暂停新客户开户服务或限制其产品使用[1]。因此,数字银行的规模化发展成为帮助传统银行应对挑战的加速器。自2015年起,全球的数字银行数量增加了200%,其中,45%在美洲,35%在欧洲、中东、非洲地区,20%在亚太地区[2]。从数字银行用户数量和账户数量来看,2018—2021年,全球数字银行使用者一直保持上涨趋势,预计2021年数字银行账户数量将达约12亿户(见图10-6)。从各经济体的实践情况看,新加坡是第一个发行数字银行牌照的国家,其2020年发行的5张数字银行牌照已经吸引了21家机构的参与,成为全球数字银行发展的引领者。其他经济体的数字银行多以传统银行牌照或业务许可的形式从事线上银行业务,如英国的Monzo银行、N26银行等。

(2) 中国金融科技的发展

① 投资情况。

中国在金融科技发展初期较为落后,但目前已实现后来居上,在全球投资规模中占据重要地位。2015—2019年,中国金融科技公司共计达成750笔交易,募集超过630亿美元的资本。2015—2018年,金融科技投资总额持续上涨,在大型融资项目的

---

[1] Digital Banking Maturity 2020, Deloitte, 2021.
[2] Digital Challenger Banks, Singapore FinTech Association & Boston Consulting Group, 2021.

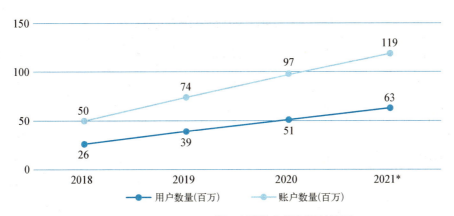

图 10-6　2018—2021年*全球数字银行增长情况

资料来源：Business Insider.

注：2021 年*为数字银行预测增长。

推动下，投资复合年增长率达 84.8%。从投资总额来看，中国金融科技投资总量达 33 亿美元，仅占 2018 年投资总额的 10%；从交易笔数来看，金融科技领域的交易笔数从 2018 年的 303 起下降至 2019 年的 147 起，仅占 2018 年交易总数的 48%。

图 10-7　2015—2019 年中国金融科技投资金额

资料来源：Fintech Global, 2020.

从企业发展来看，中国金融科技发展以少数大型企业为主导，市场结构寡头化。《2020 胡润全球独角兽榜》显示，18 家金融科技独角兽企业的估值超 1.6 万亿元。其中，蚂蚁集团以 10 000 亿元估值位居第一，蝉联全球估值最高的金融科技独角兽企业，其下的支付宝全面完成数字化平台转型，帮助服务业赋能数字经济发展；陆金所以 2 700 亿元的估值排名第二，业务内容涵盖财富管理、普惠金融及机构金融等，拥有中国最大的线上数字化财富管理平台；微众银行以 1 500 亿元的估值排名第三，充分利用人工智能、区块链、云计算和大数据等数字科技，服务目标客户及银行等金融机构（见表 10-5）。

表 10-5　2020 年中国金融科技独角兽企业

公司	经营领域	估值(亿元)	成立年份	互联网巨头股东
蚂蚁集团	平台	10 000	2014	阿里
陆金所	平台	2 700	2011	腾讯
微众银行	信贷	1 500	2014	腾讯
京东数科	平台	1 300	2013	京东
苏宁金服	平台	500	2006	苏宁、阿里
万得	资讯、软件	300	2005	
银联商务	支付	200	2002	
度小满金融	平台	200	2018	百度
连连数字	支付、清算	140	2009	
PongPong	境内、跨境支付	140	2015	
WeLab	消费信贷	100	2013	阿里
空中云汇	跨境支付	70	2016	腾讯、阿里
岩心科技	消费信贷	70	2015	阿里-蚂蚁
易生金服	支付	70	2011	
联易融	供应链金融	70	2016	腾讯
水滴	众筹	70	2016	腾讯
挖财	基金销售	70	2009	
中关村科金	消费金融、软件	70	2007	

资料来源：2020 胡润全球独角兽榜；中国金融科技报告，2020.

注：本表所指的独角兽企业，是指成立于 2000 年之后、价值 10 亿美元以上的非上市公司。

② 应用情况。

2019 年以来，中国金融服务与科技融合愈加紧密，特别是央行数字货币、开放银行、数字银行等应用领域。

a. 央行数字货币层面，中国积极探索法定数字人民币的研究开发，加快建设适应时代需求、安全普惠的新型零售支付基础设施。根据中国人民银行发布的《数字人民币研发进展白皮书》，数字人民币是中国人民银行发行的数字形式的法定货币，由指定运营机构参与运营，以广义账户体系为基础，支持银行账户松耦合功能①，与实物人民币等价，具有价值特征和法偿性。其主要定位是现金类支付凭证（M0），将与实物

---

① 支持银行账户松耦合功能，是指不需要银行账户就可以开立数字人民币钱包。

人民币长期并存,广泛应用于国内零售支付场景。

2019年以来,中国人民银行在深圳、苏州、雄安、成都及2022年北京冬奥会场景率先开展数字人民币试点测试。2020年11月,增加上海、海南、长沙、西安、青岛、大连6个新的试点地区。截至2021年6月底,数字人民币应用场景超过132万个,覆盖生活缴费、餐饮服务、交通出行、购物消费、政务服务等领域。开立个人钱包2 087万余个、对公钱包351万余个,累计交易7 075万余笔、金额约345亿元①。总览目前试点省市,数字人民币测试覆盖长三角、珠三角、京津冀等发达经济圈,分别在东部、中部、西部、东北地区展开区域布点,评估验证数字人民币在不同地区的理论实践性和应用可适性。此外,城商行、农商行等中小银行积极拥抱数字人民币。据城银清算披露,截至2021年8月12日,24家城商行已确认通过城银清算接入数字人民币互联互通平台,另有94家银行有意向通过城银清算接入数字人民币互联互通平台。未来,随着数字人民币银行互联互通平台的成员数量增加,数字人民币的服务范围将不断拓展。

b. 开放银行层面,中国仍处于产品服务开放阶段。《中国开放银行白皮书2021》指出,开放银行是指在监管范畴内,商业银行以"连接"与"融合"为手段,基于标准化API、SDK(Software Development Kit)、小程序等连接方式,通过引入或输出第三方产品、服务、数据和技术,从而实现更广、更深、更精准客户触达的业态形式②。其本质是市场化驱动所带来的银行业迭代升级,即银行追求成本降低与效益提升。自2013年中国银行推出中银开放平台后,华瑞银行、微众银行、兴业银行、浦发银行、建设银行等纷纷探索开放银行转型模式。从发展阶段来看,中国开放银行以银企直连为前身,标准化API的出现标志着开放银行进入Open API发展阶段,未来将迈入Open API+的新阶段(见图10-8)。从技术标准规范来看,2020年中国人民银行出台《商业银行应用程序接口安全管理规范》,成为首个开放银行监管条例。结合国际发展趋势,中国对于开放银行的应用实践态度较为保守,尚未出台具体的数据隐私保护法规。

c. 数字银行层面,中国银行业正在加速数字化转型。回顾中国数字银行的发展史,大致可以分为电子银行、直销银行和纯数字银行三个阶段。1997年,招商银行网上银行"一网通"的推出,成为首家开设网上业务的银行。随后,中国各大银行纷纷拓展网上支付、自助转账和缴费等业务,标志着中国正式进入电子银行阶段。直销银行作为电子银行向数字银行转变的过渡阶段,主要特征为产品互联网化、工具互联网化、渠道互联网化和搭建互联网平台。2015年6月,银监会首次批准筹建5家自担风险的民营银行,标志着纯数字银行时代的到来。2017年,百信银行的成立成为我国

---

① 资料来源:中国人民银行数字人民币研发工作组.中国数字人民币的研发进展白皮书,2021(7).
② 资料来源:波士顿咨询公司,平安银行.中国开放银行白皮书2021,2021.

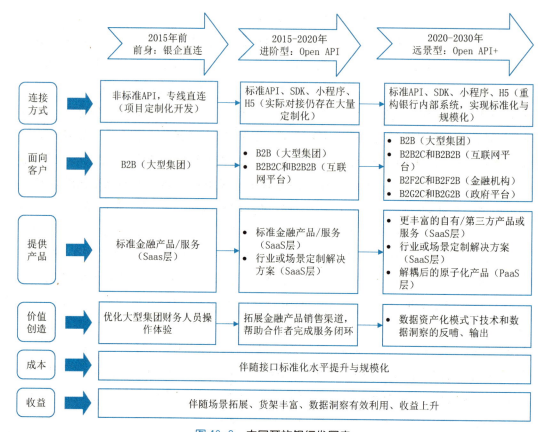

图 10-8 中国开放银行发展史

资料来源：中国开放银行白皮书，2021.

第一家由传统商业银行和科技企业共同发起设立、采用独立法人运作模式的数字银行。2021 年，全球共有 13 家数字银行实现盈利，其中 4 家来自中国（它们是微众银行、网商银行、新网银行和百信银行）[①]。未来，数字银行将以机器学习等新兴技术转型为核心，专注改善客户体验，引领数字创新，加速数字银行生态体系变革。

10.1.3 金融科技的产业生态

金融科技是多因素驱动的结果。首先，客户尤其是"千禧一代"和"数字土著"对于金融服务的便捷、速度和成本的偏好日益重要，其他需求因素和经济的发展，驱使一些快速增长的新兴市场和经济体采用金融科技。第二，不断演变的技术，特别是与互联网、大数据、移动技术和计算能力相关的技术，已成为金融服务创新的显著驱动力。这为新进入的企业提供了机遇，它们能够比那些老牌机构更快、更节省成本地提

---

① 资料来源：波士顿咨询公司.新兴挑战者和现任运营商为亚太地区的数字银行业务机会而战，2021.

供金融服务。最后,在传统金融机构缩减金融服务的同时,非传统机构被引入了其中一些领域,使得商业机会越来越多。例如,较高的资本要求和危机后的去杠杆可能改变了一些银行的放贷行为。

金融科技产业生态正是多元主体为满足自身需求所形成的有机整体(见图10-9)。从参与主体角度,金融科技产业生态体系主要由金融科技企业、基础技术服务提供商、传统金融机构、金融科技孵化与投资机构和金融监管机构等主体组成,市场主体类型多元化发展,跨主体跨行业合作成为市场未来发展趋势。从组织结构角度,金融科技产业体系自下而上可分为技术服务层、解决方案层和业务应用层。其中,每个层级的不同细分领域并非严格区分,市场参与者在各层级之间的业务有所渗透且形成有效竞争。具体来看,技术服务层主要依赖大数据、云计算、人工智能、区块链、互联网等科技,满足处于解决方案层的金融科技企业或第三方主体的技术需求。业务应用层主要对接金融领域,涵盖支付、借贷、财富管理、零售银行、保险、供应链金融等主要服务。从金融科技主体服务领域角度,金融科技企业向客户提供客服、营销、获客、运营、风控和投顾等服务,逐步形成一套较为完整的运营流程。

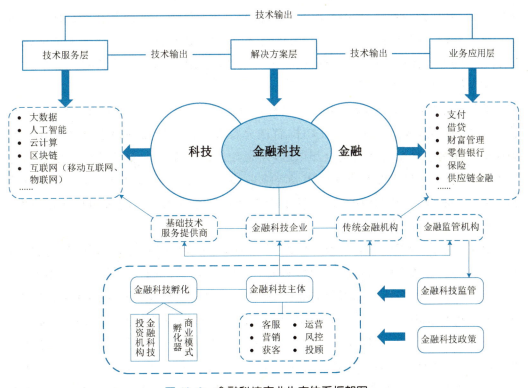

图 10-9　金融科技产业生态体系框架图

资料来源:中国金融科技发展概览,2016;金融科技发展白皮书,2020.

10.1.4 金融科技的监管

时下,金融科技正重塑着金融生态,涵盖金融机构形态、金融行业业态和金融体系生态等。科技使金融风险更加隐蔽,服务边界模糊、服务主体多元、业务关联渗透等问题提高了金融监管难度,传统监管体系将难以适配金融科技发展需求,难以有效应对金融科技风险。为了更好地实现金融科技监管的公平竞争、风险防范与消费者保护,必须明确金融科技监管的必要性。一方面,金融科技已从对金融的辅助作用转化至多元功能阶段,包含经济赋能、资源替代、产业颠覆等;另一方面,金融监管能够明确金融科技的发展目标和路径,实现金融与科技的互动、金融科技与服务实体经济和消费者的互动,以及金融科技和金融监管的互动。为此,须进一步加深对金融科技监管的认识,落实金融科技监管实践,完善金融科技监管生态。

(1) 国际监管实践

近年来,金融稳定理事会、巴塞尔银行监管委员会、国际证监会组织和国际保险监督官协会等国际组织均成立了专门工作组,从不同角度研究金融科技的发展演进、风险变化和监管应对,探索如何完善监管规则,改进监管方式。由于金融科技的具体应用领域广泛、在各国的经营模式和发展情况差异较大,目前国际上尚未就金融科技形成统一的监管模式。一些金融科技较为发达的国家都在努力寻找新的监管模式。

① 发端于英国的"监管沙盒"。

监管沙盒(Regulatory Sandbox),又称监管沙箱。2015年11月,英国金融行为监管局(FCA)发布《监管沙盒》指引文件,首次完整提出监管沙盒的核心意义与具体实施要求。作为一个受监督的安全测试区,监管沙盒通过设立限制性条件和指定风险管理相应措施,允许企业在真实的市场环境中,以真实的个人用户与企业用户为对象测试创新产品、服务和商业模式,有助于减少创新理念进入市场的时间与潜在成本,并降低监管的不确定性。

监管沙盒是指对现有监管框架内有待考察和风险评估的金融创新产品或服务,根据其新产品的各方面风险程度和影响服务,由相关监管部门在法律授权范围内,在适度简化的市场准入标准和流程的前提下,允许金融科技企业在有限的业务牌照下,在真实或模拟的市场环境下开展自身业务测试,经测试满足市场需求且符合监管当局对风险程度的要求,表明适合全面推广后,就可以按照法律规定进一步获得全牌照,并纳入正常监管范围。一部分金融科技企业通过沙盒里的实践后,了解了监管当局对金融科技的监管标准以及金融科技企业的合规成本,自我评价之后决定放弃进一步获取金融牌照的计划;也有一部分金融科技企业,在沙盒实验的过程中更加了解当局对金融科技的态度以及监管的各方面规定,在实验中不断改进,使得企业得到更好的发展。监管沙盒的主要目的是预防金融创新所产生的各类风险。

监管沙盒可以分为三种模式,即授权式沙盒、虚拟沙盒和伞形沙盒。

第一,授权式沙盒是英国 FCA 组织开展的项目,整个流程大致可以分为以下三个阶段:首先是准入阶段,拟申请测试的企业在规定时间内向 FCA 提交申请书,该申请书包括入门指南、个人相关信息、创新方法的信息、测试计划的信息四个部分。FCA 将会根据申请书的内容,主要以企业所提出的该项创新是否在测试接受的范围之内、是否不同于已经在市场上存在的制度、是否为消费者权益的保护提供了良好的计划、是否真的需要通过沙盒来进行测试和企业是否已经做好测试的准备工作等五个标准来对该创新进行细致的审查。如果计划被同意,FCA 将指派专门的官员作为联络员,并与申请企业详尽讨论包括测试参数、结果的测量、报告要求和安全措施在内的最佳沙盒模式。其次是运作阶段,FCA 同意企业开始测试并进行监管,企业按照与 FCA 协商一致的最佳沙盒模式中的要求进行测试。最后是结束阶段,企业向 FCA 提交有关测试结果的最终报告,在 FCA 收到和审查该报告之后,企业决定是否提交沙盒之外的解决方法,如果提交,则需要经 FCA 最终审核之后再推向市场。

第二,虚拟沙盒(Virtual Sandbox)是一种以行业间协作为基础、云计算为技术手段建立的测试方案,企业可以通过虚拟沙盒,利用公共数据和其他企业提供的相关数据对其产品或服务进行测试,并邀请企业或者消费者来尝试其新方案。虚拟沙盒的优势在于所有的创新者都可以在无须授权的情况下进入沙盒进行测试,且该测试并非基于真实的环境开展,不会对消费者和金融系统造成损害。FCA 鼓励行业间引入虚拟沙盒,并会在不违反相关规则的情况下为其提供数据支撑。

第三,伞形沙盒(Sandbox Umbrella)实际上是一种监管权的传递,即先在 FCA 的批准下成立一家非营利公司作为伞形沙盒,其受到 FCA 的直接监管。没有获得 FCA 授权成为沙盒企业的创新者则可以在该伞形沙盒公司的授权和监管下,作为其委派的代理人提供金融产品或者服务。与授权式沙盒极其严格的审核与授权相比,伞形沙盒无疑为创新主体极大地减少了测试成本。

② 美国的"无异议函"政策。

2016 年 2 月 18 日,美国消费者金融权益保护局(Consumer Financial Protection Bureau)发布《无异议函细则》(Policy on No-Action Letters),目的是降低监管层的监管政策对创新类金融产品和服务所造成的不利影响,即降低监管力度。

申请无异议函的企业须向当局提供关于其产品或服务的详细说明并作详细介绍。主要内容有:首先,对比市场上现有的产品和申请者的产品的不同点、优缺点;其次,在说明自身潜在风险之后,申请者可以提供给消费者用以减少风险以及降低使用成本的保障措施;最后,必须让消费者详细地了解其条款、特征、使用成本、价值和潜在风险。无异议函的要求是一种事前认可机制，它只接受还未正式推出且已经完成的产品的申请。

(2) 中国监管实践

金融科技在经历 2018 年的爆发式增长后，行业细则和技术标准的缺失、系统性风险叠加等问题引起监管机构的高度重视。2020 年以来，金融科技进入监管元年，监管部门从顶层设计、监管主体和监管思路上不断完善金融科技监管框架，以更好地平衡创新与风险的关系。

① 顶层设计上，金融科技的发展与监管上升至重要地位，鼓励创新与规范发展并重。2019 年 9 月，中国人民银行印发《金融科技发展规划（2019—2021）》，明确提出了未来三年中国金融科技工作的指导思想、基本原则、发展目标、重点任务和保障措施，基于国家层面对金融科技发展做出全局规划。基于发展规划框架下，证监会、银保监会等监管机构陆续出台行业监管条例、技术标准规范等监管文件。梳理 2020 年与金融科技有关的主要监管事件，可以从以下四个方面总结顶层设计特点：

第一，互联网金融活动统一监管标准，全面审慎监管。监管不再局限于形式上的"金融"与"科技"牌照区分，强调只要从事同类金融业务，都应在现行法律法规框架下，接受一致的市场准入和持续监管，遵循同等的牌照要求、业务规则和风险管理要求。2020 年 9 月，银保监会以相互宝、水滴互助为例，指出该等网络互助平台本质上具有商业保险的特征，提出要明确所有保险活动须实行严格准入、持牌经营。2020 年 12 月 7 日，银保监会发布《互联网保险业务监管办法》（2021 年 2 月 1 日起施行），其中规定"互联网保险业务应由依法设立的保险机构开展，其他机构和个人不得开展互联网保险业务"。2020 年 11 月，银保监会指出部分银行与科技公司合作的联合贷款产品本质与银行信贷产品相同，但在收费方面金融科技公司仍缺乏统一标准，并对外发布《网络小额贷款业务管理暂行办法（征求意见稿）》，将利用大数据、云计算、移动互联网等技术手段并运用互联网平台积累的数据信息分析评定借款客户信用风险，确定贷款方式和额度，并在线上完成贷款相关流程的小额贷款业务纳入监管，参考银行贷款相关监管标准对网络小贷业务从展业①地域、贷款额度、助贷或联合贷款业务限制、准备金、资本金、杠杆率、流动性等方面提出明确监管要求，减少监管空白与监管套利。

第二，P2P 网贷全面整治结束，网络小贷业务保持强监管基调。2020 年 12 月，银保监会对外表示 P2P 网贷平台专项整治工作基本完成，国内实际运营的 P2P 网贷机构已经全部归零。同时，强调监管常态化，加快地方网络借贷机构转型小贷公司的试

---

① 展业，即开展业务，是贷款、保险、理财等业务员为了寻找客户开展相应业务活动的总称。

点工作。2020年5月,厦门市2家P2P网贷机构拟转型为小额贷款公司试点的申请获得正式的同意批复。2020年11月2日,银保监会与央行发布《网络小额贷款业务管理暂行办法(征求意见稿)》,大幅提高了对网络小额贷款公司自身运营和监管的要求,包括市场准入和监管权从地方金融监管局转移到银保监会,提高注册资本,设置单笔联合贷款出资比例最低限以及原则上禁止跨省展业等。小贷新规标志着网络小贷业务被纳入银保监会的统一监管体系中,在监管主体、监管强度上与银行监管基本同步,开启强监管时代。

第三,数据安全保护力度加强,弥补数据保护制度漏洞。国家层面,关于个人信息和数据保护的立法生态逐步完善。2020年2月,全国人大常委会对外进行《中华人民共和国数据安全法(草案)》的公开征求意见。随后,《民法典》从民事基本法的高度,在人格权编[①]中明确规定了个人信息保护的基本原则、个人信息处理者的义务和责任,并且针对新技术对个人信息保护带来的挑战进行了初步回应。《数据安全法》和《个人信息保护法》的相继面世,明确个人信息数据保护的立法规范。金融机构层面,紧跟顶层立法设计,同步加强个人信息数据的保护。中国人民银行先后发布《个人金融信息保护技术规范》和《金融消费者权益保护实施办法》,禁止过度收集和滥用个人信息,采取违法机构和人员"双罚制",以保障消费者信息安全。

第四,第三方合作风险管控加强,完善精准化监管。以金融机构与金融科技公司的合作为例,坚持金融机构是风险管控第一责任人的原则,不得将信息科技管理责任外包。同时,银行与第三方机构合作的线上贷款业务成为规范重点。2020年7月,《商业银行互联网贷款管理暂行办法》要求银行必须自主拥有风控决策模型;北京银保监局发布的《关于规范银行与金融科技公司合作类业务及互联网保险业务的通知》除了原则性地规定银行开展合作类业务不得突破自身经营范围,不得借助外部合作规避监管规定以外,还明确提出不得将贷款"三查"、风险控制等核心业务环节外包给合作机构,严防信贷资金违规流入网络借贷平台、房地产市场等禁止性领域。

2020年金融科技方面的主要监管事件整理见表10-6。

表10-6 2020年金融科技方面主要监管事件整理

时　间	部　门	内　　容
2020.02	中国人民银行	《关于发布金融行业标准 加强商业银行应用程序接口安全管理通知》《关于发布金融行业标准 做好个人金融信息保护技术管理工作的通知》
2020.02	全国人大	《中华人民共和国数据安全法(草案)》公开征求意见
2020.04	中国人民银行	《关于开展金融科技应用风险专项摸排工作的通知》

---

① 即《民法典》第四编"人格权"。

续表

时间	部门	内容
2020.06	证监会	成立科技监管局，履行证券期货行业金融科技发展与监管相关的八大职能
2020.07	银保监会	《商业银行互联网贷款管理暂行办法》
2020.08	证监会	《证券公司租用第三方网络平台开展证券业务活动管理规定（试行）（征求意见稿）》
2020.09	国务院	批复设立国际金融科技风险监控中心
2020.09	中国人民银行	《中国人民银行金融消费者权益保护实施办法》
2020.11	银保监会	《网络小额贷款业务管理暂行办法（征求意见稿）》
2020.11	银保监会	应该按照金融科技的金融属性，把所有的金融活动纳入统一的监管范围
2020.12	银保监会	《互联网保险业务监督办法》
2020.12	银保监会	到11月中旬实际运营的P2P网贷机构已全部归零

资料来源：中国人民银行官网、银保监会官网等资料整理.

② 监管主体上，跨市场跨行业监管提前介入，摸排金融科技监管死角。2020年7月，中国人民银行正式实施《金融控股公司监督管理试行办法》，强制要求金融控股公司必须持牌经营。银保监会、证监会在细分领域出台监管办法，如互联网贷款新规、网络小贷新规、互联网保险新规等。监管机构涵盖金融业务、数据安全、互联网等度方面，体现全方位、跨行业监管思路。此外，非金融监管机构迅速介入，最高法规定民间借贷最高利率不超4倍LPR，市场监管总局发布《关于平台经济领域的反垄断指南（征求意见稿）》。监管机构涵盖金融业务、数据安全、互联网等多方面，体现全方位、跨行业的监管思路。

③ 监管思路上，创新试点不断推出。第一，中国版"监管沙盒"的多地试点，有望打造培育创新与规范发展的长效机制。2019年12月，北京率先启动监管沙盒项目。此后，试点区域扩大到上海、深圳、重庆、苏州、杭州等9个城市和地区。截至2021年3月，全国金融科技监管沙盒试点已达86项。从获批项目数量来看，北京以三批次22个项目领先于其他城市，上海有三批次16个项目位居第二。从沙盒申请机构主体来看，银行占比过半达74家，科技公司达40家，其中还包含旅游公司、会计事务所等机构，申请机构主体进一步丰富。从业务领域来看，信贷业务数量最多达32个，创新银行服务、风控产品、供应链等服务紧跟其后，主要产品服务对象为中小微企业[①]。从申请方式来看，中国版监管沙盒支持"持牌金融机构＋科技公司"的打包申请，同时科技公司在满足门槛要求的前提下也可直接申请测试，但涉及的金融服务创新和金融

---

① 数据来源：蒋亮，郭晓蓓.农行、中行、建行等金融科技创新试点项目全解析.轻金融，2021-2-26.

应用场景则须由持牌金融机构提供。因此,科技公司既可联合金融机构共同申报,也可单独申报后结合应用场景选择合作金融机构[1]。未来,符合一定资质、具备优秀技术产品的非持牌机构或将被允许单独申请"入盒",再经撮合与持牌金融机构合作。第二,央行数字货币监管政策法规陆续发布,加快全国范围内推广速度。《民法典》对数据和网络虚拟财产的保护作出了指引性规定,但无实际规范内容。2020 年 7 月 22日,最高人民法院联合国家发改委共同发布的《关于为新时代加快完善社会主义市场经济体制提供司法服务和保障的意见》明确对数字货币、网络虚拟财产、数据等新型权益的保护。2020 年 10 月 23 日,央行公布《中华人民共和国中国人民银行法(修订草案征求意见稿)》,规定人民币包括实物形式和数字形式;为了防范虚拟货币风险,任何单位和个人不得制作、发售代币票券和数字代币,以代替人民币在市场上流通,该条为发行数字货币提供了明确法律依据。

10.2 监管科技

金融科技的安全可靠性是金融科技发展的基础,创新是金融科技发展的动力,也是金融科技发展的源泉。因此,要想鼓励促进金融科技的发展,必须要在释放金融科技创新发展活力的同时提升金融科技监管效率和质量,实现创新和安全的统一,这样才能使金融科技在安全快速的轨道上发展前行。监管科技(Reg Tech)就是在这样的背景下应运而生。以监管科技应对金融科技,强化金融科技作为信息技术的创新功能,发挥其对金融服务的辅助、支持和改进作用,提升金融业务的质效、体验和规模,降低金融运作成本和风险。

10.2.1 监管科技的内涵

随着以大数据、云计算、人工智能、区块链技术为代表的科技不断进步及对监管要求的不断上升,科技与监管相结合的趋势越发明显。监管科技狭义是从监管机构角度出发,侧重监管的有效性和高效性。广义的监管科技还包括金融机构运用技术手段来降低合规成本。从监管角度看,金融监管部门通过运用大数据、云计算、人工智能等技术,能够很好地感知金融风险态势,提升监管数据的收集、整合、共享的实时性,有效地发现违规的操作、高风险的交易等潜在问题,提升风险识别的准确性和风险防范的有效性。从合规的角度来看,金融机构采取对接和系统嵌套等方式,将规章

---

[1] 资料来源:范一飞.我国金融科技创新监管工具探索与实践,中国金融,2020-4-16.

制度、监管政策和合规要求翻译成数字协议,以自动化的方式来减少人工的干预,以标准化的方式来减少理解的歧义,更加高效、便捷、准确地操作和执行,有效地降低合规成本,提升合规的效率。本书所指的监管科技是狭义范畴,从监管视角理解监管科技。

中国人民银行金融科技委员会提出"要强化监管科技,积极利用大数据、人工智能、云计算等技术丰富金融监管手段,提升跨行业、跨市场交叉性金融风险的甄别、防范和化解能力"。中国证券监督管理委员会(证监会)于2018年8月31日印发《中国证监会监管科技总体建设方案》,将监管科技定义为"通过大数据、云计算、人工智能等科技手段,为证监会提供全面、精准的数据和分析服务"。因此,监管科技是基于大数据、云计算、人工智能、区块链等技术为代表的新兴科技,主要用于维护金融体系的安全稳定、实现金融机构的稳健发展以及保护金融消费者权利。

10.2.2 监管科技的工具

监管科技的核心技术主要包括大数据、云计算、人工智能、区块链和 API 五大技术,它们层层递进,贯穿于整个监管流程。API、云计算、大数据是支撑人工智能的底层技术,人工智能和区块链的结合实现智能监管。目前,监管科技已在数据采集、风险预警、场景分析、征信报告、舆情分析、金融业务监管、风险防欺诈等多个领域实现了应用。

监管科技的主要参与方有金融监管机构、金融机构和金融科技公司。金融科技公司利用新技术为金融机构和金融监管机构提供技术支撑;金融机构应用新技术来降低合规成本,适应监管;金融监管机构利用这些新技术应对监管压力和挑战,提升监管水平和效率。

第一,大数据(Big Data)。大数据是指无法在一定时间范围内用常规软件工具进行捕捉、管理和处理的数据集合,具有海量的数据规模、快速的数据流转、多样的数据类型和价值密度低四大特征。一是非现场监管。随着大数据技术的成熟,相比依赖被监管机构自行提供的报表等实物证明的现场监管,非现场监管方式既能提高监管效率,又有效保障了监管的独立性。二是行业黑名单。大数据是甄别并共享风险信息、建立行业黑名单的重要技术。运用大数据技术快捷地爬取多平台查询,融合多来源数据对主题的负面信息进行监测,并构建全面的风险预警模型,比起传统的人工查询方式,这可以大大降低成本。

第二,云计算(Cloud Computing)。云计算是一种通过网络将可伸缩、弹性的共享物理和虚拟资源池以按需自服务的方式供应和管理的模式。云计算的典型特征是IT服务化,就是将传统的 IT 产品、能力通过网络以服务的形式交付给客户。云计算提供的服务类型大体分为基础设施即服务（IaaS）、平台即服务（PaaS）和软件即服务（SaaS）。云计算作为基础设施，可为监管科技提供良好的运营平台或开发平台。对于监管机构，可把云计算作为高性能和易扩展基础设施，部署原有监管科技手段，完善和提升监管信息处理流程和速度，提升监管能力，降低监管成本。

第三，人工智能（Artificial Intelligence，AI）。人工智能是指一个系统获取、处理和应用知识的能力。AI应用的研究目的是使系统（机器）具备感知环境和采取相应行动的能力，并以此达到系统（机器）工作的目的。人工智能是一门交叉学科，它建立在计算机基础科学、数学、哲学、语言学、经济学、心理学和认知科学之上，并应用于系统控制、自然语言处理、人脸识别、语音识别、模式识别与分析、数据挖掘等场景。在现代金融监管科技领域应用中，机器学习、知识图谱、任务规划三个分支都有相当程度的应用，例如AI辅助的金融法规、合同文件合规性审查、关联法规归集，人脸识别辅助的客户身份证实，基于知识图谱的客户征信水平画像等，在反欺诈、反洗钱、风险监测中发挥着重要作用。这些点状的应用将人工从原先大量重复性的工作中解放出来，使系统的作业错误率不受人生理因素的影响，提升了某些环节的效率和准确率。

第四，区块链（Blockchain）。区块链，也称分布式账本（Distributed Ledger），是由包含交易信息的区块从后向前有序链接起来的数据结构。区块链并不是单一的创新技术，而是一种多学科综合技术。这些技术以新的结构组合在一起，形成了新的数据记录、存储和表达的方式。区块链核心关键技术包括共识机制、数据存储、网络协议、加密算法、隐私保护、智能合约。融合区块链的监管科技，可以在交易行为监控、合规数据报送、合同文件保全、客户身份识别等领域发挥作用。目前，区块链在监管科技领域的应用探索主要集中在识别和防范流动性风险、识别和防范非法集资风险、KYC（了解你的客户）、KYD（了解你客户的业务单据），另外，在互联网金融监管、票据监管和跨境交易监管中也开展了创新尝试。

第五，应用程序编程接口（API），其本质是一些预先定义好的函数，目的是给予开发人员基于某软件或硬件得以访问一组程序的能力而使其无需理解内部工作机制。未来可探索通过API实现监管系统与金融机构系统的信息交互，及时准确地传输交互内外部风险信息数据。这种监管主体的API——Reg API——成为监管机构向金融机构提供各项"监管服务"的程序结构，金融机构按照监管的接口规范，结合内部系统和业务财务流程改造升级自身系统，双方通过规范的程序接口实现监管规则与业务流程的对话和统一。通过Reg API可以实现监管部门与金融机构的实时数据交互，减少人工干预，提高金融监管预警报告能力，降低合规成本，实现金融风险早识别、早预警、早发现、早处置。

当然，监管科技在应用过程中也面临一些挑战。监管机构在通过监管科技获取部分底层数据时，可能需要解决相应法律问题。比如，奥地利央行在利用监管科技实现数据推送时，在设计架构中特别剔除掉了对商业敏感数据的采集，以确保其符合法律规定。此外，在采集和使用社交媒体等信息时还涉及隐私保护问题，因此还需注意与数据隐私保护的法律规定保持一致。

此外，与监管科技相关的操作性风险也值得关注。由于部分监管当局是依赖云计算、云存储等技术或依托第三方公司来推进监管科技的，存在网络安全风险、数据安全及保密性问题。一旦发生事故导致数据丢失，将给监管带来巨大影响。此外，还需关注云存储服务商集中度过高的风险。云存储服务的高度集中化意味着一旦主要企业出现问题，将可能带来系统性风险。监管科技应用技术要素结构图如图 10-10 所示。

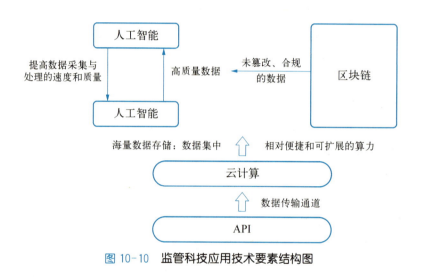

图 10-10　监管科技应用技术要素结构图

10.2.3　监管科技应对金融科技

风险与创新如影随形。在金融科技快速发展的同时，也产生了一系列风险隐患。金融科技创新只有在审慎监管的框架下进行，充分发挥金融科技对社会和市场效率的支持，同时树立监管底线，才能保证金融科技发展行稳致远。创新运用监管科技是应对金融科技挑战的有效举措。

迄今为止，监管科技主要聚集于人工报告和合规程序的数字化，但监管科技的未来发展远不止于此。在监管科技的支撑之下，监管体制预期可以实现对金融风险的即时识别并提出有效的解决方案，令合规监管更为方便。目前，金融科技类企业积极响应监管科技的开发及建设，配合监管机构运用现代科技手段提高数据处理效率，以提升监管有效性、建立公平竞争的市场环境、维护金融稳定。金融科技的发展、新兴市场的快速发展及监管者对监管沙盒的积极姿态，都将有利于监管模式的转型。科技进步必将构建一个以大数据和数字身份识别为基础的金融监管框架。未来,金融与科技融合的过程,是一个金融数字化与科技数字化相向而行的过程。当金融数字化与科技数字化完成之后,金融与科技之间的壁垒将会被消除,一个以数字科技为代表的新时代正在来临。监管科技 3.0 将前瞻性地整合金融科技监管要素,构建以数据为核心的金融科技监管框架,实现从利用技术优化监管到数字化监管的范式转变。

课后习题

1. 什么是金融科技?金融科技的特点有哪些?
2. 什么是监管沙盒?
3. 简述监管沙盒的模式。
4. 目前,监管沙盒遇到的问题有哪些?
5. 监管科技应用的具体领域有哪些?
6. 目前,监管科技面临的挑战有哪些?
7. 简述中国金融科技监管存在的问题。
8. 试述未来可以从哪些方面更好地对金融科技进行监管。

第11章

反洗钱和打击恐怖主义融资

　　反洗钱和打击恐怖主义融资是世界各国面临的共同问题。洗钱行为不仅会给我们个人造成财产损失,还会破坏市场经济的有序竞争,损害金融机构的声誉和正常运行,威胁金融体系的安全稳定,而且洗钱活动与贩毒、走私、恐怖活动、贪污腐败和偷税漏税等严重刑事犯罪相联系,已对一个国家的政治稳定、社会安定、经济安全以及国际政治经济体系的安全构成严重威胁。本章将围绕洗钱、反洗钱、反洗钱国际组织、中国的反洗钱监管这四个方面展开。

开篇案例　比特币跨境洗钱案

2015年8月至2018年10月,陈某波注册成立意某金融信息服务公司,未经国家有关部门的批准,以公司名义向社会公开宣传定期固定收益理财产品,自行决定涨跌幅,资金主要用于兑付本息和个人挥霍,后期拒绝兑付;开设数字货币交易平台发行虚拟币,通过虚假宣传诱骗客户在该平台充值、交易,虚构平台交易数据,并通过限制大额提现提币、谎称黑客盗币等方式掩盖资金缺口,拖延甚至拒绝投资者提现。2018年11月3日,上海市公安局浦东分局对陈某波以涉嫌集资诈骗罪立案侦查,涉案金额1 200余万元,陈某波潜逃境外。

2018年年中,陈某波将非法集资款中的300万元转账至妻子陈某枝个人银行账户。2018年8月,为转移财产,掩饰、隐瞒犯罪所得,陈某枝、陈某波二人离婚。2018年10月底至11月底,陈某枝明知陈某波因涉嫌集资诈骗罪被公安机关调查、立案侦查并逃往境外,仍将上述300万元转至陈某波个人银行账户,供陈某波在境外使用。另外,陈某枝按照陈某波的指示,将陈某波用非法集资款购买的车辆以90余万元的低价出售,随后在陈某波组建的微信群中联系比特币"矿工",将卖车钱款全部转账给"矿工"换取比特币密钥,并将密钥发送给陈某波,供其在境外兑换使用。

上海市浦东新区人民检察院经审查认为,陈某枝以银行转账、兑换比特币等方式帮助陈某波向境外转移集资诈骗款,构成洗钱罪;陈某波集资诈骗犯罪事实可以确认,其潜逃境外不影响对陈某枝洗钱犯罪的认定,于2019年10月9日以洗钱罪对陈某枝提起公诉。2019年12月23日,上海市浦东新区人民法院作出判决,认定陈某枝犯洗钱罪,判处有期徒刑两年,并处罚金20万元。陈某枝未提出上诉,判决已生效。

注:编者根据相关资料改写而成。

洗钱总是与各种犯罪活动联系在一起,包括贩毒、恐怖主义、走私、贪污等,因此,反洗钱的目的不仅在于打击洗钱行为本身,而且在于遏制犯罪活动。随着资本在全球范围的流动,单单依靠每个国家各自进行反洗钱是不现实的,需要各国联合行动。

11.1 洗钱概述

11.1.1 洗钱

洗钱（Money Laundering）通常是指获取、转移或隐瞒某一犯罪活动收益的行为。以上所指犯罪活动被称为"上游犯罪"，具体犯罪行为随管辖权差异而有所不同。例如，一些国家认为逃税是一种"上游犯罪"。在处理恐怖主义融资时，一般不关心资金的来源，而更关心资金的预期用途。

狭义的洗钱是指将非法收入（从事犯罪活动如贩毒、走私、诈骗、贪污、贿赂、逃税等的收入）合法化的过程，是洗钱者利用一些方法将非法资金通过保管、投资、账户间的转移支付等手段转化为合法资金。洗钱犯罪是一些犯罪的"下游犯罪"。从司法角度看，洗钱成为一种"犯罪屏障"，既妨害了司法活动，也助长犯罪分子不断实施犯罪。

广义的洗钱除了包括非法收入合法化（黑洗白），还扩展到合法资金非法化（如把银行贷款通过洗钱而用于走私）、合法资产非法转换（如把国有资产通过洗钱转移到个人账户）、合法收入通过洗钱逃避监管（如外资企业把合法收入通过洗钱转移到境外）等内容。

1988年实施的《联合国反对非法交易麻醉药品和精神病药物公约》最早给出"洗钱"的定义：为掩饰或者隐瞒制造、贩卖、运输各种精神药品或者麻醉药品的非法所得收入，而将该收入转换或者转移的行为。2003年实施的《联合国腐败公约》（United Nations Convention Against Corruption）将洗钱定义为：明知财产为违法犯罪所得而隐瞒该非法财产的来源及其真实性质，对该财产进行转换或者转移的行为。2017年修订的《中华人民共和国刑法》第191条将洗钱罪界定为：明知是毒品犯罪、黑社会性质的组织犯罪、恐怖活动犯罪、走私犯罪、贪污贿赂犯罪、破坏金融管理秩序犯罪、金融诈骗犯罪的所得及其产生的收益，为掩饰、隐瞒其来源和性质的行为。

洗钱活动具有四个特征：第一，洗钱活动一般与犯罪活动紧密相关。"上游犯罪"清单越来越长：贩毒、绑架、暗杀、机场暴力、恐怖活动、大规模杀伤性武器的使用，以及违反证券法的行为、邮件及电信诈骗、腐败、逃税等行为。第二，洗钱方式越来越多样，被洗的"钱"的概念越来越宽，从最初的现金到旅行支票、大额存单等可转让货币工具，再到投资证券、购买保险以及珠宝、古玩、贵重艺术品、房地产、加密资产等。第三，洗钱过程的复杂性。第四，洗钱活动的全球化。信息科技、科技手段的快速发展使得洗钱活动的国际化也不可避免。

洗钱活动一般包括三个阶段：处置（Placement）、离析（Layering）和融合

(Integration)，这三个阶段相互独立且可以同时进行。第一，处置阶段。将犯罪收益投入"清洗系统"的过程。它是洗钱的第一阶段，也是最容易被发现的阶段。第二，离析阶段。通过交易，将犯罪收益与其来源分离，混淆审计线索和隐藏罪犯身份的过程。第三，融合阶段，也称整合阶段，是洗钱的最后阶段，被形象地描述为"甩干"，即使离析阶段被分散而难以被使用的资金或财产相对聚集起来。

11.1.2 洗钱的主要渠道

① 金融渠道洗钱。首先是本国金融机构。一是利用银行开户规则的漏洞，用他人身份在银行开设账户存入赃款，使其合法化；二是利用走私方式将现金运到国外，再通过外国银行转汇回国，使其合法化；三是通过在境外使用信用卡大额消费或提现来实现资金向境外转移。对于发卡银行，只要持卡人单次消费或提现处于信用额度内，且按时还款即可，并不做累计消费或提现的限制，这为信用卡资金境外转移提供了可能。其次是离岸金融中心（Offshore Financial Centre）等。这些地方允许建立空壳公司（Shell Corporation）、信箱公司等不具名公司，并且因为公司享有保密的权利，了解这些公司的真实面目非常困难。洗钱者通常在离岸金融中心（如英属维尔京、开曼群岛等）注册公司，利用境内公司与境外公司开展贸易，境内公司通过高进低出或者应收账款等方式，将境内公司的资产向外转移，继而销毁洗钱证据，漂白身份。

② 投资渠道洗钱，如证券、信托、保险、房地产、实业等。通过购买房产、高价值的交通工具、古玩、艺术品以及各种金融证券等，然后在转卖中套取现金存入银行，逐渐演变成合法的货币资金。在保险市场购买高额保险，然后再将保费以退费、退保等合法形式回到罪犯手中，以掩盖犯罪收入的真实来源。通过开设饭店、赌场、茶楼、酒吧等大量使用现金流的行业，将经营所得与违法所得混同，实现洗钱的目的。在现金交易报告制度的限制下，如果直接向银行存入大量现金，必然会因为不能说明现金的合理来源而引起当局的追查。为了能够合理解释大量存入银行的现金的来源，向现金流入密集型行业（娱乐场所、餐饮业、小型超市、赌场、酒吧等）投资是犯罪组织洗钱的又一手法。

③ 贸易渠道洗钱。其主要做法为：少报出口、多报进口；进口预付货款、出口延期收汇等。以少报出口、多报进口为例，进口时报高进口设备或原材料的价格，然后从国外供货商手中索取回扣、分赃款，并将非法所得留存境外；出口时则大幅压低出口商品价格，或采用发票金额远低于实际交易额的方式，将货款差额由国外进口商存入出口商在境外的账户。通过贸易洗钱是隐蔽性最高、也是非常普遍的国际洗钱方式。

④ 通过其他手段的洗钱活动。近年来，利用慈善基金、第三方支付、虚拟货币等

新型洗钱手段层出不穷。以比特币为代表的虚拟货币具有去中介化、去国界化、非当面性、匿名性以及交易的快捷性等特征,造成了虚拟货币注资来源难以识别。虚拟货币及虚拟账户之间的转账和交易,并不要求交易者必须进行实名交易,也无需核对交易者的身份,因此存在大量的虚拟货币匿名转账和交易。虚拟货币交易商并未强制要求实名制开立虚拟货币账户,也未限制每个用户能开立的账户数量,这就导致了虚拟货币复杂的交易模式,使其更加难以被识别和追踪。用户可以随意开立虚拟货币账户,在其控制的账户之间进行大量的、频繁的交易;还可以购买他人身份信息开立账户,隐藏资金的来源和走向;虚拟货币的全球流通性可能会产生大量的跨国、跨境交易,还可能涉及不同虚拟货币、不同国家的法定货币之间的交易、兑换。

地下钱庄(Underground Banks)是民间对从事地下非法金融业务的一类组织的俗称。"地下钱庄"并非一个确定、规范的法律概念。在我国,地下钱庄主要是指"一种特殊的非法金融组织,它游离于金融监管体系之外,利用或者部分利用金融机构结算网络从事非法买卖外汇、跨国(境)资金转移、资金存储以及借贷等非法金融业务"。其本质是未经国家批准而经营汇兑、借贷和支付结算等金融业务,为贪腐、赌博、走私、骗税、偷逃税等提供资金通道,也是洗钱犯罪的一种形式,严重扰乱金融市场,危害国家经济金融安全。

11.1.3 洗钱的危害

洗钱的危害主要体现在以下几个方面:

① 扰乱国家经济秩序,破坏国家经济和金融稳定。不法分子通过走私、贩毒、黑社会活动等违法犯罪手段完成对数额巨大的合法资本和资金的占有,将非法所得转移至国外,或者把非法资金继续使用到犯罪活动中去,使得这些资金不能用于国家生产和建设当中。不仅隐藏和助长犯罪活动,破坏国家经济的管理秩序,造成恶性循环,而且导致大量合法经济活动的资金被挤占,严重分割了国家经济利益,阻碍了生产效率的提升,破坏了国家经济和金融的稳定。

② 助长刑事犯罪,威胁社会的稳定和安全。洗钱是一种犯罪活动,通常和贪污、走私、贩毒、贿赂等违法犯罪活动紧密联系在一起。如果洗钱过程能够非常顺利地进行,就为洗钱者的下一次犯罪活动提供了有力的资金支持,进一步刺激其犯罪的欲望,这样就容易形成恶性循环,不仅会扰乱社会秩序,而且对社会造成严重的危害,威胁社会的稳定和安全。

③ 腐蚀职业操守,损害社会正义和公平。为了顺利地达到洗钱目的,不法分子想尽手段地采用引诱、拉拢、贿赂等手段,收买政府官员和金融机构工作人员作为内应。如果得逞,不仅可以顺利地进行洗钱犯罪行为,使得新的腐败犯罪行为产生,而

且腐蚀了行业人员的职业操守,还将极大地降低政府和行业的公信力,败坏风气,动摇权威,严重损害社会正义和公平。

11.2 反洗钱概述

我国已经成为世界第二大经济体并深度参与全球化的进程中,放开资本项目,进一步融入世界经济体系是我们的必然选择。2013年,在反洗钱工作部际联席会议第六次工作会议上,反洗钱监管已经明确上升为国家战略问题。

11.2.1 反洗钱

反洗钱(Anti-Money Laundering)是指预防通过各种方式掩饰、隐瞒犯罪所得及其收益的来源和性质的洗钱活动,遏制相关违法犯罪活动。反洗钱"上游犯罪"包括毒品犯罪、黑社会性质的组织犯罪、恐怖活动犯罪、走私犯罪、贪污贿赂犯罪、破坏金融管理秩序犯罪和金融诈骗犯罪。

反洗钱和反洗钱监管的定义是不同的。从两者的逻辑关系看,反洗钱监管是反洗钱的一个组成部分。反洗钱监管包含反洗钱监督和反洗钱管理。反洗钱监督是指国家行政机构对各类反洗钱主体履行督察、考评和奖惩的行政职责;反洗钱管理是指国家行政机构对各类反洗钱义务主体履行计划、组织、指挥、协调和控制等基本职能。反洗钱监管是指国际社会、国家在一定范围内的经济金融体系,对各类洗钱行为施加影响的系统性的组织和运行机制的总称,包括制定目标、调整政策、指导措施、督导评估等内容。

金融行动特别工作组(FATF)明确要求各国构建系统性的反洗钱监管主体,包括国家反洗钱监管政策制度者、金融情报中心、执法机构、监管机构、其他相关机构等。

反洗钱监管客体即各类反洗钱监管义务主体,主要包括各类金融机构、特定非金融机构(DNFBP),包括房地产业、贵金属业(如珠宝、黄金、钻石等)、支付清算业、赌场、信托业及各类金融衍生品场外交易等反洗钱监管领域。

11.2.2 反洗钱的特征

反洗钱主要有以下三个特征:
① 反洗钱的内涵不断扩大,覆盖了反洗钱、反恐怖融资和防止大规模杀伤性武

器扩散融资三大领域。反洗钱工作已不再局限于简单的技术性事务,而与国际博弈紧密捆绑在一起,上升为国家战略。

第二,承担反洗钱义务的机构越来越多。银行等金融机构是反洗钱义务的最主要机构。其他承担反洗钱义务的机构包括:汽车、飞机、轮船的经销商;从事房地产、邮政服务的人员;期货商人、珠宝商、赌场、旅游代理、典当行;

第三,反洗钱的"手臂"越来越长。2001年,美国通过的《爱国者法案》(USA Patriot Act)规定,如果某一外国人或者某一根据外国法律设立的金融机构参与了洗钱活动,只要对其依照《美国联邦民事诉讼规则》或者所在地的外国法律送达了诉讼文书,并且具备下列条件之一,美国法院即可对其行使"长臂"司法管辖权:所涉及的某一金融交易全部或者部分发生在美国境内;有关的外国人或外国金融机构对美国法院已决定追缴和没收的财产以挪用为目的加以转换;有关的外国金融机构在位于美国境内的金融机构中设有银行账户。

11.2.3　金融业反洗钱监管

金融业反洗钱监管是对金融领域的反洗钱监督和反洗钱管理的总称。它是指政府通过特定的机构(如中央银行)对金融机构这一反洗钱义务主体进行的某种限制或规定。反洗钱监管本质上是一种具有特定内涵和特征的政府规制行为。反洗钱监督是指反洗钱主管当局对金融机构实施的全面性、经常性的检查和督促,并以此促进金融机构反洗钱工作依法开展;反洗钱管理是指反洗钱主管当局依法对金融机构反洗钱工作实施的领导、组织、协调和控制等一系列的活动。

金融业反洗钱监管有狭义和广义之分。狭义的反洗钱监管是指中央银行或其他金融监管当局依据国家法律规定对整个金融业(包括金融机构和金融业务)反洗钱工作实施的监督管理。广义的反洗钱监管除了在上述含义之外,还包括金融机构的内部控制和稽核、同业自律性组织的监管、社会中介组织的监管等内容。

金融业反洗钱监管与一般意义上的金融监管既有联系也有区别。它们具有共同的监管属性,都是以金融机构为监管对象,以金融体系的安全性与稳定性为重要的监管目标之一。但是,金融业反洗钱监管具有自身的特点和规律,它还承担预防洗钱与遏制相关犯罪的特定目标任务,具有与之匹配的特殊监管制度安排,并相应地实施其特有的监管活动,属于功能性监管的范畴。

金融业反洗钱监管的关键是建立以下两项制度。

(1) 建立反洗钱核心管理制度

① 建立客户身份识别制度。反洗钱义务主体在与客户建立业务关系或者与其

进行交易时,应当根据真实有效的身份证件或者其他身份证明文件,核实和记录其客户的身份,并在业务关系存续期间及时更新客户的身份信息资料。客户身份识别制度是防范洗钱活动的基础性工作。应将客户身份识别的要求渗透到各项业务过程和各个操作环节,使客户身份识别制度更好地与业务操作规程结合起来。客户身份识别制度应当明确有关识别要求、方法、程序和措施,具体包括不同业务类别客户身份的初次识别、持续识别以及重新识别等方面的要求。

② 大额和可疑交易报告制度。非法资金流动一般具有数额巨大、交易异常等特点,因此,法律规定了大额和可疑交易报告制度,要求金融机构、特定非金融机构对数额达到一定标准、缺乏明显经济和合法目的的异常交易应当及时向反洗钱行政主管部门报告,以作为发现和追查违法犯罪行为的线索。其中,大额交易报告是指金融机构对规定金额以上的资金交易依法向反洗钱行政主管部门报告;可疑交易报告是指金融机构怀疑或有理由怀疑某项资金属于犯罪活动的收益或者与恐怖分子筹资有关,应当按照要求向反洗钱行政主管部门报告。

③ 建立客户身份资料和交易记录保存制度。客户身份资料和交易记录保存,是指金融机构依法采取必要措施将客户身份资料和交易信息保存一定的期限。金融机构建立客户身份资料和交易记录保存制度,对于发现、追踪并最终惩治洗钱犯罪具有十分重要的意义。金融机构在制定该制度时,应当明确客户身份资料和交易记录保存的内容、期限、方式等具体要求。我国规定,客户身份资料自业务关系结束后、客户交易信息自交易结束后,应当至少保存五年。

(2) 建立反洗钱内部控制制度

为了使各项反洗钱制度成为义务主体日常运营机制的一部分,并使各项职责落实到具体的机构和个人,金融机构应当建立反洗钱内部控制制度,金融机构的负责人应当对反洗钱内部控制制度的有效实施负责。金融机构应当设立反洗钱专门机构或指定内设机构负责反洗钱工作。

一是将反洗钱工作纳入金融机构的综合业绩考核范围,制定相应的量化指标对内部人员履行反洗钱义务的执行情况及执行效果进行考核和评价。为使该项制度起到激励效果,设计指标必须体现科学、公平和合理。

二是反洗钱内部审计是金融机构及时发现和纠正反洗钱工作中存在的问题、防范合规风险的有效手段和重要保障措施之一。要将各级金融机构贯彻执行反洗钱内部控制制度情况纳入内部审计和检查,对发现的问题及时通报、跟踪整改和责任认定。应当明确反洗钱内部审计和检查职责、检查重点、检查要求、检查报告、后续处理等相关内容。

为保障这一制度的有效实施,《反洗钱法》第十四条规定,国务院有关金融监督管理机构审批新设金融机构或者金融机构增设分支机构时,应当审查新机构反洗钱内部控制制度的方案;对于不符合本法规定的设立申请,不予批准。

11.3 反洗钱国际组织

洗钱活动伴生于经济活动,经济全球化和金融的国际化决定了洗钱活动具有国际化的特征,因此,要有效地预防和打击跨境洗钱犯罪活动,必须有良好的国际合作。为协调和统一一定范围内的反洗钱工作,全球和区域性的各类性质的国际组织便先后产生。

协调反洗钱工作的各种国际组织,从组织性质上来分,有政府间国际组织,也有银行间组织;从区域范围来分,有全球性国际组织,也有区域性国际组织;从职能来分,有专门的反洗钱国际组织,也有在反洗钱领域发挥重要作用的国际组织。

各类反洗钱国际组织的目标,都是通过各自发布的建议、决议、指令、声明等法律文件,并经由成员国转化为国内法规、政策、规定而发挥作用。

11.3.1 专门反洗钱国际组织

(1) 金融行动特别工作组

金融行动特别工作组(Financial Action Task Force on Money Laundering,FATF)[①]创立于1989年七国集团在巴黎召开的年度峰会之时,是全球最权威和最有影响力的政府间反洗钱国际组织,致力于应对洗钱、恐怖主义融资及其他相关威胁,通过制定国际标准、推动各国有效执行法律法规,维护国际金融体系的完整性。FATF成立时有16名成员,到2021年增加到39名。

FATF在制定、推动和传播打击洗钱、恐怖融资及其他相关威胁的措施方面发挥着重要作用。IMF也将FATF互评估结论作为衡量一国金融稳定程度的主要指标。FATF通过制定国际标准、推动各国有效执行法律法规,维护国际金融体系的完整性。FATF制定的反洗钱四十项建议和反恐融资九项特别建议(简称"FATF40+9项建议"),是世界上反洗钱和反恐融资的最权威文件。现行版本发布于2012年,最近一次更新是在2021年10月。为了评估各国的执行情况,FATF发展了一套完整严密的评估方法,围绕反洗钱设定一系列的要求,包括刑事司法、反洗钱监管、国际合作、执行联合国定向金融制裁四个方面,涵盖了从司法、执法、监管到外交的各个领域。

---

① 可参考:https://www.fatf-gafi.org/。

2000年，FATF公布了不合作国家和地区的25条标准，同年公布了第一批不合作国家和地区名单（黑名单和灰名单）。直到这些成员采取必要改善措施后，才会自名单中移除。一旦进入不合作国家和地区名单，如果不采取有效措施，该国家或地区就面临着FATF的反制措施，在吸引外资、国家结算等方面受到限制，从而蒙受经济损失。这一整套带有"牙齿"的评估机制，使得FATF的反洗钱标准成为具有实质性强制约束力的国际标准。

(2) 类金融行动特别工作组组织

全球共有9个与金融行动特别工作组类似的区域性国际组织（FSRB），其形式与职能和金融行动特别工作组相似，它们也被视为FATF的准成员。FATF制定标准的依据不仅来源于成员国，也来源于这些类金融行动特别工作组组织。

① 亚太反洗钱工作组（Asia/Pacific Group on Money Laundering，APG）[1]，成立于1997年，秘书处设在澳大利亚的悉尼市，目标是确保成员国（和地区）有效执行打击洗钱、恐怖主义融资和大规模毁灭性武器扩散融资的国际标准。成员有41个，包括中国大陆和中国港澳台地区。

② 欧亚反洗钱与反恐融资工作组（Eurasian Group on Combating Money Laundering and Financing of Terrorism，EAG）[2]。2004年10月在莫斯科成立，秘书处设立在莫斯科。成员包括9个国家：白俄罗斯、中国、哈萨克斯坦、吉尔吉斯斯坦、印度、俄罗斯、塔吉克斯坦、土库曼斯坦和乌兹别克斯坦。该组织协助成员国落实金融行动特别工作组的建议；制定并开展旨在打击洗钱和恐怖融资活动的联合行动；实施以金融行动特别工作组建议为基础的成员国互评制度；协调国际合作和技术援助项目；分析洗钱和恐怖融资活动的变化趋势等。

③ 加勒比地区金融行动特别工作组（Caribbean Financial Action Task Force，CFATF）[3]。加勒比地区金融行动特别工作组是一个由加勒比海盆地、中南美洲的25个国家组成的组织。1990年5月，西半球国家的代表，特别是来自加勒比地区和中美洲的代表聚集在阿鲁巴（Aruba），以共同制订对付犯罪收益洗钱现象的办法，拟订了十九项建议。这些与特定区域相关的建议是对FATF建议的一种补充。

④ 欧洲理事会评估反洗钱措施和恐怖融资活动专家委员会（Committee of Experts on the Evaluation of Anti-Money Laundering Measures and the Financing of Terrorism，MONEYVAL）[4]。MONEYVAL是欧洲反洗钱措施和资助恐怖主义专

---

[1] 可参考：http://www.apgml.org/。
[2] 可参考：https://eurasiangroup.org/en。
[3] 可参考：https://www.cfatf-gafic.org/。
[4] 可参考：https://www.coe.int/en/web/moneyval。

家委员会的通用名称,有 47 个成员国,直接向欧洲理事会部长委员会(Committee of Ministers of the Council of Europe)汇报,其任务是评估打击洗钱和资助恐怖主义的主要国际标准的遵守情况及其执行效力,并就国家系统的必要改进方面向当局提出建议。

⑤ 东南非洲反洗钱工作组(Eastern and Southern Africa Anti-Money Laundering Group,ESAAMLG)[①],有 19 个成员国。部长理事会是 ESAAMLG 的关键决策机构,由每个成员国至少一名部长代表组成。理事会最终负责确定工作组的战略方向。理事会主席由各成员国轮流担任。

⑥ 拉丁美洲金融行动特别工作组(Financial Action Task Force of Latin America,GAFILAT)[②],其前身为南美洲金融行动特别工作组(GAFISUD,Financial Action Task Force of South America),致力于在该地区开展相互评估并协调反洗钱培训和教育工作。

⑦ 西非政府间反洗钱特别工作组(Inter-Governmental Action Group against Money Laundering in West Africa,GIABA)[③],成立于 2000 年,总部设在塞内加尔(Senegal)的达喀尔(Dakar),由 17 个成员国组成,负责促进在西非通过和实施"反洗钱"和"反恐怖主义融资"。

⑧ 中东非与北非金融行动特别工作组(Middle East and North Africa Financial Action Task Force,MENAFATF)[④],致力于通过和执行 FATF 的建议以及反恐怖主义条约和联合国安理会决议。成员们寻求确定有关洗钱和恐怖主义融资的地区特定问题,并分享经验。成员包括阿尔及利亚、巴林、埃及、伊拉克、约旦、科威特、黎巴嫩、利比亚、毛里塔尼亚、摩洛哥、阿曼、卡塔尔、沙特阿拉伯、苏丹、阿拉伯叙利亚共和国、突尼斯、阿拉伯联合酋长国和也门。

⑨ 中非反洗钱特别工作组(Task Force on Money Laundering in Central Africa,GABAC)[⑤],其成员包括喀麦隆、中非共和国、乍得、刚果共和国、刚果民主共和国、赤道几内亚、加蓬。

11.3.2 其他国际组织

① 国际刑警组织(International Criminal Police Organization,ICPO)。它成立

---

① 可参考:https://www.esaamlg.org/。
② 可参考:https://www.fatf-gafi.org/pages/gafilat.html。
③ 可参考:https://www.giaba.org/。
④ 可参考:https://www.menafatf.org/。
⑤ 可参考:http://spgabac.org/。

于 1923 年，为联合国以外的规模第二大的国际组织，共有 194 个成员国，每年预算逾 1 亿欧元，其运作资金由成员国拨付；主要责任为调查恐怖活动、有组织犯罪、走私军火、偷渡、清洗黑钱、贪污和高科技犯罪等大型严重跨国犯罪，不过并无本地执法的权限。

② 艾格蒙特组织（Egment Group）。1995 年，各国的金融情报中心（FIU）联合建立了艾格蒙特组织。该组织通过美国财政部所属机构——金融犯罪执法网络（The Financial Crimes Enforcement Network，FinCEN）建立了一个安全的国际商业活动和金融交易信息共享系统。

③ 巴塞尔银行监管委员会（BCBS）。作为银行审慎监管的全球标准制定机构以及银行监管事项合作论坛，巴塞尔银行监管委员会通过在不改变"FATF 建议"内容的前提下制定关于健全洗钱和恐怖融资相关风险管理的准则，从而将"FATF 建议"纳入其银行监管的总体框架。1997 年发布的《有效银行监管之核心原则》指出："银行监管机构必须确定银行已制定适当的政策、实施细则和各种流程，其中包括严格的'了解您的客户'规则，从而提高金融行业的道德和职业标准，并防范银行有意或无意被犯罪因素所利用。"该文件还敦促各国采纳防制洗钱金融行动工作组织 40 项建议。为推动原则的执行和评估，委员会于 1999 年 10 月制定了《核心原则实施方法》。2001 年 10 月，委员会发布《银行客户尽职调查》白皮书。2003 年 2 月，委员会发布《账户开立和客户身份识别指引》。2016 年 2 月，委员会发布《洗钱和恐怖融资风险健全管理指引》和修订版《账户开立通用指引》。

④ 沃尔夫斯堡集团（Wolfsberg Group）[①]。它是由 13 家全球银行组成的银行业协会，这些银行为西班牙国际银行（Banco Santander）、美国银行（Bank of America）、巴克莱银行（Barclays）、花旗集团（Citigroup）、瑞士信贷（Credit Suisse）、德意志银行（Deutsche Bank）、高盛（Goldman Sachs）、汇丰银行（HSBC）、摩根大通（J.P. Morgan Chase）、三菱日联银行（MUFG Bank）、法国兴业银行（Société Générale）、渣打银行（Standard Chartered Bank）、瑞银（UBS）。《沃尔夫斯堡私人银行反洗钱准则》于 2000 年 10 月发布，分别于 2002 年 5 月和 2012 年 6 月进行修订。这些原则建议私人银行采取广泛的管控措施，包括从客户身份识别的基本措施至加强尽职调查，增加贪污人员将其不当所得存入全球银行体系的难度。2002 年年初，沃尔夫斯堡集团发布《抑制恐怖融资活动指引》。2002 年，沃尔夫斯堡集团发布《代理银行业务反洗钱准则指引》，并于 2014 年进行了更新。2021 年 6 月，沃尔夫斯堡集团发布金融机构如何证明其反洗钱和反恐怖融资计划有效性的声明。

---

① 可参考：https://www.wolfsberg-principles.com/。

11.4 中国的反洗钱监管

在洗钱活动日趋猖獗的国际背景以及国内各类经济案件频发的背景下,我国于1997年开始将反洗钱工作提上议事日程。从我国反洗钱监管制度的演进历程来看,按照反洗钱监管理念的不同,大致分为三个阶段,即探索阶段、"规则为本"阶段、"规则为本"向"风险为本"过渡阶段。

11.4.1 我国反洗钱发展历史

(1) 探索阶段(2003年以前)

2003年以前是我国反洗钱监管的探索阶段。反洗钱监管主要用于打击毒品犯罪。1990年,我国颁布实施《关于禁毒的决定》,对"掩饰、隐瞒毒赃性质和来源罪"作出规定,这是我国反洗钱工作的起源。

1997年,《中华人民共和国刑法》被重新修订,以1990年实施的《关于禁毒的决定》为基础对洗钱罪的内涵作出新的规定并将其列为一种独立的犯罪。

2001年,中国人民银行成立了反洗钱工作领导小组。

2002年,中国人民银行制定《金融机构反洗钱规定》《人民币大额和可疑支付交易报告管理办法》及《金融机构大额和可疑外汇资金交易报告管理办法》,我国正式成立反洗钱工作联席会议。

本阶段的反洗钱工作由公安部门和中国人民银行等部门联合推进,形成了早期的反洗钱工作部际联席会议制度,反洗钱监督管理规范体系尚未构建完全。

(2) "规则为本"阶段(2003—2008)

2003年12月,全国人大常委会对《中国人民银行法》进行了较大修改,其中规定中国人民银行"指导、部署金融业反洗钱工作,负责反洗钱的资金监测",确立了中国人民银行反洗钱行政主管部门的地位。

2003年,《刑法(修正案)》将恐怖活动犯罪列入洗钱犯罪的"上游犯罪"中,中国人民银行成立反洗钱局。

2004年建立和完善了由中国人民银行牵头,有23个部委参加的国务院反洗钱工作部际联席会议制度;建立了由中国人民银行、银监会、证监会、保监会和外汇管理局参加的金融监管部门反洗钱协调制度。

2004年,中国反洗钱监测分析中心成立,由此我国形成了由反洗钱监管部门、反洗钱司法部门、被监管机构、行业自律组织构成的完整的反洗钱组织体系。

2005年1月,中国大陆地区成为FATF的观察员;2007年6月,成为正式会员。

2006年,《刑法(修正案)》将贪污贿赂犯罪、破坏金融管理秩序犯罪、金融诈骗犯罪列入洗钱犯罪的"上游犯罪"中,奠定了国内关于洗钱犯罪的法律基础。

2007年,《中华人民共和国反洗钱法》正式施行,反洗钱中心自主开发的中国反洗钱监测分析系统逐步上线,我国正式加入国际反洗钱行动组织。

中国人民银行陆续发布《金融机构反洗钱规定》《金融机构大额交易和可疑交易报告管理办法》《金融机构客户身份识别和客户身份资料及交易记录保存管理办法》等一系列反洗钱法律法规,从立法层面给予反洗钱工作以支持,反洗钱监督管理规范体系初步形成。

(3) "规则为本"向"风险为本"过渡阶段(2009年至今)

2010年,中国人民银行将反洗钱的监督管理范围扩大到第三方支付系统。

2012年,我国首次将反洗钱、反恐融资和反大规模杀伤性武器纳入反洗钱金融行动特别工作组通过的新《40项建议》。

2015年,《中华人民共和国反恐怖主义法》颁布,进一步健全恐怖活动防范、调查、处置程序和涉恐资产冻结制度。

2016年,中国人民银行修订发布《金融机构大额交易和可疑交易报告管理办法》,明确以"合理怀疑"为基础的可疑交易报告要求。

2017年,中国人民银行、国家税务总局和公安部作为牵头部门,会同反洗钱工作部际联席会议成员单位共同起草了《关于完善反洗钱、反恐怖融资和反逃税监管体制机制的意见》,经国务院批准正式印发。该意见是《反洗钱法》颁布十周年来对国家反洗钱体系最全面的顶层设计,确定了2017—2020年中国的反洗钱和反恐怖融资战略,从健全工作机制、完善法律制度、健全预防措施、严惩违法犯罪活动、深化国际合作、创造良好社会氛围六个方面提出26项具体措施,是中国在反洗钱工作领域深化改革的总体规划。

2017年,中国人民银行出台《金融机构大额交易和可疑交易报告管理办法》《关于加强反洗钱客户身份识别有关工作的通知》,国务院办公厅发布《关于完善反洗钱、反恐怖融资、反逃税监管体制机制的意见》。

2018年,中国人民银行连续印发《关于进一步做好受益所有人身份识别工作有关问题的通知》《关于加强特定非金融机构反洗钱监管工作的通知》《关于进一步加强反洗钱和反恐怖融资工作的通知》《法人金融机构洗钱和恐怖融资风险管理指引(试行)》。

2019年4月，我国通过了FATF第四轮互评估。FATF互评估结果是《联合国反腐败公约》履约审议的重要参考依据之一，也是国际货币基金组织金融部门评估规划的构成部分，是衡量一国金融稳定程度的主要指标之一。FATF互评估结果代表国际社会对我国金融风险防范能力的综合评价，对维护国家长治久安、推进国家治理体系和治理能力现代化、打好防范化解金融风险攻坚战、增强我国金融核心竞争力等方面都具有极为重要的意义。

2019年6月16—21日，FATF第三十届第三次全会暨工作组会议在美国佛罗里达州奥兰多市召开，全会审议通过了中国接任FATF主席国后的重点工作，包括启动FATF战略性回顾、加强全球能力建设、举办监管者论坛、继续关注金融科技等。中国于2019年7月1日起正式成为FATF主席国。伴随我国成为主席国后，反洗钱的工作力度和强度将迈上新的台阶。

2020年，中国人民银行科技司与反洗钱局共同制定《关于改进人民银行反洗钱科技保障工作的建议方案》，代表着我国反洗钱监管数据治理正式进入探索阶段。探索建立反洗钱监管大数据平台，实现三大功能：一是档案电子化管理功能；二是区域洗钱风险评估功能；三是洗钱风险核心指标动态监测功能。

2021年4月16日，中国人民银行发布《金融机构反洗钱和反恐怖融资监督管理办法》，并于2021年8月1日起实施。该办法第二条中对"金融机构"的定义，没有局限在被中国证监会和中国银保监会监管的市场主体，而是将部分非中国证监会或中国银保监会监管、但提供金融服务的主体也纳入进来，大大地扩展了反洗钱反恐融资监管领域中"金融机构"的范围。

2021年6月，七国集团达成协议，将根据跨国公司在每个国家（而不是公司总部所在地）的收入对其征税，并将全球最低税率设定为15%。总共有130个国家同意了该协议，包括印度、中国、英国和开曼群岛等。

11.4.2　金融业反洗钱监管体系

我国金融业反洗钱监督管理体系是一个以中国人民银行为主、多部门协调配合的工作机制。中国人民银行是国务院反洗钱行政主管部门，国务院有关部门及机构应在各自的职责范围内履行反洗钱监督管理的职责。国务院反洗钱行政主管部门、国务院有关部门、机构和司法机关在反洗钱工作中相互配合。中国反洗钱监测分析中心是我国政府根据联合国有关公约的原则和FATF建议以及我国国情建立的行政型国家金融情报机构（FIU），隶属于中国人民银行，负责接收、分析和移送金融情报。

我国反洗钱监管主要包括三个方面的内容：① 反洗钱义务主体依法履行反洗钱法律义务的情况；② 反洗钱义务主体配合反洗钱行政主管部门开展反洗钱工作的情

况；③ 反洗钱义务主体报告涉嫌犯罪和协助打击洗钱活动的情况。

现场检查与非现场监管的内容相互交叉、各有侧重。反洗钱现场检查主要是对反洗钱义务主体是否存在下列十类违法行为进行监督、查处：① 未按照规定建立反洗钱内部控制制度的；② 未按照规定设立反洗钱专门机构或者指定专门机构和人员负责反洗钱工作的；③ 未按照规定对职工进行反洗钱培训的；④ 未按照规定保存客户身份资料和交易记录的；⑤ 未按照规定报送大额交易报告或者可疑交易报告的；⑥ 与身份不明的客户进行交易或者为客户开立匿名账户、假名账户的；⑦ 违反保密规定，泄露有关信息的；⑧ 拒绝、阻碍反洗钱检查、调查的；⑨ 拒绝提供调查材料或者故意提供虚假材料的。

反洗钱非现场监管的内容主要包括下列十二项：① 反洗钱内部控制制度的建设情况；② 反洗钱工作机构和岗位设立情况；③ 反洗钱宣传和培训情况；④ 反洗钱年度内部审计情况；⑤ 执行客户身份识别制度的情况；⑥ 协助司法机关和行政执法机关打击洗钱活动的情况；⑦ 向公安机关报告涉嫌犯罪的情况；⑧ 报告可疑交易的情况；⑨ 配合中国人民银行及其分支机构开展反洗钱调查的情况；⑩ 执行中国人民银行及其分支机构临时冻结措施的情况；⑪ 向中国人民银行及其分支机构报告涉嫌犯罪的情况；⑫ 中国人民银行依法要求报送的其他反洗钱工作信息。

课后习题

1. 什么是洗钱？洗钱的一般特征有哪些？
2. 洗钱的过程分为哪几个阶段？
3. 简述洗钱的危害。
4. 简述洗钱的渠道。
5. 什么是反洗钱？
6. 简述反洗钱的基本制度。
7. 中国的反洗钱发展经过了哪几个阶段？
8. 简述国际反洗钱网络。

第12章

全球金融治理与监管合作

近年来,伴随着全球金融市场之间的关系愈发密切,某些区域金融市场的风险传导到其他区域的可能性增大,给全球金融市场带来了不同程度的负面影响。实际上,2007年的次贷危机就曾重创美国和欧洲的多个经济体,对国际金融市场和全球经济增长造成了巨大的冲击。高效的金融监管依赖于国际合作,国际金融监管组织在国际监管合作中起到一定作用,但其协调作用仍有待提升。本章将带领读者了解全球金融治理和监管合作以及一些国际金融监管组织。

开篇案例　金融危机中的国际合作

2003—2006 年,美国房地产市场呈现出非理性繁荣,2007 年美国爆发次贷危机,导致 2008 年美国以及全世界陷入自 1929—1933 年经济大危机以来最严重的经济危机。

随着金融危机不断恶化,美联储加大了货币政策的国际协作力度,先后与 10 个国家签订或扩大了临时货币互换协定,以增强离岸市场美元的流动性。为改善全球金融市场的流动性状况,美联储联合加拿大银行、英格兰银行、欧洲央行、日本央行、瑞士央行等设立互惠货币掉期机制,同时执行以多种有价证券为抵押资产的回购协议,对全球金融市场进行注资。自 2007 年 12 月 12 日起,美联储分别与欧洲央行和瑞士银行交换 200 亿及 40 亿额度的美元,此后多次增加交易额度并扩大货币互换的对象国家。在美国的推动下,西方各国央行都深度介入,形成了对美联储流动性操作的密切配合,共同应对美国短期融资市场压力提升的局面。欧洲央行连续数日大规模公开市场操作,于 2008 年 8 月 9 日、10 日、13 日分别向银行系统注资 948 亿、610 亿、476 亿欧元,日本、澳大利亚等国央行也纷纷注资。美国政府加强货币政策的国际协作,对于扩大市场的融资来源、缓和融资的短缺局面起了一定的作用。

此外,为了加强国际联合应对这场空前严重的"金融海啸",美国政府还将原有的"二十国财政部部长和中央银行行长组织"(二十国集团)的活动级别升格为"金融峰会",积极推动在华盛顿、伦敦和匹兹堡举行了三次"二十国集团金融峰会"。这些峰会的成果尽管有限,其实施效果更往往大打折扣,但对于稳定各国应对危机的信心、协调各国的应对举措,避免重演第二次世界大战前面临危机时各国以邻为壑、竞相转嫁危机的悲剧,促使各国经济企稳回升的作用仍值得充分肯定。

注:编者根据相关资料改写而成。

全球经济金融的一体化,尤其是全球金融危机的爆发,使各国意识到国际金融监管合作的重要性,监管协调的意愿也随之发生巨大转变,并建立了诸多国际金融监管组织。本章主要介绍国际金融监管的目标、内涵、合作形式以及主要的国际金融监管组织。由于各国经济体制、经济发展水平和文化等各方面的差异,目前国际金融监管合作仍存在难度,国际金融监管还有待进一步协调。

12.1 国际金融监管与全球金融治理

12.1.1 全球金融治理的必要性

伴随着世界经济全球化,国际资本的流动不断加快,各国金融市场的联系愈加紧密,这一方面使得各国金融资源配置更加有效,另一方面也增加了国际金融市场的风险。金融创新和现代化通信手段的日新月异,又使得金融全球化趋势不断加强,因此,在全球经济一体化的条件下,金融监管国际合作具有其客观必然性。

(1) 金融全球化与金融风险的国际传播

金融全球化指的是世界各国或地区的金融活动趋于一体化,全球金融活动和风险发生机制联系日益紧密的一个过程。金融全球化的突出表现是金融资本在全球范围内的重新配置、金融机构的国际化经营、金融领域竞争的全球化以及国际金融市场的高度繁荣。一方面,金融全球化带来的国际资本的大规模流动、金融机构和金融业务的跨境发展以及国际金融市场的蓬勃发展,对提高金融资源的全球配置效率,促进全球贸易和各国经济发展产生了积极的影响;另一方面,金融全球化也使各国的金融市场融为一体,加大了全球金融市场的系统风险,例如,当一国或一个地区发生金融危机,尤其是严重的金融危机,就会通过国际贸易、国际资本流动、产业联动、汇率变化等途径蔓延到其他经济体,甚至引发区域性或全球性的金融危机。回顾历史,20世纪80年代前的金融危机通常是个别国家的个别现象,而80年代后则不然,如1992年的英镑危机、1994年发生在墨西哥的金融危机、1997年发端于泰国的金融危机、2007年的美国次贷危机,都酿成了一场全球性的金融风暴,使全世界经济产生震荡。

金融危机是由多种复杂因素共同导致的,其中的一个重要原因就是监管不力或监管滞后。在金融全球化的背景下,仅靠一国监管当局的努力更不足以防范金融风险,因此,有必要加强金融监管的国际合作。

(2) 国际资本流动加剧与国际金融市场的脆弱性

金融风险的国际传播和扩散的关键是资本的国际流动。纵观历史,金融危机和国际资本流动联系非常紧密,资本大规模的国际流动在带来经济和资本市场繁荣的同时,也酝酿着金融危机的风险。在金融全球化的背景下,大规模的国际资本流动得到发展,金融危机的蔓延速度开始加快,国际金融市场的脆弱性也日益凸显。国际资本市场的"无边界扩张",在为资本的国际流动提供了更加畅通的渠道的同时,也加剧了资产价格的波动，从而增加了国际资本市场的风险。1997年亚洲金融危机爆发的一个重要原因，就是危机发生前相关国家大规模的资本流入，尤其是国外借款的急剧增加。在资本流动中，投机性短期资本的流动最为频繁，这不仅增大了金融市场的不稳定性，还易引发金融动荡甚至是危机。

(3) 经济全球化条件下单个国家金融监管的失灵

在经济全球化的背景下，以单个国家为立足点的金融监管常常对国际化的金融机构和金融市场感到束手无策。

首先，各国的金融主体不一，制度迥异，监管政策和标准不统一，导致重复监管和监管真空并存，容易诱发监管套利，被监管者有可能选择执行最宽松标准的监管者，极大地影响了各国监管的有效程度。

其次，金融国际化的一个重要表现就是金融机构的全球化。金融机构的跨境发展和分支机构的国际扩张，往往游离于东道国和母国的监管之外。对于东道国来说，外资金融机构大多不属于法人机构，其总行或总公司应对其分支机构的风险负有最终承担者的责任，鉴于此，东道国监管当局无法对海外金融分支机构进行全方位的监管，而且由于商业保密的原因，东道国监管当局也很难对外资金融机构进行综合风险评估。对于母国监管当局来说，对境外金融机构进行监管的成本很高，尤其是那些境外机构数量众多、规模庞大的金融机构，母国对其的监管往往有所保留。

再次，目前世界上的十多个离岸金融中心发展成为国际金融机构的特殊避风港。很多商业银行都在诸如卢森堡、开曼群岛、巴拿马群岛和巴哈马群岛等离岸金融中心注册，以此逃避严格的金融监管。甚至部分商业银行还会利用金融监管的漏洞和国际金融监管协调的困难进行非法经营活动。

最后，随着经济一体化的深入，各国纷纷实行金融自由化政策，逐步放松金融管制。虽然为金融业的发展提供了广阔的空间，但也为逃避管制提供了可乘之机。

综上所述，孤立的单个国家的金融监管不足以防范世界范围内的潜在金融风险。因此，加强金融监管机构的合作已经成为维护世界金融秩序与稳定的客观需要。

12.1.2 国际金融监管与全球金融治理

全球金融治理是指包括政府间国际组织、非正式国家集团、国际金融标准制定机构、国内金融监管部门和机构、非政府组织、跨国公司、金融机构等在内的多元行为主体，基于广泛参与和协商合作的治理原则，通过各种正式和非正式的机构、机制和方法，甄别、应对和解决各类全球性金融问题的状态和过程。

与全球金融治理密切相关的一个概念是国际金融监管。全球金融治理与国际金融监管所涉领域、关注重点和运作方式有许多共通之处,在较为宽松的意义上,有时也被不加区分地交互使用。但严格说来,全球金融治理和国际金融监管仍然存在区别。

全球金融治理要比国际金融监管的内涵更为丰富、范围更为广泛、主体更为多元。首先,从主体上看,国际金融监管的主体主要包括政府间国际金融组织(如国际货币基金组织、世界银行等)、统筹协调国际金融监管的非正式国家集团(如 G20)、各类国际金融标准制定机构(如巴塞尔银行监管委员会、国际证监会组织等)以及从事跨境金融监管和国际监管合作的各国国内金融监管部门和机构;全球金融治理的主体除此之外,还包括联合国、世界贸易组织、非政府组织、跨国公司、金融机构等。其次,从内容上看,国际金融监管的核心内容是各类国际金融标准的制定、实施以及对实施的监督;全球金融治理除此之外,还包括国际货币体系、国际金融组织乃至 G20 等非正式国家集团的改革和完善等实体性和程序性内容,比国际金融监管所涵盖的领域更为广泛和全面。再次,国际金融监管主要涉及具体的监管规则和专业性、技术性标准,全球金融治理(如 G20 框架下的领导人峰会以及财政部长和央行行长会议等机制)则具有更加显著的政治决策和监督的色彩。最后,国际金融监管主要涉及纵向的监管或者说规制关系;全球金融治理除此之外,还大量涉及各类治理主体之间的横向或者说水平关系。

全球金融治理存在三方面的突出特点,即危机驱动、内在失衡和非正式性。

(1) 全球金融治理是危机驱动的结果

国际金融监管本质上是金融危机的产物,全球金融治理同样如此。1997 年亚洲金融危机以及稍早的 1994 年墨西哥金融危机凸显了加强金融监管、改善金融治理的重要性。在此背景下,七国集团成立了金融稳定论坛,借以协调相关国际金融标准制定机构的职责和工作。与此同时,G20 于 1999 年成立,旨在汇集具有系统重要性的发达和发展中经济体,共同讨论全球经济中的重要问题。G20 的成员包括阿根廷、澳大利亚、巴西、加拿大、中国、法国、德国、印度、印度尼西亚、意大利、日本、墨西哥、俄罗斯、沙特阿拉伯、南非、韩国、土耳其、英国、美国和欧盟,比七国集团的范围更为广泛。但金融稳定论坛的内部结构松散、制度基础薄弱、成员覆盖面不广,存在着代表性和有效性不足等问题。G20 虽然范围更广、代表性更充分,但当时在全球金融治理中拥有的话语权和影响力有限,中国等新兴经济体并未能借此有效分享或挑战西方发达国家的主导地位和发言权。一个明显的例证是,尽管 G20 是为应对金融危机而生,但其成立后的主要工作却集中在增长和发展领域,而不是危机政策制定。之所以如此,恐怕是因为无论是墨西哥还是亚洲,都只是全球金融体系的外围而非中心,既然当时的危机没有伤及欧美发达国家的根本,其作为既得利益者自然也就没有进行实质性变革的动力。

2008年全球金融危机改变了这一局面。一方面,危机肇端于国际金融体系大本营的美国,并在欧洲迅速蔓延,表明既有的国际货币金融体制和全球金融治理体系存在深层缺陷和严重弊端,绝非浅尝辄止的小修小补所能解决,而是必须进行实质性的调整和变革;另一方面,全球金融危机重创了传统发达国家特别是欧洲国家,使其在国际金融格局中的地位相对于以"金砖国家"为代表的新兴经济体而言有所下降,力量对比朝着有利于新兴经济体和发展中国家的方向演变,发达国家迫于现实不得不作出一些妥协和让步。在此背景下,G20得以强势崛起,重返危机管理和应对的初衷,成为全球金融治理体系改革的主导者和推动者,在协调各方立场、整合相关机构、重塑治理规则等方面发挥关键作用。金融稳定论坛也升级为成员更加广泛、结构更加稳定、功能更加健全的金融稳定理事会。

(2) 全球金融治理存在内在失衡

第二次世界大战以来的全球金融体系是在以美国为首的西方发达国家主导下构建而成的,这种内在的"西方性"与"美国性"迄今依然在相当程度上存在。

一方面,作为当今世界两个最重要的政府间国际金融组织,国际货币基金组织和世界银行均系1944年布雷顿森林会议的产物,本质上是"美欧共治"的体现。尽管以固定汇率制度为核心的布雷顿森林体系本身业已解体,但这并未妨碍IMF和世界银行这两个"布雷顿森林机构"在组织程序和决策内容等方面表现出对于发达国家的某种"惯性"倾斜。以巴塞尔银行监管委员会(以下简称"巴塞尔委员会")为代表的国际金融标准制定机构也存在类似问题。这使得包括中国在内的新兴经济体和发展中国家始终未能成为全球金融治理核心议程的设置者,国际话语权较弱。

另一方面,作为现行全球贸易和金融体系的主要缔造者,美国对外政策中根深蒂固的"美国例外论",以及与此相关的、对待国际规则"合则用,不合则弃"的态度,是包括全球金融治理在内的多边治理体系始终存在的巨大隐患和威胁。这一点,从美国商务部先是于2020年2月发布公告,对其反补贴规则作出重大修改,正式将所谓"汇率低估"规定为一种可以采取反补贴措施的补贴行为;继而于2020年7月决定对原产于中国的扎带产品发起反倾销反补贴调查,并在反补贴程序中针对所谓"人民币汇率低估"项目发起调查。此举不仅旨在规避IMF对于货币和汇率问题的主导性,在"汇率操纵"指控之外开辟对人民币汇率问题的"第二战场",也明显有悖于世界贸易组织《补贴与反补贴措施协定》对于"补贴"的界定标准。这一做法体现出浓厚的单边主义色彩,也暴露出全球金融治理内在的不平衡性。

(3) 全球金融治理具有显著的非正式性

全球金融治理的主体和规则具有显著的非正式性,这与以政府间国际组织为主导、主要依赖具有法律约束力的条约和习惯等"硬法"规则的国际公法领域乃至国际贸易、投资领域都存在较大区别。

主体方面,尽管以 IMF 和世界银行为代表的国际金融组织也在一定程度上参与全球金融治理,但 FSB、巴塞尔委员会、国际证监会组织(International Organization of Securities Commissions,IOSCO)、国际保险监督官协会(International Association of Insurance Supervisors,IAIS)、金融行动特别工作组这些并非基于条约设立、不直接代表国家或政府、有别于传统政府间国际组织的国际机构,是全球金融治理中最为活跃的力量,并提供了全球金融治理的大部分规则。这些机构没有相应的国际条约作为成立依据和组织法,而是通常基于协商一致或者不具约束力的章程来运作;参与主体主要不是国家领导人,而是中央银行、监管机构和财政部门;主要职责是制定和协调相应领域的金融治理标准,供成员国相关机构采纳和遵循,故此通称国际金融标准制定机构(standard-setting bodies)。它们构成了全球金融治理的主流。

G20 的崛起和 FSB 的诞生也没有改变这一基本特征。G20 虽然主导着后危机时代的全球金融治理体系改革,但其并非基于条约设立的正式国际组织,而是同七国集团一样,是履行国际经济金融合作职能的非正式国家集团。其通过领导人峰会等形式凝聚政治共识、传达合作意愿、设定改革议题,但本身并无国际法律人格,所发布的公告等文件也不具备严格意义上的法律约束力。同样地,FSB 虽然相较其前身金融稳定论坛更为"实体"和稳固,包括通过制定章程来明确其基本运作规则,但仍然不是法律意义上的国际组织,其章程明确规定:"本章程并不意欲创设任何法律权利或义务。"

规则方面,与上述主体特征相适应,全球金融治理中发挥主导作用的不是条约、习惯等严格意义上的国际法规则,或者说国际金融"硬法",而是 G20、FSB 以及在其协调下的国际标准制定机构所制定和实施的宣言、标准、原则、守则、指南等各类软法性文件,或者说国际金融"软法"。按照比较通行的定义,"软法"是指"原则上没有法律约束力但却可能具有实际效力的行为规则","国际金融软法"则是指"用以规范国际金融关系、虽不具有法律约束力但在实践中具有某种实际效果的各类规范性文件"。巴塞尔委员会先后制定的三版巴塞尔协议、IOSCO 制定的《证券监管的目标和原则》、IAIS 制定的《保险监管核心原则》以及 FSB 制定和发布的一系列原则和标准等,都是"国际金融软法"的代表,它们使得全球金融治理在相当程度上呈现"软法之治"的面貌。

12.2 金融监管国际合作的主要内容

12.2.1 国际金融监管的目标

在金融全球化的背景下,加强金融监管国际合作的目标就是要在国际金融市场范围内建立一个科学有序、合理完善的金融体系,并保证金融体系内部的各个部分和环节运行得更加有效,从而达到两个目的。第一,有效地防范金融市场风险。在金融全球化的过程中,国际游资和金融衍生工具为市场注入了活力,但其所包含的巨大风险也给市场带来了剧烈的动荡,其已成为所有国家防范的对象,系统地推出金融监管国际合作体系,有助于未雨绸缪,降低金融风险所产生的危害。第二,提高金融业的效率,促进全球金融业的健康快速发展。经济资源在全球化范围内的配置如果得到良好的控制和指引,经济技术在全球范围内的健康传播将极大地提高金融业的效率。

12.2.2 国际金融监管合作的内涵

金融监管合作是指在一定的时间内,监管主体采取合作的策略,共同维护金融稳定、优化监管金融资源分配和促进金融行业健康发展。金融监管合作机制作为一种制度,需要重点关注监管主体的合作性。在金融全球化的背景下,加强金融监管国际合作的目标就是要在国际金融市场范围内建立一个科学有序、合理完善的金融体系。

国际金融监管合作的形式分为规则性协调和相机性协调两种。规则性协调是严格按照国际法律和金融监管条例来执行和制定的,用这种方式来合理地规范国际合作之间的原则性问题。相机性协调是指不同国家和组织之间在某个特定的环境之下,面对突然发生的、临时性的问题,采取相应的临时措施进行调整和改进。

(1) 对金融机构监管的国际合作

① 对商业银行的监管。迄今为止,国际上对于商业银行所进行的监管与合作是相对成熟的,对商业银行的监管有相应的全球性协调与合作组织及相关的协议、条文和规则,最具代表性的是巴塞尔银行监管委员会颁布的系列准则。

② 对非银行金融机构的监管。对非银行金融机构的监管主要是指对证券、保

险、信托等机构的监督管理,国际社会对此也达成了一些协议。在监管国际证券市场方面,国际社会成立了国际证券委员会组织、国际证券交易所联合会、国际律师协会和国际会计师联合会。在保险监管合作方面,作为推动各国保险监管国际协调的国际保险监管者协会已成为推动金融监管国际合作的重要力量。

(2) 在金融市场和资本流动监管方面的国际合作

① 衍生金融市场监管。衍生金融市场风险事件的不断发生,迫切要求加强对衍生金融市场监管的国际合作,对此国际上已取得了一致共识。各国际性组织都曾对衍生金融市场进行调查研究,并出具了各类指导性报告来防范可能出现的各种风险。目前,国际社会为加强对衍生金融市场的监管共发表了三份重要文件,分别是《衍生金融工具风险管理指导方针》《银行和证券公司交易及衍生产品业务的公开信息披露》《关于银行和证券公司衍生产品业务的监管信息框架》。

② 外汇市场干预的国际合作。外汇市场是指在国际从事外汇买卖、调节外汇供求的交易场所。中央银行是外汇市场的一个重要交易主体。中央银行对于外汇市场干预的国际协调,主要表现在一国中央银行在危机出现时能够及时地联合其他国家的中央银行共同干预市场,或者获得其他国家的中央银行或国际金融组织的资金援助,这主要是通过与其他国家签订双边或者多边的货币合作协议,或者参与区域性的货币合作安排实现的。

③ 国际资本流动方面的国际监管合作。国际资本流动非常复杂,尤其是在金融全球化的背景下资本流动的速度更快,规模也更大,要在根本上有效地监督和管理国际资本的流动,必须实施国际性的监管。一般来说,国际性的监管包括两个方面:第一,国际金融组织利用其特殊地位和优势进行监管。这主要体现在能指导和协助成员国进行经济和金融体制的改革,以稳定宏观经济,并通过协调和稳定汇率防止金融市场的动荡。第二,开展国际协调与合作,克服各国经济政策的溢出效应,减少因政策的不协调而形成的损耗。

12.2.3 金融监管国际合作的主要形式

(1) 建立统一的国际监管标准

全球金融监管标准存在明显的趋同压力。巴塞尔委员会在《跨境银行处理工作组报告及建议》中提议,对跨国金融机构的监管应保持一致性。国家间应尽量寻求一致的处理工具和措施,以便协调那些在许多地域都有业务的金融机构的解体过程。有效的国际化机制是在处理跨国机构时,在怎样分担损失和提供可行援助等方面达成一致。这些问题的有效处理需要管理协调和监督合作,并且在大机构失败之前就落实。

全球监管准则和会计准则的趋同。例如,国际会计组织已致力于在独立的标准制定过程中,实现单一的、全球性的会计标准;改革薪酬管理体制,支持金融稳定,将薪酬与长期价值创造结合起来。

(2) 管辖权分配与协调

管辖权分配与协调是金融监管国际合作体制的基础,也是国际金融监管规则的一项重要内容。金融监管的具体措施都要建立在管辖权分配和协调的基础上。巴塞尔委员会在 1975 年 12 月通过的《巴塞尔协定》(Basel Accord)中曾经提到了划分银行国外机构监管责任的原则。该原则认为对银行国外机构进行监管是母国和东道国共同的责任,母国和东道国可以通过信息交流来推进监管合作。虽然这项原则存在缺陷,却不失为金融监管国际合作的一大进步。1983 年 5 月,巴塞尔委员会修改了《巴塞尔协议》,不仅要求母国和东道国间适当地划分责任,还要求两者之间进行联系与合作,以便更充分地对银行国外机构进行监管。1996 年,巴塞尔委员会的报告中提出了四项银行监管管辖权分配的原则:东道国原则、母国原则、管制政策协调一致原则及互惠原则。这些管辖权分配与协调的工作在一定程度上推进了金融监管的国际合作。

(3) 金融监管的信息交流与共享

全球监管信息共享是国际协调的现实途径。为此,国际金融机构应设计并实施母国和东道国监管信息共享机制。

巴塞尔委员会在《跨境银行处理工作组报告及建议》中指出,具有重要跨境业务的金融机构应当巩固和维护管理信息系统。信息应包括组织结构、交易对手的头寸、银行经营依赖的支付和交易系统等。银行向监管者提供管理信息系统的权限,以保证监管者评估银行风险管理和可能的应急清算计划。

改进管理信息系统对改善监管有明显帮助。巴塞尔委员会在《跨境银行处理工作组报告及建议》中指出,如下信息应当尽量在全球范围内协调:一是监管者管理跨境项目的信息(如交易对手、每个法律实体的存货资产、地理位置的列表);二是金融机构所持资产、压力情景下法律限制和监管限制对集团内资产转移的影响;三是全组范围内的应急融资计划;四是净额结算以及转移金融市场合约所需要的信息、与客户资产保护相关的事先安排、员工能力和金融机构的运营能力;五是记录保留、信息整合和其他信息技术系统的备份和恢复性计划。

12.3　国际金融监管组织

为了国家间共同的利益,近几十年间国际社会成立了若干个国际协调与合作组织。其中,国际机构包括国际货币基金组织、国际清算银行、金融稳定理事会、全球普惠金融合作伙伴组织等。还有一些标准制定机构,如巴塞尔银行监管委员会、国际会计准则委员会、国际证监会组织、支付和市场基础设施委员会等,在金融监管合作中也发挥了重要作用。

12.3.1　国际机构

国际机构包括国际货币基金组织、国际清算银行、金融稳定理事会、全球普惠金融合作伙伴组织等。

(1) 国际货币基金组织

国际货币基金组织(International Monetary Fund,IMF)[①]是于1944年7月在美国新罕布什尔州布雷顿森林召开的一次联合国会议上构想建立的。参加此次会议的44个国家试图建立一个经济合作框架,避免再次出现加剧了20世纪30年代大萧条的竞争性货币贬值。国际货币基金组织的主要宗旨是确保各国(及其公民)相互交易所依赖的汇率体系及国际支付体系的稳定。

IMF由理事会、执行董事会、总裁和常设职能部门等组成,其代表的专门的国际机制包括:汇率协调的机制安排;对成员国经济政策监督和协调的机制;对各国政府贷款和经济援助进行统一管理的机制安排;对违规者的惩罚措施等。

IMF发行特别提款权(Special Drawing Right,SDR)的国际储备资产,是国际货币基金组织根据会员国认缴的份额分配的,可用于偿还国际货币基金组织债务、弥补会员国政府之间国际收支逆差的一种账面资产。特别提款权价值由美元、欧元、人民币、日元和英镑组成的一篮子储备货币决定。会员国在发生国际收支逆差时,可用它向国际货币基金组织指定的其他会员国换取外汇,以偿付国际收支逆差或偿还国际货币基金组织的贷款,还可与黄金、自由兑换货币一样充当国际储备。由于它是国际货币基金组织原有的普通提款权以外的一种补充,所以被称为特别提款权。

---

① 可参考:https://www.imf.org/zh/home。

(2) 国际清算银行

1929年7月,海牙会议达成协议,修改《凡尔赛条约》强加给德国的赔偿金额。这包括成立一家国际银行,帮助德国清偿赔款义务。各国央行借此机会成立了国际清算银行(BIS),该银行的任务是管理赔偿支付和促进央行合作。

1930年1月召开的第二次海牙会议批准了建立国际清算银行的计划。国际清算银行是一个国际组织,也是一家由持股成员中央银行(Shareholding Member Central Banks)所拥有的公司。国际清算银行于1930年5月17日在瑞士巴塞尔开业。

国际清算银行银行部(Banking Department)的任务是管理银行的资本,并向国际清算银行的成员国央行提供金融服务。这包括为国际清算银行成员国央行开立账户以及提供黄金托管服务。在1931年金融危机期间,国际清算银行组织曾向奥地利、匈牙利、德国和南斯拉夫央行提供紧急信贷。

国际清算银行理事会(Board of Directors)最初由国际清算银行创始中央银行的行长组成,包括比利时、法国、德国、意大利和英国的行长。此外,瑞士(作为国际清算银行东道国)、荷兰和瑞典的央行行长当选为国际清算银行理事会成员。理事会每年在巴塞尔召开10次会议,讨论国际清算银行的事务以及国际货币和金融体系的状况。到1931年年底,它有24家欧洲国家中央银行和两家非欧洲私营银行集团(日本和美国各一家)。

在1995年新兴市场经济体的主权债务危机和1997—1998年的亚洲危机之后,国际清算银行组织了联合央行便利(Joint Central Bank Facilities),以支持一些受影响的央行。

国际清算银行于1998年7月在中国香港特别行政区开设其首间亚太区代表办事处。与中华人民共和国签订了一份东道国协定(A Host Country Agreement)。

1998年7月,国际清算银行和巴塞尔银行监管委员会成立了金融稳定研究所(Financial Stability Institute,FSI),以协助世界各地的监管机构加强审慎监管。

国际清算银行全球经济会议于1999年2月举行首次会议,成员包括来自主要发达经济体及新兴市场经济体的国际清算银行成员国中央银行行长。

在2001年"9·11"恐怖袭击事件发生后,国际清算银行立即向各国央行提供美元贷款,以帮助它们维持美元在市场上的流动性。

从2003年4月起,国际清算银行将其记账单位从金法郎(自1930年以来一直使用)改为国际货币基金组织的特别提款权。

2014年3月,国际清算银行与中国人民银行合作推出了一只人民币政府债券基金,该基金在头五年吸引了24家央行近50亿美元的投资。

2020年,国际清算银行的成员央行总数达到63家。这些中央银行代表的国家总共创造了全球 GDP 的 95% 左右。

(3) 金融稳定理事会

金融稳定理事会(FSB)的前身为金融稳定论坛(FSF)。FSF 由七国集团(G7)创立于 20 世纪 90 年代后期,旨在强化各国监管机构、国际监管机构和多边金融机构之间的合作,维护国际金融体系的稳定。2008 年秋季,G20 领导人充分认识到,国际金融危机已经超出了 FSF 的应对能力,全球性的危机需要各国共同应对。FSF 成员的代表性不够,是难以出台高效协调的国际金融监管标准的主要原因。因此,在 2009 年 4 月成立了金融稳定理事会(FSB),赋予其新的宏观审慎监管任务。金融稳定理事会是作为一个独立的法律实体成立的,其秘书处设在巴塞尔的国际清算银行。

金融稳定理事会的成员包括主要国家的中央银行、财政部、金融监管机构、国际金融组织和市场监管部门。它是 24 名成员和 73 名代表协调工作的平台和场所,负责识别和处理涉及金融产品、中介机构和市场的问题,并避免危机前的监管分散化,这种分散化会导致金融稳定风险得不到解决。2011 年,金融稳定委员会成立了六个代表全球大部分地区的咨询小组。

金融稳定理事会的核心任务是:维护金融稳定;协调其他国际标准制定机构;应对最具挑战性的全球性金融问题。金融稳定理事会的另一项主要职责是评估国际金融体系的脆弱性,将自身打造成为一个具有高度前瞻性的组织。

全球法人识别编码(LEI)是由金融稳定理事会建立的国际通用标准法人识别体系,旨在增强全球系统性金融风险的识别能力,提高金融市场主体的信息透明度,支持构建国际统一的金融监管框架。目前,LEI 覆盖全球近 200 万法人,已经为金融市场普遍接纳和采用,并向银行服务、供应链管理、数字身份识别等领域积极推广,有望成为便利全球贸易、支持合规监管、促进数字经济发展的通用主体识别工具。

(4) 全球普惠金融合作伙伴组织

全球普惠金融合作伙伴组织(Global Partnership for Financial Inclusion,GPFI)[①]是 G20 国家推进普惠金融工作的包容性平台,包括落实 G20 首尔峰会通过的《G20 普惠金融行动计划》。

12.3.2 标准制定机构

除了之前介绍的国际机构之外,还有一些标准制定机构,如巴塞尔银行监管委员

---

① 可参考:https://www.gpfi.org/ 。

会、国际会计准则委员会、国际证监会组织、支付和市场基础设施委员会等,在金融监管合作中也发挥了重要作用。

(1) 巴塞尔银行监管委员会

巴塞尔银行监管委员会(Basel Committee on Banking Supervision,BCBS)简称巴塞尔委员会,现已被广泛视为对国际银行业的监管进行协调和合作的重要组织。其成立的目的是为保证各国银行受到有效监管提供有效的途径。巴塞尔委员会的文件不具备任何法律效力,其本身也不具备任何超越国家的正式监管权。但是巴塞尔委员会卓有成效的工作已使其各项协议和原则都得到了国际社会的广泛遵循和认可。

1974年,赫斯塔特银行(Bankhaus Herstatt)和富兰克林国家银行(Franklin National Bank)的破产引发了人们对跨国银行风险的担忧。

1974年12月,十国集团(G10)的央行行长成立了银行监管和监督实践委员会(Committee OnBanking Regulations And Supervisor Practices),该委员会于1990年成为巴塞尔银行监管委员会。

1975年9月,BCBS发布了《巴塞尔协议》,规定了东道国和母公司(或本国)监管机构对银行在外国的分行、子公司和合资银行分担监管责任的原则。

1983年5月,《巴塞尔协议》被修订并重新发布,作为监管银行在外国设立机构的原则。

1988年7月,十国集团的央行行长批准了关于资本计量和资本标准的《巴塞尔资本协议》(《巴塞尔Ⅰ》)。他们同意最迟在1992年年底将这些标准应用于本国的银行业。

1990年11月,十国集团的央行行长成立了支付和结算系统委员会,研究与跨境和银行间多币种净额结算安排相关的政策和监管问题。随着其任务的演变,该委员会于2014年更名为支付和市场基础设施委员会(Committee On PaymentsAnd Market Infrastructure)。

1992年7月,巴塞尔委员会重新制定了对国际银行集团及其跨境机构的监管原则,作为一套最低标准,G10监管机构希望彼此遵守这些标准。

联合论坛(Joint Forum)于1996年1月在巴塞尔银行监管委员会、国际证监官组织及国际保险监督官协会的主持下成立,汇聚代表各成员国的银行业、保险业及证券的高级监管人员。

1997年9月,巴塞尔委员会在广泛征询了非G10监管机构的意见后,发布了《有效银行监管的核心原则》。

2004年6月,央行行长和监管首脑(Central Bank Governors and Heads of

Supervision)批准发布《资本计量和资本标准的国际标准：一个修订后的框架》，也被称为《巴塞尔Ⅱ》。

2011年6月，巴塞尔委员会发布了《巴塞尔Ⅲ：一个更具韧性的银行和银行体系的全球监管框架》，引入了修订后的资本规则。

2017年，巴塞尔委员会的监督机构——央行行长和监管首脑小组（Group Of Central Bank Managers And Headers Of Supervisor)批准了尚未完成的《巴塞尔协议Ⅲ》(Basel Ⅲ)监管改革。

2020年，鉴于新冠肺炎疫情的影响，巴塞尔委员会的监督机构GHOS宣布，《巴塞尔Ⅲ》标准的实施日期将推迟一年至2023年1月1日，以便银行和监管机构能够将全部资源投入到新冠肺炎疫情的应对中。

(2) 国际会计准则委员会

国际会计准则委员会(International Accounting Standards Committee，IASC)是在会计准则的国际规范化方面作出重大贡献的组织。IASC的目标是制定并公布会计准则并推动这些会计准则在全球范围内被接受和遵守。其主要任务是制定完善的国际会计准则，推动会计工作的国际合作与协调。制定的国际会计准则虽然不具有强制力，但是多多少少都影响了世界各国的会计制度和会计准则。

(3) 国际证监会组织

国际证监会组织（International Organization of Securities Commissions，IOSCO)也称证券委员会国际组织，是国际各证券及期货管理机构组成的国际合作组织。总部设在西班牙的马德里市，正式成立于1983年，其前身是成立于1974年的证监会美洲协会。中国证监会于1995年加入该组织，成为其正式会员。现有224个会员机构，包括128个正式会员(ordinary member)、32个联系会员(associate member)和64个附属会员(affiliate member)。

(4) 支付和市场基础设施委员会

支付与市场基础设施委员会（The Committee on Payments and Market Infrastructures，CPMI)[①]是由24个经济体的中央银行和金融管理局发起成立的国际性专业组织，旨在全球范围内强化支付、清算和结算安排的监管、政策和实践。CPMI的前身是支付结算体系委员会(CPSS)。1980年，G10中央银行成立支付系统专家组。1990年，正式设立CPSS。CPSS一直致力于支付结算体系的发展与改革工

---

① 可参考：https://www.bis.org/cpmi/about/overview.htm。

作，推动建立稳健、高效的支付结算体系，以加强全球金融市场的基础设施建设。2014年9月1日，为使委员会的名称及纲领与其实际活动结合得更加紧密，CPSS正式更名为CPMI，并通过了新的纲领。自成立伊始，CPMI主席单位主要由美联储、欧洲中央银行和英格兰银行承担。

CPMI的成员为来自24个经济体的中央银行和金融管理局的高级职员，包括澳大利亚储备银行、比利时国家银行、巴西中央银行、加拿大银行、中国人民银行、欧洲中央银行、法国银行、德意志中央银行、中国香港金融管理局、印度储备银行、意大利银行、日本银行、韩国银行、墨西哥银行、荷兰银行、新加坡金融管理局、瑞典银行、瑞士国家银行、俄罗斯联邦中央银行、沙特阿拉伯货币当局、南非储备银行、土耳其共和国中央银行、英格兰银行、美国联邦储备银行。

CPMI提高了支付、清算、结算和相关安排的安全性和有效性，由此支持了金融稳定和经济发展。CPMI监测并分析这些安排在各司法管辖内和跨司法管辖的发展情况。它也是中央银行在监督管理、政策、运行事务（包括提供中央银行服务）等方面开展合作的论坛。CPMI是这一领域的全球标准制定者，旨在对全球范围内的相关安排加强监管，强化政策和实践。

课后习题

1. 简述国际金融监管合作的必要性。
2. 简述国际金融监管的目标。
3. 国际金融监管合作的内涵包括哪些？
4. 简述金融监管国际合作的主要形式。
5. 国际金融监管组织有哪些？请分别作简要介绍。

参考文献

1. Adrian, Mr Tobias, *et al*. A monitoring framework for global financial stability [R]. International Monetary Fund, 2019.
2. Barwell, Richard. *Macroeconomic Policy after the Crash: Issues in Monetary and Fiscal Policy*[M]. Springer, 2017.
3. Buiter, Willem, and Anne Sibert. The central bank as the market-maker of last resort: from lender of last resort to market-maker of last resort. In A. Felton and C. Reinhart, eds. *The First Global Financial Crisis of the 21st Century* [M]. London: Centre for Economic Policy, 2008, pp. 160-70.
4. Capie, Forrest. *The Bank of England: 1950s to 1979* [M]. Cambridge University Press, 2010.
5. Domanski, Dietrich, Richhild Moessner, and William R. Nelson. Central banks as lender of last resort: experiences during the 2007—2010 crisis and lessons for the future[R]. Finance and Economics Discussion Series Divisions of Research & Statistics and Monetary Affairs Federal Reserve Board, Washington, D. C., 2014.
6. Dikau, Simon, Nick Robins, and Ulrich Volz. A Toolbox of Sustainable Crisis Response Measures for Central Banks and Supervisors-Second Edition: Lessons from Practice[R]. *INSPIRE Briefing Paper*. London: Grantham Research

Institute on Climate Change and the Environment, London School of Economics and Political Science and SOAS Centre for Sustainable Finance, 2020.

7. Goodfriend, Marvin. Central banking in the credit turmoil: An assessment of Federal Reserve practice[J]. *Journal of Monetary Economics*, 2011, 58(1): 1-12.

8. Goodhart, Charles, *et al. Financial regulation: Why, how and where now?* [M]. Routledge, 2013.

9. King, Darryl, *et al*. Central bank emergency support to securities markets [R]. International Monetary Fund, 2017.

10. [英]阿代尔·特纳.债务与魔鬼[M].胜邦,徐惊蛰,朱元倩,译.北京:中信出版社,2016.

11. 保险史话编委会.保险史话[M].北京:社会科学文献出版社,2015.

12. 边维刚.金融业反洗钱监管有效性研究[M].北京:中国金融出版社,2010.

13. [美]罗伯特·布鲁纳,[美]肖恩·卡尔.完美风暴:1907大恐慌和金融危机的根源[M].董云峰,译.北京:中信出版社,2009.

14. 常健.金融稳定视阈下中央银行法律制度研究[M].北京:法律出版社,2019.

15. [英]丹·科纳汉.英格兰银行[M].王立鹏,译.北京:中国友谊出版公司,2015.

16. 冯科.金融监管学[M].北京:北京大学出版社,2015.

17. [美]威廉·弗莱肯施泰因,[美]弗雷德里克·希恩.格林斯潘的泡沫:美国经济灾难的真相[M].单波,译.北京:中国人民大学出版社,2008.

18. [美]哈维尔·弗雷克斯,[法]让·夏尔·罗歇.微观银行经济学[M].李冬蕾,杨小静,陈宁,译.北京:中国人民大学出版社,2014.

19. 胡海鸥,贾德奎.货币理论与货币政策(第三版)[M].上海:格致出版社,2012.

20. 胡滨.中国金融监管报告(2021)[M].北京:社会科学文献出版社,2021.

21. [美]乔治·阿克洛夫,[美]罗伯特·席勒.钓愚:操纵与欺骗的经济学[M].张军,译.北京:中信出版社,2016.

22. [美]詹姆斯·R.巴斯,[美]小杰勒德·卡普里奥,[美]罗斯·列文.金融守护人——监管机构如何捍卫公众利益[M].杨农等,译.北京:生活·读书·新知三联书店,2014.

23. [美]乔尔·塞里格曼.华尔街的变迁:证券交易委员会及现代公司融资制度演进[M].徐雅萍等,译.北京:中国财政经济出版社,2009.

24. 焦瑾璞,宋俊平.金融消费者保护监管:一个文献综述[J].金融理论与实践,2018(001):10-13.

25. 李成.金融监管学(第二版)[M].北京:高等教育出版社,2016.

26. 李文红,蒋则沈.金融科技(Fintech)发展与监管：一个监管者的视角[J].金融监管研究,2017(3)：11-13.
27. 李迎春.涉及地下钱庄业务的银行外汇违规行为研究[J].中国信用卡,2020(11)：67-70.
28. 廖凡.全球金融治理的合法性困局及其应对[J].法学研究,2020(5)：37-54.
29. 刘春航.大数据,监管科技与银行监管[J].金融监管研究,2020,105(09)：5-18.
30. 刘鹤,两次全球大危机的比较研究[M].北京：中国经济出版社,2013.
31. 马经.金融机构反洗钱实用手册[M].北京：中国金融出版社,2009.
32. 马勇.理解现代金融监管：理论、框架与政策实践[M].北京：中国人民大学出版社,2021.
33. 孟强.信托登记制度研究[M].北京：中国人民大学出版社,2012.
34. 郭峰.央地关系视角下的数字金融：发展模式与监管体制[M].上海：上海财经大学出版社,2021.
35. [美] 默里·罗斯巴德.银行的秘密：揭开美联储的神秘面纱[M].李文浩等,译.杨农,审校.北京：清华大学出版社,2011.
36. [美] 纳西姆·尼古拉斯·塔勒布.反脆弱[M].雨珂,译.北京：中信出版社,2014.
37. 祁敬宇.金融监管学(第二版)[M].西安：西安交通大学出版社,2013.
38. 宋玮.银行监管学[M].北京：清华大学出版社.2017.
39. 王东风,汪德军.海曼·明斯基的金融不稳定假说之评析[J].沈阳师范大学学报(社会科学版).2007(02)：111-113.
40. 王建.中国金融困境与突破[M].北京：中国经济出版社,2012.
41. 王胜邦,商业银行资本监管：理论、制度和技术[M].北京：中国金融出版社,2016.
42. 王胜邦,美国银行业监管改革：背景、要点和争论[J].比较,2018(01)：234-252.
43. 武良山,周代数,王文韬.金融大监管：大变局下的监管逻辑与市场博弈[M].北京：中国人民大学出版社,2021.
44. 魏加宁.存款保险制度与金融安全网研究[M].北京：中国经济出版社,2014.

图书在版编目(CIP)数据

金融监管学/刘亮主编. —上海：复旦大学出版社，2022.3
(通用财经类系列)
ISBN 978-7-309-16099-4

Ⅰ.①金… Ⅱ.①刘… Ⅲ.①金融监管 Ⅳ.①F830.2

中国版本图书馆 CIP 数据核字(2021)第 280983 号

金融监管学
JINRONG JIANGUANXUE
刘　亮　主编
责任编辑/宋朝阳

复旦大学出版社有限公司出版发行
上海市国权路 579 号　邮编：200433
网址：fupnet@fudanpress.com　　http://www.fudanpress.com
门市零售：86-21-65102580　　团体订购：86-21-65104505
出版部电话：86-21-65642845
常熟市华顺印刷有限公司

开本 787×1092　1/16　印张 15.5　字数 304 千
2022 年 3 月第 1 版第 1 次印刷
印数 1—4 100

ISBN 978-7-309-16099-4/F·2866
定价：49.00 元

如有印装质量问题，请向复旦大学出版社有限公司出版部调换。
版权所有　　侵权必究